吉首大学人才引进项目"我国刑罚体系研究"
(JSDXRCYJKYXM201704)

我国刑罚体系研究

向准 著

WOGUO XINGFA
TIXI YANJIU

中国政法大学出版社

2019·北京

声　明　　1. 版权所有，侵权必究。
　　　　　2. 如有缺页、倒装问题，由出版社负责退换。

图书在版编目（CIP）数据

我国刑罚体系研究/向准著. —北京：中国政法大学出版社，2019.10
ISBN 978-7-5620-9275-9

Ⅰ.①我… Ⅱ.①向… Ⅲ.①刑罚－研究－中国 Ⅳ.①D924.134

中国版本图书馆CIP数据核字(2019)第244311号

出 版 者	中国政法大学出版社
地　　址	北京市海淀区西土城路25号
邮寄地址	北京 100088 信箱 8034 分箱　邮编 100088
网　　址	http://www.cuplpress.com（网络实名：中国政法大学出版社）
电　　话	010-58908586(编辑部) 58908334(邮购部)
编辑邮箱	zhengfadch@126.com
承　　印	固安华明印业有限公司
开　　本	880mm×1230mm　1/32
印　　张	11
字　　数	270千字
版　　次	2019年10月第1版
印　　次	2019年10月第1次印刷
定　　价	56.00元

序言一
PREFACE

在刑法理论研究中，从学者们投入的研究精力和产出的成果看，属于犯罪论的很多，而属于刑罚论的则较少。作为以惩罚手段管理社会的刑事法律制度，刑罚是核心，刑罚问题比犯罪问题更重要。但是，在我国法学理论研究中，学者们往往只能在行政管理和理论上的"本学科"这个界限之内进行研究，比较而言，其结果就是刑罚问题被轻视。因为，从刑法学学科来看，离开刑法规定，刑罚问题留给理论研究的空间远远小于犯罪问题，而且理论形态也不如犯罪论那般壮观。然而，如果把刑罚放到社会背景中，即用社会学的方法来研究，内容就丰富多了。从社会学角度研究刑罚，实际上也就是从犯罪学角度研究刑罚，空间很大，意义也更深远。犯罪学就是从社会学角度批判古典刑罚制度而产生的。

向准博士的《我国刑罚体系研究》的博士学位论文就是在这方面所作的努力。论文答辩通过后，又经过修改、充实，现将公开出版。作为她的博士生指导老师，她邀我为其作序，我很高兴应允。

《我国刑罚体系研究》着重研究我国刑事立法中的刑罚，是一部具有理论与实践意义的学术作品，它总结了近年来域内外关于刑罚研究的学术成果并紧密结合现行刑法规定，以崭新的

视角对我国刑罚体系进行了较为深入的探讨。综合看来,该著作具有以下特点:

一、理论视野开阔

刑罚作为刑事法理论的重要研究对象被置于刑法学范畴之内,刑法学以刑罚法规为其基础和界限,致力于对法条的规制性内容和构造加以研究,并通过解释现行法以便司法适用。目前多数刑罚研究成果均属刑法学科中的规范文本研究,然而与刑罚密切相关的问题还涉及犯罪学、刑事政策学、行刑学等诸多学科内容,继续单一地在刑法学中看待刑罚问题将难以应对现实中的客观犯罪现象,因此需要突破刑法学的桎梏去审视刑罚内容。

该专著在研究我国刑罚体系时,立足于刑法基本范畴,着眼于多学科的综合性研究路径,有意识地跳出规范学范畴,结合犯罪学和刑事政策学的相关理论进行较为全面、系统的阐释,进而实现刑罚在刑法学和犯罪学、刑事政策学之间的相互融通。同时,该专著亦是站在整体刑法学的角度看待刑罚问题,充分运用跨学科的知识分析并解决刑罚立法问题,有利于全面、深刻地认识刑罚本质和规律,有利于构建更为适当、有效的刑罚体系。

二、研究目的明确

刑罚的设置以特定的目的为指引,刑罚目的直接关联刑事立法的创制,整个刑罚体系亦是按照一定的刑罚目的而形成的有机体。而且,刑罚目的本身是刑罚理论中的重要内容,其受社会变迁等因素的影响也不断地发展变化,不同的刑罚目的会对具体刑罚内容产生不同的作用,为此就需要对刑罚目的加以明确。该专著从犯罪学的视角考察刑罚目的的恰当性，分析何种目的更利于刑罚体系的妥当构建，进而预防和减少犯罪。专著中提出单一的报应目的易于导致刑罚体系的重刑化和过度化，纯粹的预防目的易于导致刑罚体系的轻重不对称和扩张，坚持认为报应与预防相结合的二元刑罚目的互为补充是恰当的刑罚目的观，在此基础之上明确以报应为主、以预防为辅的目的更为合适，既兼顾公平正义又考虑刑罚个别化需要，有利于刑罚在司法实践中的有效适用。

三、所赐观点鲜明

刑罚体系不仅是刑罚目的的反映，而且也受刑事政策观念的指导和影响。在刑罚创制和变化过程中，刑事政策性内容通过立法的方式体现在刑法规范内，旨在运用政策导向促使刑罚体系的完善。该专著从刑事政策观的视角评析了刑罚轻重的均衡性，严打刑事政策中过于严厉的刑罚缺乏轻缓化内容而过度，宽缓刑事政策中过于宽松的刑罚缺乏严刑化内容而轻纵，片面的严与宽均不足以支撑刑罚体系的整体。基于此，专著主张采用宽严相济的刑事政策，强调设置轻重相宜的刑罚以及构建适度的刑罚体系，既注重刑法的规制又考虑特殊刑事政策观念的作用，寓政策于刑罚之中，有利于实现对犯罪的整体打击、预防与控制。

该本著作是向准博士历经三年时间完成的，写作期间，其大量阅读了与刑罚相关的文献资料，较为全面地掌握了刑罚的理论内容。同时，她能够较好地发现刑罚体系中的问题，通过对现有理论和实践的思考形成个人观点，并得出解决问题的有效措施。该著作中提出的一些建议可以为刑事立法和司法实践提供较为具体的思路，是一部具有很好的学术价值的作品，作为向准博士的博士生导师,我深感欣慰。

向准博士是一个认真的人,对学术研究有自己的想法,目前其在工作单位也小有成绩,希望其在日后的学术研究和教书育人过程中不骄不躁,砥砺前行,不断取得新成绩。

中国政法大学教授　王牧
2019年6月21日,时值夏至

序言二
PREFACE

冯树梁[1]

我虽然从事犯罪问题与犯罪学研究已三十余年,但对于刑事实体法和程序法均缺乏专门研究。我只是从犯罪学方面,特别是从现实的犯罪动态、趋势方面,去度量刑罚的轻重缓急、利弊得失,以及"世轻世重""宽严相济"等刑事政策,总的度量标准是看是否有利于寻求预防和减少犯罪的最大公约数。面对这样的刑罚学专论,我抱着学习的态度,谈点心得体会,姑谓之序。

第一,刑罚是刑法的基本内容之一。国内外均有学者将刑罚作为一门单独的学科进行研究,名之曰"刑罚学"。而本专著则直挑"刑罚体系"这个核心问题进行研究,实际上也就是把刑罚学作为一个体系进行研究,起点有高度,选题有难度,这是本专著值得点赞的特点之一。

习近平总书记指出:"历史研究是一切社会科学的基础……总结历史经验,揭示历史规律,把握历史趋势,加快构建中国特色历史学学科体系、学术体系、话语体系。"[2]所以,体系

---

[1] 冯树梁:司法部预防犯罪研究所原副所长、研究员,中国犯罪学学会原副会长、高级学术顾问。

[2] 习近平总书记致中国社会科学院中国历史研究院成立的贺信。参见《光明日报》2019年1月4日。

化研究是我们的共同目标和任务。习近平总书记在十九大报告中约有 50 处提到"体系"二字，可见体系化是个紧迫而重大的时代课题。本专著适应了中央的要求和时代的需要，可收"得其大者兼其小"之效。

第二，任何体系都是有结构的，结构又是分为层次的。没有千篇一律、一成不变的结构模式，但有结构配置合理、充分反映实际、以中国的理论解读中国实践的体系模式，本专著基本上属于后者。当前把刑罚作为一个体系进行研究的著述不多，从这个意义上讲，本专论有创新之处，这是值得"点赞"的特点之二。

形成内容体系的过程，是一个思辨与实证交相运用的过程。既进行理论分析，又进行实践验证，从比较研究中辨优劣，鉴得失，并提出了完善建议。思辨与实证，我认为是并蒂莲，不可分割和偏废，本专著在这一点上也是做得比较好的。

第三，本专著作者研究的是犯罪学方向，刑法学专业，有取得"罪刑并研，相得益彰"的效果。这是值得"点赞"的特点之三。众所周知，犯罪与刑罚是对立的统一，对犯罪现象研究得越深刻，对刑罚的制定、执行、理解就越有把握，反之亦然。例如，对于"严打"问题，议论和歧义最多。本专著则认为："严打负上反弹之责，不是严打本质属性所导致的结果……严打中的问题主要是执法中产生的问题。"有这样的认识是难能可贵的，我认为也是符合客观实际的，反映了作者有一定的犯罪学水平，可惜在这方面发挥得还不够。

第四，最后提一点希望。我同作者的硕导、博导都是相交多年的学友，在其间的学术活动中，对于向准博士的好学精神和智慧表现也略有所知，为此提点希望供参考。

序言二

古人云："行之力，则知愈进；知之深，则行愈达。"[1]意思是感到行为有效，就越知道应该前进；对事物的了解越深刻，行动起来就越感到四通八达。向准博士有了一个良好的开端，我希望她在此基础上不断前进，使治学路子越走越宽广。

习近平总书记在第二届"一带一路"国际合作高峰论坛开幕式上的主旨演讲中引用了汉代刘向的两句话，我觉得对我们也很有启示作用："万物得其本者生，百事得其道者成。"我对这两句话的理解是：世间万物能把握住其"根"和"魂"就能生生不息，茁壮成长；世间的一切事情如能掌握其规律，就一定会成功。

向准博士的论著在选题上抓住了构建学科体系这个要害，以刑罚学与犯罪学相融通的手法形成体系结构和内容，基本上做到了以中国的理论解读中国的实践，是一篇有特色的专著。既然开始就"行之力"，走出了成功的一步，希望继续奋进使"行愈达"，沿着事物的根基和灵魂及其规律性，发挥自己的智慧和力量，借深山名校这块宝地，勇攀学贯中西的大家高峰，为教育事业做出更辉煌的贡献！

祝贺本专著的出版。

2019 年 5 月 6 日

---

[1] 南宋·理学家张栻：《论语解·序》

内容摘要
ABSTRACT

刑罚体系是由刑罚的具体内容构成的有机整体。刑罚体系不是亘古不变的,在历经社会的不同变化之后,尤其是随着法治社会的不断发展,不同国家、不同历史时期的刑罚体系都会发生不同的变化,以不同的内容呈现出面目不同的刑罚体系。

刑罚由国家刑事立法所规定。刑罚体系的变化是通过国家刑事立法来实现的。在国家的刑事立法中,刑罚理论观念作为国家选择和规定刑罚内容的重要依据起着最直接且重要的指导作用。然而,最终决定刑罚体系变化的是社会发展的客观实际需要。刑罚理论在推进、指导刑事立法发展变化的同时,也使其自身得到了丰富和发展。在这个过程中,刑罚基础理论作为社会实践的中间环节起着关键的作用,因此,对刑罚体系的研究必须重视对刑罚基础理论的研究。

本书试图以我国现行刑法的法定内容为蓝本,以刑罚基础理论为支撑,对我国现行刑罚体系进行比较系统的研究,探讨与应然刑罚理念相契合并符合我国当今社会发展客观需要的刑罚体系,进而在更好地实现刑罚效用的同时为构筑更有效的、更科学的刑罚体系尽绵薄之力。

除导言和结语以外,全文共包括七章内容,分别是刑罚体系之基础理论、我国现行刑罚体系的基本特征、我国现行刑罚种类设置、我国现行刑罚配置反思、完善我国刑罚体系的理念、刑罚体系的域内外比较以及我国刑罚体系的具体完善建议。

本书以刑罚体系整体作为研究对象。第一章首先对其基础理论加以剖析。其中对刑罚体系这一术语进行了解读，明确界定了刑罚体系的内涵，同时将其与相近概念进行辨析，以此确定刑罚体系的外延。通过内涵与外延的综合来理解刑罚体系的概念。在厘清刑罚体系概念之后，重在阐述刑罚体系的两个基本制度性范畴。刑罚体系并非与生俱来，也非一蹴而就。无论是域外国家还是我国的刑罚体系都是经过不断发展的过程得以形成的，因而存在不同类型的刑罚体系。但是，无论何种类型的刑罚体系均包含着刑罚种类和刑罚配置两个部分，刑罚种类是刑罚配置的重要组成元素，刑罚配置是刑罚种类的具体分配，二者合理结合构成刑罚体系的统一体，缺一不可。而后则是对刑罚体系的三个基本理论范畴予以分析，换言之即是刑罚体系的理论考量依据——刑罚目的、刑事政策与刑法社会机能，三者共同作用于刑罚体系，为其刑种和配置的选择与设定提供指引。因而，刑罚体系之基础理论的阐释旨在对我国刑罚体系的具体展开奠定基础。

第二章结合我国现行刑法关于刑罚体系的内容规定，归纳出四大基本特征：以自由刑刑种为中心的刑罚体系，管制、拘役、有期徒刑和无期徒刑占据主刑刑种的主导地位，与之相对应的刑罚配置分布范围也非常广泛；刑罚目的视阈上的预防刑罚体系，刑种类别及其在刑法分则内的具体设置都体现着报应刑限缩与预防刑扩展的现实规制和趋势；刑事政策视阈上的宽严刑罚体系，在总结了本国早期绝对严厉刑事政策的经验与教训并分析宽严相济刑罚的恰当性后，形成了较为合理的宽严刑罚体系；刑罚力度视阈上的重刑化刑罚体系，尽管刑罚规制已按照宽严有度的要求予以设置，但却依然以自由刑刑种和配置作为主导来保证刑罚的强度，体现出偏重刑罚的倾向性内容。由此归纳出的类型化特征从整体上对刑罚体系做出了一定程度的阐释，进而与其所包含的具体刑种和刑罚配置的剖析进行了有效的衔接。

第三章阐释我国现行刑罚种类的设置。虽然其已囊括全部类型的刑种，但却随着法治社会的发展与刑罚的进化而暴露出了诸多的问题。死刑刑种是否需要被继续保留在我国刑罚体系当中、短期自由刑与管制刑的缺陷是否过大而影响其刑罚效用的发挥、罚金刑的地位和规定是否有所欠缺而导致其刑罚强度不足、剥夺政治权利刑自身的弊端及由其引申的资格刑单一等均成了当下刑事立法不可回避的问题。

第四章主要分析我国现行刑罚配置的具体内容，刑罚惩罚力度的普遍偏重、绝对确定的死刑模式、终身监禁刑罚措施的设定、不同种类自由刑并罚规则的冲突、必并科为主的并科财产刑方式以及资格刑分化等已然透过刑法规范加以呈现。无论是刑种还是刑罚配置，都直接作用于刑罚体系整体而难以构建全面、科学的刑罚体系。因此，对其进行有针对性的解决十分重要。

第五章旨在表明应然的理论观念引导实然的法律规制，在对我国刑罚体系进行完善之前，需要以合适的刑罚目的观、刑事政策观与刑法社会机能观为理念根基。刑罚目的观旨在二元目的的综合，刑事政策观重在宽严适度相宜的结合，刑法社会机能观意在以基本权利保障优先，三者共同作为我国刑罚体系内容修订的指导性理念。

第六章则借鉴域外刑罚体系在刑种和刑罚配置上的积极性规定，吸收与我国刑罚规制相符合的内容，进而充实刑罚体系的具体改进措施。

第七章是建立在应然理论与现行域内外规定的基础之上做出的具体完善建议,即我国刑罚体系可加大对死刑的限制、细化自由刑的规定、提升财产刑以及整合资格刑的设置,最终达到刑罚体系的适度规制与有效适用。

简而言之,本书即是以我国现行刑罚体系为对象,针对当前刑法规定中的具体刑种和其刑罚配置的诸多问题,在刑罚目的、刑事政策与刑法社会机能三大基础理论作为支撑的前提下,结合域外刑罚体系的积极性刑罚规定,提出与我国应对犯罪之需要相一致的刑罚完善建议。

目录 CONTENTS

导 言　　001

一、选题背景和意义 / 001

二、研究的主要方法 / 003

三、研究的基本思路 / 004

第一章　刑罚体系之基础理论　　006

一、刑罚体系界定 / 006

（一）内涵厘定 / 006

（二）外延界分 / 011

二、刑罚体系的两个基本制度性范畴 / 014

（一）刑罚种类 / 014

（二）刑罚配置 / 017

三、刑罚体系的三个基本理论范畴 / 022

（一）刑罚目的 / 022

  (二) 刑事政策 / 038

  (三) 刑法社会机能 / 048

第二章 我国现行刑罚体系的基本特征　　060

  一、以自由刑为中心的刑罚体系 / 062

  (一) 我国自由刑分布 / 063

  (二) 自由刑中心体系的评价 / 073

  二、刑罚目的视阈上的预防刑罚体系 / 078

  (一) 报应论刑罚体系 / 079

  (二) 预防论刑罚体系 / 083

  (三) 综合目的论刑罚体系 / 087

  (四) 我国预防刑刑罚体系 / 089

  三、刑事政策视阈上的"宽严"刑罚体系 / 092

  (一) "严"刑体系 / 093

  (二) "宽严"刑罚体系 / 099

  (三) 我国"宽严"刑罚体系 / 102

  四、刑罚力度视阈上的重刑化刑罚体系 / 105

  (一) 重刑体系 / 105

  (二) 轻刑体系 / 107

  (三) 我国重刑化刑罚体系 / 109

  本章小结 / 112

第三章 我国现行刑罚种类设置　　114

  一、死刑存废问题 / 115

  (一) 存之合理 / 116

（二）废之应当 / 122

（三）我国对死刑的规制 / 128

二、短期自由刑问题 / 134

（一）存之有益 / 137

（二）废之有据 / 141

（三）我国对拘役刑的规定 / 143

三、管制刑问题 / 149

（一）我国对管制刑的规定 / 151

（二）存在的问题 / 156

四、罚金刑问题 / 162

（一）我国对罚金刑的规制 / 166

（二）存在的问题 / 173

五、剥夺政治权利刑的问题 / 179

（一）我国对剥夺政治权利刑的规制 / 182

（二）存在的问题 / 190

本章小结 / 196

第四章　我国现行刑罚配置反思　　199

一、刑罚惩罚力度的普遍偏重问题 / 202

二、绝对确定的死刑问题 / 206

三、终身监禁的设置问题 / 210

（一）我国对终身监禁的规定 / 211

（二）存在的问题 / 215

四、不同种类自由刑的并罚问题 / 220

（一）具体规定 / 221

（二）存在的问题 / 222

五、并科财产刑问题 / 224

（一）并科财产刑的规定 / 225

（二）存在的问题 / 228

六、资格刑分化问题 / 231

本章小结 / 235

第五章　完善我国刑罚体系的理念　　　　　　　　238

一、应然的刑罚目的观 / 238

二、应然的刑事政策观 / 242

三、应然的刑法社会机能观 / 246

本章小结 / 248

第六章　刑罚体系的域内外比较　　　　　　　　　　250

一、刑种设置方面的比较分析 / 251

（一）死刑的废止 / 252

（二）自由刑的非监禁性 / 256

（三）财产刑主刑化 / 262

（四）资格刑多样化 / 267

二、刑罚配置方面的比较分析 / 271

（一）域外刑法对刑罚力度的轻重限制 / 271

（二）域外刑法对刑罚配置的良性规制 / 274

本章小结 / 280

第七章　我国刑罚体系的具体完善建议　282

一、死刑保留的必要和限制 / 282

（一）适用条件 / 283

（二）适用范围 / 286

（三）适用方式 / 291

二、自由刑的完善 / 293

（一）拘役刑的转变 / 294

（二）管制刑的改进 / 298

（三）并罚规则的修正 / 305

三、财产刑的调整 / 308

（一）升格罚金刑为主刑 / 309

（二）转变财产刑配置方式 / 313

四、资格刑的扩充 / 317

（一）资格刑的增设 / 318

（二）剥夺政治权利内容的更新 / 321

结　语　324

参考文献　327

导 言

一、选题背景和意义

刑罚作为刑事法理论中的重大内容，已经被广泛研究。刑罚本身是一个既古老又现实的问题。之所以古老，缘于刑罚无论是在西方各国还是在我国都自国家产生之时起就存在，且作为最重要的惩治犯罪的方式历经几千年而被延续至今；之所以现实，缘于犯罪被认定为社会现象的必然存在特性，而且，伴随着整体社会的不断发展而日益复杂多变的犯罪事实需要刑罚给予多样化的回应。因而，刑罚在国家设置固定结构与内容的基础之上，在应对犯罪的过程中通过自身内容的丰富逐渐形成了一个完整的体系，即刑罚体系。当然，刑罚体系并非完全一样，不同的国家根据特有的历史文化传统、特殊的法律制度和特定的刑罚观念等会形成相差有别的刑罚体系。同时，任何事物都是处于变化发展之中的，刑罚体系也非一成不变，其往往会因受各种因素的影响而发生调整和改变。究其古今，不同刑罚种类和刑罚结构构建的刑罚体系具体可被分为以死刑（生命刑）和身体刑（肉体刑）为主导刑罚、以死刑（生命刑）和自由刑（监禁刑）为主导刑罚、以自由刑（监禁刑）为主导刑罚、以自由刑（监禁刑）和财产刑为主导刑罚、以监禁替代措施（非监禁刑）为主导刑罚五种不同刑罚体系类型。其中，第一类刑罚体系源起于刑罚产生之初,早已不复存在,仅留于历史;中间三类刑罚体系如今仍然被置于世界各国刑罚制度之中;第五类刑罚体系实属应然之态,尚未付诸实然。尤其是在当下,刑罚轻缓化已成为一种潮流,各个国家都在以轻刑化为目标对刑罚体系进行一定的调整。

从总体上来看,我国现行刑罚体系依然保持着以死刑(生命刑)和自由刑(监禁刑)为主导的刑罚内容,进而不可避免地呈现出了重刑的刑罚特征。不过,我国在法制逐渐发展为法治的进程中,一方面,立足本国实际情况,转变观念、提升刑罚理论并通过修正案的方式调整刑罚具体内容,以改进刑罚体系的构成;另一方面,汲取域外国家刑罚体系的有效内容并将其适用于对我国具体刑罚体系内容的完善。如今,我国现行刑罚体系也具备了一定程度的合理性内容,如死刑的削弱、财产刑的扩大与资格刑的拓展等,这些无不是我国在与世界轻刑化潮流一致发展的基础之上做出的有利于自身刑罚体系的调适。

我国现行刑罚体系是以1997年确立的《刑法》为依据,在经过刑罚目的论、刑事政策论等相关刑罚理论内容的研究之后,运用刑事立法修订的方式构筑而成的。尽管其已蕴含着特定的发展内容,但是,仍然无法避免诸多问题的存在。重刑化的刑罚体系即便是在不断得到改善之后也依然存在;具体刑罚结构、刑罚种类的设置依然还有欠缺;新修正的刑罚体系内容是否得以有效适用尚存疑惑;当否植入西方刑罚体系中的积极内容等问题都尚未得到合理的解决。这些问题的存在从根本上反映出了刑罚理论的先导不足,因而,我们需要在理论上再次对我国刑罚体系予以深究。同时,刑罚体系作为回应犯罪的重要刑事规制内容,以刑罚处置犯罪而达到减少犯罪的目的还未能完全得以实现,且刑罚的效能也未能全面、充分地得到展现。因此,对我国现行刑罚体系的内容进行一定程度的完善就具有特定的积极价值，不仅是在理论上的探讨，更是蕴含着较大的现实意义。

二、研究的主要方法

本书对我国刑罚体系的研究并不局限于刑法学的单一范畴之内，刑罚本身也是刑罚学、犯罪学、刑事政策学、社会学等诸多学科所共同关注的问题。因而，需要我们运用刑事一体化的研究方法，站在整体刑法学[1]的角度去看待刑罚体系问题。刑事一体化研究方法旨在跳出刑法学的法律规范范畴，结合研究犯罪与刑罚的多学科领域之间的相互融合。基于此，本书选择刑事一体化的研究方法，除在刑法学范围内研究刑罚体系以外，结合犯罪学和刑事政策学进行全面分析和阐释，以期构筑更为科学、有效的刑罚体系内容。与此同时，基于刑罚体系的形成过程，本书运用历史研究方法剖析我国现行刑罚体系的发展，并且，考虑到刑罚体系在一定程度上的世界共通性，进而采用比较研究方法分析我国与域外国家刑罚体系的差异，从中看到我国现行刑罚体系的合理与不合理，以及改进现有内容的方向。思辨与实证相结合也是本书采用的研究方法，这里的实证研究方法并非只是传统的实地调查、统计数据与实验，而是对我国刑罚体系的现实所形成的刑罚规制内容进行梳理。其主要是对规范的系统、综合性分析，将我国现行刑罚体系已经做出的调整内容呈现出的趋势提炼出来，从而更易于深入地看待我国刑罚体系这一问题。此外，价值研究与综合文献分析的方法也被运用在了本书的整体写作过程当中。

---

[1] "整体刑法学"概念是 19 世纪末期德国著名学者李斯特首创，后在我国经由储槐植等学者的倡导渐成刑事一体化研究方法。

三、研究的基本思路

刑罚体系是一个与刑事立法不可分离的刑罚内容,其虽也涉及适用和执行方面,但其在本质上是立法的产物,故本书将从立法完善的角度来看待我国目前的刑罚体系。具体到研究我国现行刑罚体系的规定,本书并没有直接罗列《刑法》中有关刑罚体系的条文,而是以分析刑罚体系的基本理论为前提,在明确刑罚体系之基础理论后,先从整体上归纳出我国现行刑罚体系的基本特征,再挖掘出其中刑罚种类和刑罚配置的各自问题。事实上,本书还侧重于剖析我国现行刑罚体系存在的问题,根据具体问题提出解决问题的应对方法或措施,这在大体上来看依然是沿着"发现问题—分析问题—解决问题"的传统路径做出的理性阐述。对于如何发现问题:刑罚目的、刑事政策和刑法社会机能与刑罚体系的必然关联使得我们能在理念依据上找到问题所在,同时也能直接从刑罚种类和刑罚配置的已然规定中找到问题,换言之即刑罚体系的问题是从我国现行《刑法》的刑罚内容呈现出来的。对于问题的分析,本书将其分为刑罚种类和刑罚配置两部分加以阐释,刑罚种类主要选择目前争论较多或问题较为突出的刑种,集中在死刑、拘役、管制、罚金与剥夺政治权利刑五种,虽然不够全面,但却旨在对不同性质的刑种做出详细剖析;刑罚配置则是以刑种为基础的对应性分析,主要涉及配置范围与其他法定方式等。对于问题的解决,本书结合应然的理论观念并比较域外相同刑种和配置的刑法规定,借鉴其较为有利和成熟的刑罚内容,意在为我国刑罚体系的完善奠定基础。通过这一过程,最终落脚点是改进我国现行刑罚体系的规定,使其在与各国刑罚体系协同并进的同时,能够有效地发挥出刑罚处置犯罪的积极功效。总之,本书以追求

导　言

提高我国现行刑罚的有效性为目的，从立法的角度，以不同的理论视阈比较全面、系统地分析了我国现行刑罚存在的问题，从而为刑罚立法提供了有价值的立法建议。同时，在这个过程中，笔者试图在学习和运用当今刑罚理论研究成果的基础上，尽自己的努力尝试提出一些浅薄见解，以求教于学界贤达。

第一章
刑罚体系之基础理论

随着犯罪现象的多样化、多元化以及复杂化的发展趋势，刑罚作为打击与控制犯罪的最后且最为严厉的惩治方式，势必会将其自身的规制运用于犯罪的处置当中。世界各国在应对犯罪的过程中，通过对刑罚的具体设置形成了一系列的刑罚内容，进而构建了相对固定的刑罚体系。刑罚体系作为刑罚理论中的一个概念究竟为何意，其与刑罚结构、刑罚制度等相关概念有何关联，刑罚体系研究的制度性范畴、涉及刑罚体系确立与调整的理论范畴等都是分析我国刑罚体系的基础理论问题。我们只有先将刑罚体系的基础理论加以明晰，方能透彻、恰当地看待我国现行刑罚体系。

一、刑罚体系界定

从内涵厘定与外延界分两方面对刑罚体系进行界定是阐述这一概念的基本起点。尽管刑罚体系一词在诸多法律术语中属于较为容易理解的一种，但是其在理论界定方面仍然存在一些差别。

（一）内涵厘定

任何事物都因独特的内在而区别于其他事物，世界本不存在完全相同的两物。刑罚体系作为一个特定而独立的法律术语自然有其特殊的内涵。

1. 刑罚体系的定义

刑罚体系，首先重在强调刑罚。虽然刑罚从产生伊始便是人们再熟悉不过的事物，但具体到其定义则并非每个人的阐释都没有问题。因此，在分析刑罚体系内涵之前，我们应对刑罚加以说明。刑罚即为刑事惩罚，"它是指国家专门机关根据刑法对犯罪人施加的最严厉的惩罚措施"。[1]同时，我们也可以将此含义理解为："国家为了防止犯罪行为对法益的侵犯，由法院根据刑事立法，对犯罪人适用的建立在剥夺性痛苦基础上的最严厉的强制措施。"[2]对刑罚的定义还有诸多见解，但是不外乎由特定机关、法定依据、特殊对象以及特别严厉这四个共同特征所组成，进而，刑罚就是特定机关按照法定依据对特殊对象加以适用的特别严厉的措施。不过，随着我国刑事立法的修正，以及国外保安处分理论与实际规制的大力推动，单纯的刑罚得以丰富，加之非刑罚处遇措施的规定，当前刑法中规定的作为犯罪后果的刑事制裁措施已不再仅仅包括刑罚，并且保安处分和非刑罚处罚措施同刑罚一样也能够用上述四个特征进行概括，因此，我们有必要将其予以简单的区分。首先，何为保安处分在理论上存在着狭义和广义两种概念的区分。狭义的保安处分意为："被处分者收容于一定的设施，在对其进行治疗、改善的同时谋求社会防卫，是伴随着剥夺被处分者自由的保安处分。"[3]广义的保安处分则在狭义概念的基础上加入了不剥夺自由的其他措施，也将对物的处置纳入其内，形成了对人的剥夺和限制自由

---

〔1〕 王牧主编：《新犯罪学》（第3版），高等教育出版社2016年版，第237页。

〔2〕 张明楷：《刑法学》（第4版），法律出版社2011年版，第452页。

〔3〕 马克昌、卢建平主编：《外国刑法学总论（大陆法系）》（第2版），中国人民大学出版社2016年版，第423页。

等措施与对物的措施两大类。可以说,保安处分较为广泛地针对具有高危险性的行为人和行为,而无论其是否以犯罪为必要,换言之即行为人的行为虽未符合犯罪构成的要件,但已具有特定程度的危险性,此时,也可对其适用保安处分,因而其更加注重对将然犯罪的预防。反观刑罚,其必然是对犯罪事实的否定评价和相应的处罚,即刑罚以已然的犯罪为前提,无犯罪则无刑罚,刑罚的规定是对实施犯罪的行为人的报应并以此预防其再犯和警示他人。因此,刑罚与保安处分存在着明显的差异,二者难以等同。非刑罚处罚措施与刑罚的界定也各有不同。其主要是指:"对免除刑罚处罚的犯罪人,给予刑罚以外的实体上的处罚。"[1]显然,非刑罚处罚措施与刑罚一样均是对犯罪行为的反应,只不过前者是在免除刑罚之后的处罚措施内容,或者说,其所针对的犯罪尚为轻微而无需运用刑罚。非刑罚处罚措施主要包括训诫、悔过、赔礼道歉等,[2]这在某种程度上形成了对犯罪人进行或多或少惩罚,同时又能够加以警戒和预防,可以说是除刑罚具体刑种以外的针对特殊情形的处罚方法或方式。其在大多数犯罪处置中较少被运用,因此被视为是次要的刑事责任实现方法。综合刑罚与保安处分、非刑罚处罚措施的相关

---

[1] 曲新久等:《刑法学》(第6版),中国政法大学出版社2016年版,第100页。

[2] 《刑法》第37条规定:"对于犯罪情节轻微不需要判处刑罚的,可以免予刑事处罚,但是可以根据案件的不同情况,予以训诫或者责令具结悔过、赔礼道歉、赔偿损失,或者由主管部门予以行政处罚或者行政处分。第三十七条之一 因利用职业便利实施犯罪,或者实施违背职业要求的特定义务的犯罪被判处刑罚的,人民法院可以根据犯罪情况和预防再犯罪的需要,禁止其自刑罚执行完毕之日或者假释之日起从事相关职业,期限为三年至五年。被禁止从事相关职业的人违反人民法院依照前款规定作出的决定的,由公安机关依法给予处罚;情节严重的,依照本法第三百一十三条的规定定罪处罚。其他法律、行政法规对其从事相关职业另有禁止或者限制性规定的,从其规定。"

分析，三者在存在差异的同时又有所关联，其中任何一个都不能被完全替代。不过，从目前来看，刑罚依然是刑事立法过程中立法者采用的应对现实犯罪的基本处罚方法。正因如此，刑罚体系是与刑罚紧密相连的，或者说，刑罚是刑罚体系的基础。

刑罚作为一类重要的惩罚措施，其伴随着社会的不断发展已囊括了各种各样的具体内容，进而逐渐形成为一个体系，即刑罚体系。体系一词本身便是由若干个相互关联的个体组合而成的有机统一体，那么刑罚体系也就是刑罚相关内容的各个部分组成的有机整体。不过，对刑罚体系的内涵学界依然存在不同的表述。"所谓刑罚体系，是指刑法所规定的、供人民法院严格遵循适用的、由相互联系的诸刑种按照一定次序排列构成的有机整体。"[1]"刑罚体系（或刑罚的体系），是指国家的刑事立法以有利于发挥刑罚的积极功能、实现刑罚目的为指导原则，选择刑种、实行分类并依其轻重程度排成的序列。"[2]除了以上刑罚体系的定义以外，还有诸多表述，但是如同刑罚定义一样，刑罚体系都是规定在刑法当中、都由各类刑罚组成、都有特定排序。因此，本书认为，刑罚体系是指刑法所规定的相互关联的各类刑罚按照轻重结构排列组合而成的，以实现刑罚目的和发挥刑罚功能的有机整体。

2. 刑罚体系的特征

基于本书所理解的刑罚体系的概念，结合诸多对刑罚体系的定义，其应当具备以下特征：

第一，刑罚体系是由刑法规范予以明文规定的内容。刑罚体系所包含的各类刑罚是国家在刑事立法过程中的主观选择，

---

[1] 曲新久主编：《刑法学》（第4版），中国政法大学出版社2011年版，第208页。

[2] 张明楷：《刑法学》（第4版），法律出版社2011年版，第466页。

而后将其确立在刑法当中。没有刑法规范的明文规定，就没有刑罚的各个类别；没有各类刑罚的具体内容，也便没有刑罚体系的整体内容。那么，这自然就意味着没有刑法规范或刑法内条文的明确规定，刑罚体系也将不复存在。这不仅是遵循罪刑法定原则的当然结果，而且也是刑罚被运用于司法实践过程的重要前提要求。从另一个角度来说便是只有刑法才能规定刑罚体系内容，除刑法之外的其他法律规范都无权对刑罚体系作出规定，这是"刑罚体系是由刑法明文规定的"[1]应有之义。因此，刑罚体系必然是在刑法规范中明示的内容。

第二，刑罚体系是由各类刑罚共同组合的整体。刑罚之所以能形成体系而成为刑罚体系这一整体，其理所当然地包含着各个种类的刑罚方法，单一存在的刑罚不可能也尚不足以形成一个体系。刑罚主要是针对犯罪而采取的措施，犯罪本身又复杂多变，因而无法用一种刑罚来对不同的犯罪加以处置。那么，就出现了各式各样的刑罚方法，而不同类别的刑罚便构成了刑罚体系，且各类刑罚之间相互影响、相互作用。因此，刑罚体系必然是在各类刑罚基础之上形成的整体。

第三，刑罚体系是各类刑罚按照特定顺序加以排列的有机体。刑罚体系内各个类别的刑罚并不是随意地被排列在刑法具体条文当中的，而是依循一定的轻重次序予以划定的。刑罚自身的严厉性是其与生俱来而不可消灭的，但是，在刑罚体系中也存在严厉程度不同的各类刑罚。因而，以由轻到重或者由重到轻的方式对各类刑罚加以排列就会产生不同序列的刑罚体系。无论排列顺序如何，刑罚体系必然是各个类别的刑罚遵循一定的顺序组合而成的。

---

[1] 高铭暄、马克昌主编：《刑法学》（上编），中国法制出版社1999年版，第422页。

第四，刑罚体系是以实现刑罚的特定目的和发挥刑罚的特殊功能为前提构建而成的。刑罚体系的形成离不开刑罚具体内容的设置，而刑罚的设置是经由国家刑事立法予以确定的。在选择刑罚种类和考虑刑罚分类时，国家刑事立法并非随意为之，而是旨在运用刑罚的积极效用实现预防和减少犯罪的目的，亦为在主观刑罚目的指导下发挥出刑罚的功能。刑罚本身就是国家采取的用来解决犯罪问题的方法，那么刑罚体系的构建也就理所当然地必须以实现刑罚目的和发挥刑罚功能为指导。只有如此，刑罚体系方能更合理地存在且更符合应对犯罪的需要。

在厘清刑罚体系的内涵之后，我们可以较为容易地理解何为刑罚体系以及刑罚体系所具有的特征。同时，这也为刑罚体系与其他相关概念的辨析奠定了基础，进而使我们得以更加清楚地明确刑罚体系的外延。

(二) 外延界分

单独对刑罚体系的内涵进行阐释实际上就能很好地知悉其含义，不过，为了更进一步地研究刑罚体系就势必需要将其与几个相近的概念进行界分。

1. 刑罚结构与刑罚体系

刑罚结构，单从字面理解即为刑罚具体内容的排列组合，但其内含远不止表面含义。有学者认为："刑罚结构是各种刑罚种类的搭配与架构，是刑罚实际运作中历史形成并且由法律明文规定的刑罚的规模与强度。"[1]还有学者认为："刑罚结构从性质上看就是刑罚的整体规模和强度，从内容上看刑罚结构则是刑罚种类的比例及组合方式。"[2]除此之外，还有诸多对刑罚

---

[1] 陈兴良：《本体刑法学》，商务印书馆2001年版，第654页。
[2] 宋伟卫、丁玉玲：《刑罚结构的设置与调整》，河北大学出版社2014年版，第2页。

结构做出的定义,但大多都表明刑罚结构包含刑种、刑种的排列以及刑罚的幅度,且重在强调具体刑罚种类之间的比例与配置的刑罚量度。

刑罚结构与刑罚体系二者之间之所以会产生混淆,主要是由于它们都建立在刑种与序列基础之上,且在实际中也被替换使用,易于让人误以为二者内容一致而只是表述不同。"刑罚体系是以刑罚结构为基本内容的",[1]二者相互关联却又并非完全等同。刑罚结构与刑罚体系存在不可割舍的联系。一方面,刑罚体系是刑罚结构的有效前提,不同的刑罚体系决定着刑罚结构的当然不同。刑罚结构属于刑罚体系内部的各种刑罚的组合,在刑罚体系的大前提下产生与刑罚体系性质相一致的刑罚结构内容。典型如在以死刑(生命刑)和身体刑(肉体刑)为主导的刑罚体系之下,必然会形成重刑化的刑罚结构而不可能形成轻刑化的刑罚结构。反之,在以监禁替代措施(非监禁刑)为主导的刑罚体系之下,轻缓化的刑罚结构必然会被建立而不可能形成十分严厉的刑罚结构。因此,刑罚体系从性质上决定了刑罚结构。另一方面,刑罚体系是在刑罚结构中实现其具体内容,亦为刑罚结构是刑罚体系的现实内容的具体展开。刑罚体系作为一个整体需要通过具体刑罚结构的构建来达到其特定的刑罚目的,且充分发挥出刑罚的积极功能以更好地应对复杂多变的犯罪。因而,刑罚结构是刑罚体系当中的重要内容。除却二者的必然性关联之外,刑罚结构与刑罚体系是两个完全不属于同一位阶的刑罚相关概念。相较而言,刑罚体系应是刑罚结构的上位概念,其是在宏观整体视阈下的各类刑罚的选择和排序;而刑罚结构则是从相对微观的视阈下对具体刑种的排列组

---

[1] 曲新久:《刑法的精神与范畴》(2003年修订版),中国政法大学出版社2003年版,第338页。

合的分配和划分，旨在形成合理的比例和幅度。因此，从实现刑罚目的与发挥刑罚功能的角度上来看，二者也存在差异。刑罚体系是从整体上产生效用，刑罚结构则是从具体刑罚部分去实现。尽管二者在刑罚本质上是一致的，但是依然因不同的内容而只能作为两个不同的独立概念进行分析与研究。

2. 刑罚制度与刑罚体系

与刑罚结构同刑罚体系的交叉比较来看，刑罚制度和刑罚体系之间更容易被区分开来，也不易被随意混淆。刑罚制度，通常被理解为是与刑罚处置相关的刑事立法、刑事司法以及刑事执行等制度的总体概括。其与刑罚体系一样都是整体性概念，但是二者所包含的内容却有所不同。如前所述，刑罚体系的内涵将其限定在刑罚类别的选择排序与配置内容之中，且以刑罚结构为其构建的基本内容。那么，相较而言，刑罚制度所涉及的内容就不仅仅是各类刑罚的排序，还包含诸多刑罚体系之外的内容，如刑罚的裁量与刑罚的执行等制度。换言之，刑罚体系可以说是刑事立法范畴内的当然产物，但刑罚制度则是跨越了刑事立法的范畴形成的一系列关联刑罚规制和适用过程的综合产物。最通俗的表述即刑罚制度就是刑罚的制度，一切与刑罚有关的制度都可自然归属于刑罚制度；刑罚体系就是刑罚的体系，一切与刑罚的种类及其排列组合有关的内容则可归属于刑罚体系。因此，将刑罚制度与刑罚体系二者加以辨析，能够更好地确定刑罚体系的范围进而对其进行深入分析。

通过对刑罚体系的内涵厘定，本书提出了清晰的刑罚体系定义，即刑法所规定的相互关联的各类刑罚按照轻重结构排列组合而成，以实现刑罚目的和发挥刑罚功能的有机整体。在此定义的基础之上，本书将阐述刑罚体系的自身特征，为其外延的界分提供一定的依据。在具体外延界分中，选择刑罚结构、

刑罚制度与刑罚体系做出比较，明晰刑罚体系的界限和范畴，直接为本书的研究框定范围和内容。无论是刑罚体系的内涵还是外延界定，其中都表明刑罚体系包含着刑罚种类与刑罚配置的内容。因此，本书将刑罚种类与刑罚配置作为刑罚体系的两个制度性范畴在接下来的部分予以具体阐释。

二、刑罚体系的两个基本制度性范畴

刑罚种类与刑罚配置是刑罚体系之所以能成为体系所不可或缺的基础前提，抑或其为刑罚体系的两个基本制度性范畴，二者均被包含在刑罚体系之内且受刑罚体系的调整。同时，二者又反过来作用于刑罚体系本身以促进其发展，进而形成更为丰富、合理且更为科学的刑罚体系。因此，在评析我国刑罚体系之前，我们应先对刑罚体系的两个基本制度性构成要素进行解读，以明确刑罚体系的内容。

（一）刑罚种类

刑罚体系是一个包含丰富内容的整体，在这个大整体下，最为基础的就是刑罚种类。没有刑罚种类这一要素，就不能够或不足以产生刑罚体系。反之，刑罚体系的形成促使刑罚种类更加丰富多样。众所周知，刑罚种类如刑罚体系一样也是个总称，即其为刑罚处罚方法、方式或措施的概括，其并非单指一类或一种刑罚而是各类刑罚的统一体。刑罚的具体种类被规定在世界各国刑事法律规范之中，不同的国家会根据各自的实际情况和具体可行性选择不同的刑罚类别。而且，刑罚自产生起就通过具体刑罚种类的方式呈现出来，其间经历了历史文化发展与社会变迁的过程，刑罚种类也伴随着变化而发展成了更为多样化的表现形态。因此，刑罚种类也就理所当然地存在不同的类型。

在刑罚体系内，从当下已经形成的刑罚种类的理论分类情况来看，我们能够依据一定的标准将其分为四大类：第一类以刑罚具体方法所针对的对象或剥夺的权益属性为界限，可将刑罚种类区分为生命刑、身体刑（或肉刑）、自由刑、财产刑与资格刑等。生命刑即为对犯罪人的个体生命予以剥夺的刑罚；身体刑（或肉刑）即为以对犯罪人的身体或肉体带来伤害作为犯罪惩罚的刑罚；自由刑即为对犯罪人的个体人身自由加以某种程度的限定或剥夺的刑罚；财产刑即为对犯罪人的财产进行或多或少地剥夺的刑罚；资格刑即为对犯罪人所具有的特定身份或资格的限制或剥夺的刑罚。"其中，按照刑罚是否有确定的期限为标准，自由刑可分为不定期刑与定期刑；根据刑罚是否以终身自由作为对象为标准，自由刑可分为无期自由刑与有期自由刑；按照刑罚的作用方式是否是剥夺或限制为标准，自由刑可分为剥夺型自由刑与限制型自由刑；根据刑罚剥夺人身自由的时间长短为标准，自由刑可分为长期自由刑与短期自由刑；按照刑罚的内容是否有活动为标准，自由刑可分为活动型自由刑与时间型自由刑。"[1]参照此标准来衡量我国目前的刑罚种类，我国《刑法》法律文本明确规定了死刑、无期徒刑、有期徒刑、拘役、管制、没收财产、罚金、剥夺政治权利和驱逐出境等九种具体刑种。死刑便意味着生命刑；无期徒刑、有期徒刑、拘役和管制即为自由刑的刑种表现形式，其中前三者属于剥夺型自由刑，管制则属于限制型自由刑；没收财产与罚金自然被归在财产刑之内；剥夺政治权利与驱逐出境则属资格刑，其中对于驱逐出境刑种是否应归属于资格刑之内尚存争议，但通说认为我国虽规定其仅是针对外国犯罪人才能够被适用的刑

---

[1] 王志亮：《刑罚学研究》，中国法制出版社2012年版，第150页。

罚，但其实质是对外国人享有的在我国驻留的资格的剥夺，因此其仍然属于资格刑的一种。第二类以刑罚是否能够独立适用为标准，将刑罚种类划分为主刑和附加刑。主刑，即"只能独立适用的主要刑罚方法，不能附加适用"。[1]我国现行《刑法》设置了五种类别的主刑，即管制、拘役、有期徒刑、无期徒刑和死刑，这意味着此五类刑种不能作为其他类刑罚的附加而被适用，一个个罪最终只可确定一个主刑。附加刑，即其是不可独立适用而只能从属于主刑进行适用的刑罚类别。我国规定了四类附加刑，即罚金、剥夺政治权利、没收财产和驱逐出境，作为附加刑均不可单独作为一个罪的刑罚予以适用，或者补充主刑而适用或者在可选择的条件下不予适用。不过，附加刑的附加适用也并非是绝对的，至少对单位犯罪而言，也存在单独适用罚金和没收财产的情形。同时，在国外刑罚体系中也存在例外，比如，德国将罚金规定为主刑的一种，其作为主刑单独适用毋庸置疑，但是其作为主刑还可以与自由刑一并适用，抑或作为第二主刑适用。[2]第三类以犯罪危害性大小与情节轻重为标准，将刑罚种类分为重罪刑、轻罪刑和违警罪刑。这种分类主要存在于西方国家刑法典当中。"法国新刑法典在刑罚编中适用自然人之刑罚和适用法人之刑罚标题下，分别规定了重罪之刑罚、轻罪之刑罚和违警罪之刑罚。"[3]此分类实质上是在犯罪与刑罚的必然关联性的基础之上做出的，即犯罪危害性、情节与刑罚惩罚的相互关系。犯罪所带来的危害性越大、具体犯

---

[1] 曲新久等：《刑法学》（第6版），中国政法大学出版社2016年版，第92页。

[2] 参见［德］弗兰茨·冯·李斯特：《德国刑法教科书》，徐久生译，法律出版社2000年版，第433页。

[3] 高铭暄、赵秉志主编：《刑罚总论比较研究》，北京大学出版社2008年版，第9页。

罪情节越严重，就越会导致相对较重的刑罚惩罚。反之，犯罪所带来的危害性越小，具体犯罪情节越轻，就越会导致相对较轻的刑罚惩罚。第四类以犯罪性质的差异为标准，将刑罚种类分为国事刑与普通刑。"国事刑指对政治犯（国事犯）科处的刑罚；普通刑则是对普通刑事犯科处的刑罚。"[1]此分类可以说是在理论上做出的区分，在我国刑法规范中没有具体刑罚种类予以回应。我国针对国事犯依然按照主刑与附加刑的方式进行处置，相较普通刑事犯处罚的程度更为严厉而已。当然，刑罚种类的各种分类都是从整体出发，是对具体刑种加以概括之后再做出的区分。虽未将当下世界各国刑事法律规定的各类具体刑种逐一列明，但是也足以将各个刑种囊括其中。而且，对刑罚种类的系统性分类也更有利于合理归纳与明晰刑罚体系的内容。

同时，刑罚种类作为刑罚体系的基本构成，其与刑罚体系的另一重要部分——刑罚配置——不可分离。刑罚种类不仅是刑罚体系的基础，也是刑罚配置的前提条件。没有刑罚种类的刑罚配置是毫无内在价值的刑罚配置，而没有刑罚配置的刑罚种类则是毫无现实价值的刑罚种类，二者相互作用，共同发展。那么，我们在对刑罚种类做出分析之后就势必需要对刑罚配置予以深入剖析，不仅仅是因为刑罚配置与刑罚种类之间的密切关联，其还同刑罚种类一样是刑罚体系所必然囊括的制度性范畴。因此，我们在对刑罚体系进行研究之前必须对刑罚配置的理论内容加以详细阐述。

（二）刑罚配置

刑罚配置是"国家立法机关在刑事法律中设置刑罚种类并

---

[1] 马克昌主编：《外国刑法学总论（大陆法系）》，中国人民大学出版社2009年版，第418页。

依据一定的原则和要求对各罪行分配、布置和确定施加何种刑罚以及多重刑罚的刑事立法活动"，[1]简言之即为刑罚种类和幅度的选择与确定。刑罚作为刑罚学理论中的重要内容，对于刑罚体系而言，除却刑罚种类的前提性选择确定以外，最为重要的就是刑罚配置。单独依靠刑罚种类的罗列是漫无目的、无边无际的刑种扩大；而以刑罚种类为基础的、遵从一定目的及遵循特殊原则的刑罚配置才是刑罚体系的全部内容。但是，刑罚配置并非是轻而易举便能为之，时至今日，其仍是刑罚体系不断调整与改进的重要部分，也是刑罚理论和实践中的一大难题。刑罚配置的结果直接影响着刑罚裁量的效果，只有恰当的刑罚配置才能发挥刑罚积极效用。因此，刑罚配置作为刑罚体系研究中的基本制度性范畴，既归属于刑罚的具体创制又作用于刑罚适用过程，因此，我们应当慎重看待刑罚配置。

在刑罚体系内，刑罚配置会形成两种刑罚效果，即"重刑"与"轻刑"。"重刑"意味着刑事立法过程中对犯罪配置较重的刑罚，典型为历史上的同态报复刑中的以生命刑、身体刑（或肉体刑）作为完全对等惩罚的刑罚配置方式；"轻刑"则是配置较轻的刑罚，相对于"重刑"，其意为刑罚配置与实际犯罪不对称或轻于犯罪造成的损害。无论是"重刑"还是"轻刑"的刑罚配置都存在各自的问题，"重刑"因其过重或残忍的刑罚方法无力于对犯罪的治本；"轻刑"则会因其过轻或放纵而无法达到刑罚的积极效果。"一个不足的刑罚比严厉的刑罚更坏，因为一个不足的刑罚是一个纯粹的恶，从中不能得到任何好结果。对公众如此，因为这样的刑罚似乎意味着增加了他们面对同类犯

---

[1] 邓文莉：《刑罚配置论纲》，中国人民公安大学出版社2009年版，第7页。

罪的可能；对犯罪如此，因为刑罚未使其变得更好。"[1]那么，刑罚配置就应当按照一定的尺度去衡量具体配置的刑罚轻重恰当与否。因此，刑罚配置就需要依照特定的原则作为指引。

刑罚配置在不同时代或同一时代经历了轻重不等的变化过程之后，本书认为，在国家做出刑罚配置时应当遵循以下原则。首先，刑罚人道的配置原则是刑罚得以具体配置的前提性原则。"所谓人道，是指人类出于自我意识而在行为中所表现出来的对同类宽容与良善的观念与做法，其核心是对他人人性尊严的承认，而在刑罚领域则是要求将犯罪人作为平等主体来对待，保证其底限的人格尊严不受践踏、侮辱和折磨。"[2]早在奴隶社会与封建社会的时代，残酷和惨无人道的刑罚比比皆是，且其被认为是符合当时维护国家统治需要的处置犯罪人的有效措施。而后随着社会进步与法制向法治的发展，人们逐渐意识到严峻刑罚在应对犯罪时的不可行性和非有效性。"严峻的刑罚造成了这样一种局面：罪犯所面临的恶果越大，也就越敢于规避刑罚。为了摆脱对一次罪行的刑罚，人们会犯下更多的罪行。刑罚最残酷的国家和年代，往往就是行为最血腥、最不人道的国家和年代。"[3]因此，在残酷刑罚被予以否定评价时，刑罚人道性原则逐渐得以发展，至今其已受到国际一致认可且在各国刑罚配置中得到有效遵循。坚持刑罚人道性的配置原则一方面需要在具体刑罚类别的配置时，选择符合人道性要求的刑种，摒弃非人道的残酷、野蛮等刑罚的类别，如身体刑（肉体刑）的废

---

〔1〕［英］吉米·边沁：《立法理论》，李贵方等译，中国人民公安大学出版社2004年版，第376~377页。

〔2〕蔡一军：《刑罚配置的基础理论研究》，中国法制出版社2011年版，第82页。

〔3〕［意］贝卡里亚：《论犯罪与刑罚》，黄风译，中国大百科全书出版社1993年版，第43页。

除、死刑的削弱等；另一方面则需要沿着刑罚轻缓化的发展方向做出刑罚配置，换言之即刑罚配置应从严厉转变为轻缓，如财产刑的兴盛与资格刑的扩展等。轻刑化已经成为一种趋势作用于刑罚配置本体，在很大程度上直接反映着刑罚的人道性。"刑罚的完善总是不言而喻的，这是指在同样有效的情况下——随着刑罚的宽大程度一起并行。因为不仅各种宽大的刑罚本身是较少的弊端，它们也以最符合人的尊严的方式引导着人离开犯罪行为。"[1]所以，以人道性刑罚作为指导的刑罚配置方能使刑罚体系整体更为科学。其次，刑罚相当的配置原则是刑罚配置的当然原则。刑罚相当，意为刑罚的配置应与犯罪所造成的损害相对等及衡平，抑或刑罚度的衡量。从本质上来说，此为刑法基本原则之一的罪刑相适应原则在刑罚上的体现。刑罚配置的初衷是针对犯罪而做出的，因而要做到罪与刑的相当就需以犯罪的社会危害性为参照标准，即犯罪的社会危害性的大小与刑罚配置的轻重成正相关。配置过于严重或者过于轻缓的刑罚都是对罪行所做的不合理、不恰当的刑罚规制。唯有依照罪刑相当的配置原则，对重罪配以重刑、对轻罪则配以轻刑方能罚当其罪，进而使刑罚配置更为合适且有效。倘若刑罚人道性配置原则是最基本的限制性原则，那么，刑罚相当就是刑罚配置的实质性配置要求。最后，刑罚协调性是刑罚配置的内在原则。除却刑罚人道性与刑罚相当的刑罚配置原则之外，刑罚配置的内部协调也是不可或缺的，其直接影响着刑罚是否能够得到有效的贯彻实施。配置协调的刑罚内容是一个有机的整体，不冲突、不矛盾，为科学的刑罚体系提供基础，也为刑罚的适用提供合法合理的依据；配置不协调的刑罚内容则会出现自身

---

[1]［德］威廉·冯·洪堡：《论国家的作用》，林荣远、冯兴元译，中国社会科学出版社1998年版，第144页。

矛盾和冲突，不仅不利于刑罚体系的整体性发展，而且还会导致刑罚的非正当性适用。那么，刑罚配置就必须保证自身的协调，具体表现为保持同种罪与异种罪的两大类协调。同种罪的协调性即为保持同一种类罪之间的协调、保持同一罪内部的协调；异种罪的协调性则可被理解为是保持不同种类罪之间的协调、保持不同罪之间的协调。同时，同种罪与异种罪之间也要保持一定的协调性。当然，刑罚的协调性配置受立法观念和立法技术等诸多因素影响会存在不相协调的情形，即使在所难免也应当尽量避免。总之，刑罚配置以刑罚人道性、刑罚相当与刑罚协调性为基本原则，遵循此配置原则是形成科学、恰当且合理的刑罚体系的基本要求。其中，人道性刑罚为基础性配置要求；相当性刑罚为实质性配置要求；协调性刑罚为内在性配置要求，三者共同牵制于刑罚配置的整个创制过程以引导出正确的刑罚配置产物。

综上所述，刑罚种类和刑罚配置作为刑罚体系的两个基本制度性范畴以自身内容直接作用于刑罚体系；刑罚体系则从整体上统筹刑罚种类和刑罚配置。那么，刑罚种类和刑罚配置既是刑罚体系赖以存在的基础，同时又依赖刑罚体系而存在，相互促进且相互制约。不过，亦如刑罚种类和刑罚配置都受许多因素影响一样，在刑罚体系内选择、确定刑罚种类与刑罚配置时也会受各种因素的作用。诸多因素在刑罚创制与适用过程中逐渐被常态化为理论，而后以理论为指引作为刑罚体系构建和调整的依据。因此，在明晰了刑罚体系的两个基本制度性范畴之后，刑罚体系的理论考量依据是其基础理论之内的重要内容，应当对此加以明确阐述进而为我国刑罚体系的评介与完善提供应然的理论支持。

三、刑罚体系的三个基本理论范畴

刑罚体系的存在并非凭空出现，也非一蹴而就，而是在经历了一定理论积淀的基础之上逐渐得以形成的。刑罚体系受理论依据的具体内容制约，特定的理论内容会直接影响到不同刑罚体系的产生和调整，换言之即刑罚体系是依据应然理论的先导作用指引而发展形成的一个客观存在的实然整体或现实系统。理论本身也是在不断总结归纳后积累而成的有机体，在诸多与刑罚体系相关联的理论内容之中，刑罚目的论、刑事政策论以及刑法社会机能论则是作用于刑罚体系的三个基本理论范畴。

（一）刑罚目的

刑罚目的作为刑罚理论中的重要内容，其涉及刑罚创制、适用与改进的整个过程，因此，其理所当然地受到理论与实践的双重重视。同时，刑罚目的无论是在国内还是在国外都是个古老而又现实的理论研究问题，之所以说古老在于刑罚自犯罪被规制起便应运而生，与刑罚相关联的目的就成了统治阶级重点关注的问题；而说刑罚目的现实，主要是由于立法者在制定刑事法律规范时不可避免地要对其加以慎重的考虑。正因如此，法学家们基于不同的社会背景，从不同的角度对其加以研究，当下刑罚目的已经过理论界的深入研究，形成了丰富多样的理论内容，且诸多刑罚目的理论亦被斟酌作用于实践运作当中，如刑罚规范的设置和具体刑罚的司法适用等。其中，对于刑罚体系而言，刑罚目的本体因其特殊内容与特定价值直接影响着刑罚体系的建构和调适，换言之即刑罚目的也是刑罚体系存在的基础理论。那么，对刑罚目的论的分析便是评介刑罚体系的重要前提。

1. 刑罚目的论

刑罚目的,通常被理解为"国家运用刑罚应对犯罪所希望达到的结果",[1]即国家选择刑罚方式处置犯罪的主观追求。不过,在理论上,学界对刑罚目的的界定仍然莫衷一是,具体表现为狭义说、广义说以及折中说之间的争论。狭义说主张刑罚目的专指刑罚适用的目的,意为国家刑事司法审判过程中以刑罚适用于犯罪人所期望实现的效果。[2]显然,狭义说将刑罚目的限制在适用目的的范围之内,仅仅涉及刑事审判而无关其他。折中说在狭义说的基础之上扩大了刑罚目的的概念,其主张刑罚目的除了包括适用刑罚的目的外,还应包含刑罚制定时追求的目的。那么,折中说的刑罚目的是指国家在立法创制与司法审判中设置刑罚规范和处置犯罪人所期望实现的效果。[3]相较于刑罚目的狭义说而言,折中说界定的刑罚目的有一定的合理性,至少并未局限在刑罚适用的审判目的之内。不过,就是否应当将刑罚目的做整体化解释再进一步扩大则是广义说对折中说的否定。广义说坚持刑罚目的是指国家在刑罚创制、刑罚适用与刑罚执行的过程中所共同达到的目标。[4]其意在指出刑罚目的并非是国家刑事某一阶段的主观追求,而是贯穿整体的期望。通过对上述三种学说的表述可以得知刑罚目的的具体内涵,而不同的则是对外延的区分。其中,广义说最为科学,主要因为"刑事活动这一整体包括刑事立法、刑事司法和行刑活动等多个重要环节,尽管各个环节之间彼此独立,但毕竟也是彼此

---

[1] 张小虎:《刑罚论的比较与建构》(上卷),群众出版社2010年版,第15页。

[2] 参见高铭暄主编:《中国刑法学》,中国人民大学出版社1989年版,第229页。

[3] 参见樊凤林主编:《刑罚通论》,中国政法大学出版社1994年版,第93页。

[4] 参见侯国云主编:《中国刑法学》,中国检察出版社2003年版,第270页。

联系,相互依存。没有刑事立法,刑罚的适用就缺乏法律根据;没有刑事司法,行刑活动同样缺乏依据;而没有行刑活动,刑事立法、刑事司法便失去了任何积极的意义。国家制定刑罚、适用刑罚和执行刑罚的目的具有统一性,刑罚目的不仅决定着刑罚的制定,同样制约和指导刑罚的适用和执行,刑罚目的贯穿于刑事立法、刑事司法和刑罚执行整个过程的各个环节"。[1]因此,广义说已逐渐被认可成为通说。在厘清刑罚目的的概念之后,剖析其所囊括的核心内容是明确其能成为重要刑罚理论的关键,也是受刑罚目的所牵制的其他刑罚内容的阐释依据。

刑罚目的论的研究如同刑罚论研究一样纵贯古今,伴随着社会的变迁等复杂因素的影响,其也处于不断的变化、发展之中,且在国内外都构建有较为良好或成熟的理论内容框架。刑罚目的的内容在本质上就是其究竟是何物,不同的目的会形成不同的内容。

(1) 国外刑罚目的论内容。国外对刑罚目的论的研究已形成了较为系统的理论,具体可归纳为包括报应刑论、预防刑论和二元综合论在内的三部分重要内容。域外刑罚目的以报应刑论为起点,其至今依然作为刑罚目的中的重要内容被学者倡导,因此,报应刑论是历史最为悠久的客观存在。而且,报应刑论旨在宣扬绝对的或一致的报应性刑罚方式,故又被称为绝对主义刑罚目的论。所谓报应刑论就是"将刑罚目的视为对犯罪行为之完全的回报,刑罚是犯罪的必然结果,犯罪是刑罚之前提原因,犯罪与刑罚之间存在基本的因果或报应关系"。[2]报应刑论强调罪与刑的对称,其最早源于报复理念并将其予以恰当的发展。报复观意为"刑罚对于损害的本能的反动,被害人把他

---

[1] 徐久生:《刑罚目的及其实现》,中国方正出版社2011年版,第7~8页。
[2] 李川:《刑罚目的理论的反思与重构》,法律出版社2010年版,第4页。

自己能力所办得到的惩罚加在犯罪者身上,或者由他自己受害的感觉所暗示的一种惩罚施于犯罪者身上",[1]实际上就是要求犯罪人为其所犯罪行付出完全对等的刑罚代价。但纯粹的报复遵循的"以眼还眼,以牙还牙"的理念在刑罚目的理论发展进程中逐渐展现出了其不利于惩罚犯罪的缺陷,因而被报应刑论所替代。当然,报应刑论延续了报复论的刑罚对等观点,摒弃主观报复的弊病,将残酷的犯罪侵害与残忍的刑罚处置控制在合理、恰当的法定范围之内。报应刑论内部经历了神意报应、道义报应以及法律报应的变化过程,无论何种均强调刑罚是对犯罪人所实施犯罪的报应和罪刑比例的对称。"报应刑论反映了刑罚与罪过两者之间的尺度,报应意味着科处刑罚,是对有责的违法行为的回答,并使得有责的违法行为与报应等价。"[2]这种等价建立在以公平和正义为价值追求的基础之上,重在犯罪与刑罚二者之间保持均衡,强调罪刑法定下的绝对性结果。同时,报应刑论建立在主体的自由选择基础之上,但是,犯罪这一现象并非纯粹只是由自由意志做出选择而致的产物。这便意味着报应刑论较为单一地关注犯罪行为,而不考虑犯罪主体的个体生理、心理以及周围环境的作用力,缺乏完全让人信服的原因论内容。而且,报应刑论更多的是对形式公平、正义的追求,也没有考虑到效率的问题,相比于犯罪人,其更关注犯罪本身。不过,报应刑论指引下的刑罚效果在一开始还是产生了一定程度的遏制犯罪的积极成效,但这些积极成效却没能保持,至少其始终无法达到减少或控制犯罪的根本要求。因此,在经

---

[1] [美]约翰·列维斯·齐林:《犯罪学及刑罚学》,查良鉴译,中国政法大学出版社2003年版,第308页。

[2] [德]汉斯·海因里希·耶塞克、托马斯·魏根特:《德国刑法教科书(总论)》,徐久生译,中国法制出版社2001年版,第84页。

历了报应刑论无法有效解决实际犯罪问题的尴尬过程之后，预防刑论相继而生。

预防刑论又被国外学者称为目的刑论、功利刑论或者是相对主义刑罚目的论，意为刑罚是以对犯罪的预防为追求的理论观念。预防刑论意味着对尚未实施之罪与将来可能实施之罪的防范，不局限在对已经实施之犯罪的报应，因此，其以刑罚在社会秩序的维持方面的功利价值为目标而得到了理论与实务界的支持。预防刑论自然是以预防为核心内容，具体则包含着一般预防与特殊预防两大部分。一般预防以社会上的普通大众为主要对象，刑罚的目的是预防一般人犯罪，通过刑罚的方法对犯罪人予以处置，惩罚及威慑社会中的其他不稳定分子以收预防犯罪之效；特殊预防则是以犯罪人为主要对象，通过刑罚手段使得受刑罚以科处的犯罪人在以后不至于再次实施犯罪行为，实则为预防重新犯罪或预防再次犯罪。正是由于这两类预防观所包含的内容不同，因而在预防刑论内部也存在一些争议，即预防刑论的刑罚目的究竟是以一般预防还是以特殊预防为主。偏重一般预防的学者认为："刑罚的主要目的是一般预防，因为它是刑罚的真正目的。"[1]相反，偏重于特殊预防的学者则强调刑罚的主要目的是特殊预防，尤其以冯·李斯特提出的"特殊预防论"（die Spezialpraeventiven Theorien）为典型。其认为运用刑罚对犯罪人加以惩罚的目的是教育和改造犯罪人，使其自身的人身危险性得以消除并较为顺利地回归到正常的社会当中，相较于刑罚威吓一般人来说，其更注重通过犯罪人的内在改造

---

[1] [英] 边沁：《道德与立法原理导论》，时殷弘译，商务印书馆2000年版，第216~218页。

来达到预防效用的刑罚目的。[1]尽管主张一般预防与特殊预防的学者各自强调其应作为预防刑论中的主要刑罚目的,但也都不否认二者不相矛盾,而且,二者共同发挥自身的积极效用。预防刑论可以说是将报应刑论对行为的注重转变为对行为人的聚焦,其重点强调犯罪人本体的特殊性,相比于犯罪行为其更重视从犯罪人的方面出发,以预防为刑罚目的进而追求犯罪的实际减少和对犯罪人的积极矫正,最终达到实质的公正和切实有效的犯罪规制。不过,预防刑论纵然否定了报应刑论的不恰当威吓惩治的治标刑罚目的论,但是单纯的预防刑论的教育改造也不能完全实现治本的刑罚目的。因此,是否将二者予以融合成了国外理论界研究刑罚目的论的重要内容。

  西方学者在经历了报应刑论和预防刑论的互相争论与磨合的过程之后,看到了各自的优缺点并提出了刑罚目的折中论,也被称为二元综合论。该论建立在报应刑论和预防刑论的基础之上,主张报应和预防都是刑罚目的不可缺少的内容,这就意味着其既强调刑罚目的的公正性报应追求,又要求满足预防犯罪的功利性效益。"报应和预防不是不可调和的矛盾体。两者的联系在于,刑罚不是为了处罚而处罚,而是为了保护社会免受将来的犯罪行为的威胁才规定和科处刑罚的。然而,它有助于抵偿已实施的犯罪行为的责任,其方法是试图以公正的方式来实现预防效果(综合理论)。"[2]因此,报应与预防的刑罚目的是可以且应当结合起来的。但是,对于以报应刑论为基础、以预防刑论为基础还是二者同等的二元综合论却未能达成统一。

---

  [1] 参见马克昌主编:《近代西方刑法学说史略》,中国检察出版社1996年版,第196页。

  [2] [德]汉斯·海因里希·耶塞克、托马斯·魏根特:《德国刑法教科书(总论)》,徐久生译,中国法制出版社2001年版,第87页。

其中，主张将报应刑论作为主导、辅以预防刑论的刑罚目的二元综合论的学者认为："报应刑综合理论在过去是居于统治地位的，今天也仍然对司法判决具有决定性的影响……报应、特殊预防和一般预防是并存并立，应当同时加以追求的刑罚目的。不过，从根本上说这里的报应目的具有绝对主导的功能。"[1]而且，"刑罚只有以报应原理为基础，才合乎正义，才会对犯人的理性产生作用，才会使犯人自主地形成规范意识，也才会促使一般国民形成规范意识，产生一般预防和特殊预防的效果"。[2]这就意味着其强调刑罚目的优先以公平正义的实现为目标，且其是预防目的内在蕴含的当然前提。相反，主张将预防刑论作为主导、辅以报应刑论的二元综合论则认为达到对犯罪的刑罚预防效用才是最为核心的目的，报应刑要求下的绝对或完全的罪刑相适可根据预防犯罪的实际需求而做出超过罪责的相对程度的调整。"刑罚的目的在特殊预防的范围内存在改善、威吓及淘汰，而在一般预防方面，在适合正义公平观念程度内，应当保证以威吓满足法律观念。"[3]因此，其意指报应刑是在预防刑内得以呈现的。不过，在以预防刑为主的基础下，究竟特殊预防与一般预防孰应置于优先地位尚无一致的定论，但是，这并不影响预防刑作用下的效应。除却此两类二元综合论的争论，报应与预防处于同等地位的综合论也随之而生，即二者无主次、无先后地并立存在，不过，这种主观理念在实际操作中往往较难做到完全的平等，因此较为理想化。无论是何种二元综合论的内容，都毋庸置疑地将报应与预防相结合，注重对犯罪行为

---

[1] [德] 克劳斯·罗克辛：《德国刑法学总论》（第1卷：犯罪原理的基础构造），王世洲译，法律出版社2005年版，第44页。

[2] [日] 大谷实：《刑法总论》，黎宏译，法律出版社2003年版，第32页。

[3] 转引自马克昌主编：《刑罚通论》，武汉大学出版社1999年版，第57页。

和犯罪人的综合衡量、判断，兼容报应刑的公平正义和预防刑的功利效用，进而实现罪刑相适和刑罚个别化的恰当融合。

纵观国外报应刑论、预防刑论和二元综合论的刑罚目的内容，显而易见的是，报应刑论和预防刑论均由于各自在不同方面的过分侧重而表现出较为片面的理论内容，相较于此，二元综合论则较为全面地汲取了报应观与预防观的积极价值，进而综合反映出了合理的刑罚目的内容。因此，二元综合论以其特有的优势成了刑罚目的论中的通说或主流。在明晰了国外关于刑罚目的的诸多理论研究内容之后，我们不妨来看一下我国的刑罚目的论。

（2）我国刑罚目的论内容。相较于国外，我国在刑罚目的论方面的研究也已经积累了丰富多样的理论内容。不过，与国外刑罚目的论的三大类集中理论观不同的是，我国存在更为多元化、多层次的刑罚目的论分类，其主要包括一元论、二元论以及多层次论等。无论我国有多少种刑罚目的理论，实际上都可在报应刑论与预防刑论中找出共通点，因而可以说是对二者进行的细分或者拓展，比如直接目的、间接目的、根本目的等。又或者是学者们在我国运用不同的语词表达刑罚目的，比如责任刑、功利刑、目的刑等，但都离不开报应与预防这一基础。因此，国内外的刑罚目的论在本质上是不存在冲突的，甚至是相一致的。那么，对刑罚目的论的研究，就不仅仅是国外存在很多纷争，我国国内也同样未能达成统一意见。

刑罚目的之惩罚论。惩罚，顾名思义就是旨在运用刑罚手段对犯罪人予以处置所达到的惩戒和责罚的目的。此论主张："刑罚既然是阶级专政的工具，是国家的一种强制方法，那么惩罚就是刑罚的本质属性。适用刑罚的目的就在于使犯罪人的自由和权利受到限制和剥夺，使他们感到压力和痛苦，只有这样，才能制止犯罪的发生。"[1]因而,这种惩罚可以说是从刑罚本身所具有的惩罚特性出发呈现在刑罚目的观当中的。并且,惩罚论也是基于报应的理念而存在的,是报应刑论的一种反映。然而,不可否认的是,惩罚论的刑罚目的在一定程度上将刑罚具备的惩罚属性与刑罚的主观目的相混淆。同时,惩罚论作为报应刑论的内容本身也具有片面性,不可避免地呈现出了其在应对犯罪时理论上的单一性不足。

刑罚目的之改造论。改造即是以刑罚的方式使犯罪人得以革新或重新做人。此论主张刑罚的目的不是报复、不是惩罚也并非报应,而是运用刑罚这一方法或手段达到对犯罪人加以改造的目的。从一定意义上来说,改造论是预防刑论中贯穿教育理念特殊预防的一种反映,其注重对犯罪的长效预防以及对犯罪人的良性回归。但是,单纯的改造论难免会忽略刑罚惩罚的本质与能否改造的可行性等因素,同时也与人们内心中传统的惩罚观念相悖,因而,在对已然犯罪的处置上无法发挥及时之效是其弊端。

刑罚目的之预防论。预防同国外预防刑论中的预防同义,是以对已然之罪的控制和对未然之罪、将然之罪的整体防范为刑罚目的,其具体包括一般预防和特殊预防两个方面的内容。此论坚持惩罚不过是刑罚固有属性并非刑罚目的,因而,对刑罚的创制与适用的真正目的是预防犯罪。其中,特殊预防主要针对犯罪人以防止其重新犯罪,意为使犯罪人不想或不愿再犯罪。一般预防则主要针对意欲犯罪或可能犯罪的危险分子以防止其犯罪,意为使其不敢犯罪。当然,预防论的刑罚目的也不尽如其主张得那样美好,往往因追求预防的片面功利性目的而

---

[1] 周少华:"刑罚目的观之理论清理",载《东方法学》2012年第1期,第15页。

失了公平正义的罪刑相当要求。因此，预防论刑罚目的也存在着或多或少的不足。

刑罚目的之双重目的论。双重目的是指惩罚目的与改造目的的结合，即刑罚目的应包括对犯罪人的惩罚和改造两方面的内容，单一的惩罚或是改造都不是合理的刑罚目的。诚如前文所述，惩罚是报应刑论的应有之义，改造是特殊预防的当然内容，那么双重目的论就意味着是报应与特殊预防的二元刑罚目的论。相对惩罚论与改造论而言，双重目的论确实是较为全面地考虑到了对犯罪人给予惩罚的同时还要加以改造。但是，惩罚或改造本身存在的缺点使得双重目的论并不尽如人意。

刑罚目的之二元论，如同国外主张的二元综合论一样，其强调报应刑目的和预防刑目的的结合。此论认为："刑罚的主要目的在于预防犯罪，具体表现为特殊预防与一般预防。但除此之外，刑罚还具有报应刑，包括道义报应与法律报应。从这个意义上说，刑罚目的是二元的：预防与报应的统一。"[1]二元论可以说是在双重目的论的基础上的扩展，是借鉴国外综合论的内容而形成的刑罚目的论，强调刑罚目的是报应和预防的统一。"报应与预防不是截然对立的，两者从根本上仍然存在相通性与相容性；报应与预防在刑罚目的中并非并列关系，而应以报应为主、预防为辅，即以报应限制预防，在报应限度内的预防才不仅是功利的而且是正义的；在刑事活动中，应同时兼顾报应和预防这两个目的，但在刑事活动的不同阶段，两者又应有所侧重。"[2]不过，报应与预防究竟孰应居于主导地位至今仍然还有纷争，但并不影响二元刑罚目的论科学合理的存在。

---

〔1〕 陈兴良：《刑法适用总论》（第2版·下），中国人民大学出版社2006年版，第50页。

〔2〕 陈兴良：《本体刑法学》，商务印书馆2001年版，第637~653页。

刑罚目的之根本目的和直接目的论。根本目的意味着刑罚所追求的最终或终极目标;直接目的则是刑罚所追求的直接结果。此论认为:"刑罚的根本目的是'预防犯罪、保卫社会'。直接目的是惩罚犯罪,伸张正义;威慑犯罪分子和社会上不稳定分子,抑制犯罪意念;改造犯罪分子,使其自觉遵守社会主义法律秩序。"[1]显然,"预防犯罪、保卫社会"应当是刑法的内在目的,将其认定为刑罚的根本目的确有不当。而且,以"预防犯罪、保卫社会"为根本目的还陷入了预防刑论的片面预防理念。同时,该论在一定程度上将刑罚功能阐释为直接目的的内容也是对刑罚目的的混淆。因此,根本目的和直接目的的刑罚目的论在不断地修正。

刑罚目的之三目的论。三目的意味着刑罚的目的包括根本目的、直接目的和间接目的这三部分内容。此论主张的根本目的在我国《刑法》中被明确规定为"惩罚犯罪,保护人民"[2]。"直接目的包括特殊预防;一般预防;通过对犯罪分子适用刑罚,提高人民群众的法制观念,教育他们自觉地遵守法律,并鼓励他们与犯罪作斗争。我国刑罚的间接目的是指借助适用刑罚所追求的附带积极效果,基本内容包括堵塞漏洞、铲除诱发犯罪的外部条件。"[3]三目的论实则是在根本目的论和直接目的论的基础之上做出的发展,从根本目的的内容来看,其虽然混淆了刑法与刑罚的任务内涵,但却加入了惩罚的内容而形成了一个较为完整的有机体。三目的论既强调直接的预防又注重惩罚的

---

[1] 高铭暄主编:《新中国刑法学研究综述(1949-1985)》,河南人民出版社1986年版,第408~410页,转引自高铭暄、赵秉志主编:《刑罚总论比较研究》,北京大学出版社2008年版,第104页。

[2] 《刑法》第1条规定:"为了惩罚犯罪,保护人民,根据宪法,结合我国同犯罪作斗争的具体经验及实际情况,制定本法。"

[3] 徐久生:《刑罚目的及其实现》,中国方正出版社2011年版,第60页。

第一章 刑罚体系之基础理论

内容，因而具有一定的合理性。不过，间接目的则稍显牵强，源于其旨在发挥刑罚的附带效用以消除导致犯罪的外在因素，这是不现实的主观意愿，刑罚自身的局限性已经决定了其不可能达到该目的。因此，刑罚目的的三目的论有合理性但也有不当之处。

刑罚目的之三层次论。三层次意味着刑罚目的是一个存在层次性的目的统一体。"从我国的情况出发，宜认为刑罚目的包括三个层次，三个层次的刑罚目的依次是：公正惩罚犯罪，有效预防犯罪，最大限度地保护法益。"[1]在这三个层次的刑罚目的中，遵循着依次递进的顺序逐渐深入。那么，这就意味着预防犯罪重要于惩罚犯罪，保护法益重要于预防犯罪，保护法益势必处于最高层次的地位。对于惩罚犯罪与预防犯罪，笔者已在前文作出了分析，在此就不再赘述。"保护法益"作为该论所主张的刑罚目的的一部分，其内涵是对刑法所规定的各种法益加以保护。但不可否认的是，保护法益在本质上应属于刑法的任务，抑或刑法的目的而非刑罚目的。并且，刑罚作为事后规制不是应对犯罪的唯一手段，刑法通过刑罚以及非刑罚方式均能实现对法益的保护，因此，将保护法益作为刑罚目的实则是对刑法任务或目的的混淆。

纵观我国刑罚目的论，除却本书列举的内容以外还有其他理论观点，但所有不同的刑罚目的论的差异都较小或者没有实质性区别，且上述刑罚目的论的阐述能概括所有理论的主要内容，因此不一一详细列明。惩罚论、改造论和预防论等可被概称为刑罚目的一元论，单纯的一元论往往因其自身的片面性内容而易于走向极端化道路，因而我国学界如今也很少倡导一元

---

[1] 韩轶：《刑罚目的的建构与实现》，中国人民公安大学出版社2005年版，第78页。

论的刑罚目的。双重目的论、二元论、根本目的和直接目的论、三目的论以及三层次论等则可被概称为刑罚目的多元论,多元论相较于一元论有着明显的全面性和合理性,但是,也存在着将刑罚目的同刑罚功能乃至刑法任务相互混淆的情况。因此,刑罚目的理论在我国依然处于不断的研究当中。

尽管在众说纷纭的刑罚目的论研究中难以达成一致,但通说坚持认为预防犯罪是我国刑罚的目的并逐渐成了主流。同时,预防犯罪在我国也是通过特殊预防和一般预防两方面共同达到的刑罚目的。特殊预防旨在通过限制或剥夺犯罪人的再犯能力,"首先,通过对犯罪人的行为科处适当刑罚,唤醒犯罪人的规范意识;其次,通过执行宣告刑,在一定的期限内将被判刑人与社会相隔离,使得被判刑人在相应的期限内不可能再危害社会;最后,通过对被判刑人的改造,在一定程度上消除他们的人身危险性,顺利地重返社会"。[1]其可以说是建立在惩罚基础之上的改造。一般预防则是通过对犯罪人的刑罚处罚警戒有犯罪可能的危险分子、易于犯罪的不稳定分子以及受到犯罪侵害的直接或间接的被害人,向社会普通大众示意犯罪招致刑罚惩罚的必然与痛苦,同时也号召全民共同防范犯罪。[2]显然,我国刑罚目的通说虽着重强调预防犯罪的目的,但是并没有排斥报应惩罚的观念,因而具有可取性。不过,报应论自古便深入到了刑罚理论研究当中,且在人们内心根深蒂固,因此,本书认为报应与特殊预防、一般预防共同构建的刑罚目的方才恰当。所以,刑罚目的应是报应与预防的二元目的,即追求刑罚公平正义的同时兼顾预防效益。

---

[1] 徐久生:《刑罚目的及其实现》,中国方正出版社2011年版,第70页。

[2] 参见曲新久等:《刑法学》(第6版),中国政法大学出版社2016年版,第87页。

第一章 刑罚体系之基础理论

无论是国外的刑罚目的论研究，还是我国的刑罚目的论分析，都意欲通过对刑罚目的的明确来为与其相关联的诸多刑罚理论或制度提供直接、可靠的依据。刑罚目的从刑事立法创制开始就做出导向性指引，而后贯穿刑事司法适用和刑事执行的整个过程都受刑罚目的制约。那么，对于刑罚体系而言，具体包括刑种的选择和基础的刑罚配置都势必需要按照特定刑罚目的的要求来做出本体的构建和调适。因此，刑罚目的与刑罚体系之间有着或多或少的必然关联。

2. 刑罚目的对于刑罚体系的影响

"在社会历史领域内进行活动的，全是具有意识的、经过思考或凭激情行动的、追求某种目的的人；任何事情的发生都不是没有自觉的意图，没有预期的目的的。"[1]这便意味着特定客观事物的出现和发展变化都由相应的主观目的加以作用而成。那么，刑罚体系作为客观存在也不例外，其必然也是按照一定的刑罚目的而形成的有机体。

（1）刑罚目的是刑罚体系建构与发展的应然前提。刑罚目的作为主观理念引导着刑罚创制和适用的整个过程，刑罚体系自然也会受一定的刑罚目的影响。"从古今中外的司法理论和实践来看，无论是刑罚体系的建立，还是刑罚方法的具体应用，以及刑事政策的制定，都有形无形地受着刑罚目的的制约。"[2]换言之，刑罚目的是刑罚体系建构的应然依据，刑罚体系的确立和调整都以刑罚目的的内容为前提。"刑罚目的制约着刑罚的体系与种类。刑罚的体系和种类是为实现刑罚目的服务的，因而确定刑罚的体系与种类时必须考虑刑罚目的的需要。确切地

---

[1] [德] 恩格斯："路德维希·费尔巴哈和德国古典哲学的终结"，载《马克思恩格斯选集》（第4卷），人民出版社1972年版，第243页。

[2] 谢望原：《刑罚价值论》，中国检察出版社1999年版，第85页。

说,刑种的选择、排列以及各刑种在体系中所处的地位和所占的比重,都是按照刑罚目的的要求来决定的。"[1]因而,基于不同的刑罚目的就会形成不同的刑罚体系,且特定的刑罚目的必然产生与之相对应的刑罚体系,典型的为依照报应论刑罚目的的内容,刑罚体系则需满足公平正义的报应惩罚和威吓的要求,具体刑种和刑罚幅度的配置就会呈现出相对严厉或残酷的内容;依照预防论刑罚目的的内容,刑罚体系则需满足特殊预防和一般预防的功利性效益要求,具体刑种和刑罚幅度的配置就会呈现出相对人道与多样的内容。因此,刑罚体系的建构以刑罚目的为理论依据。与此同时,任何事物都是处于不断的变化发展之中的,刑罚目的与刑罚体系作为独立的两个理论自身发生内部变化的时候,刑罚目的对刑罚体系的前提效应也在逐渐发展、扩大,典型的为刑罚目的论经历了从古典报应刑论到实证预防功利刑论再到新二元综合论的过程,刑罚体系也伴随其变化而做出从严厉到轻缓的转变。那么,刑罚目的理所当然地就是刑罚体系构建乃至发展的应然前提。

(2)刑罚体系是刑罚目的的实然结果。刑罚体系以刑罚目的为前提,这就意味着刑罚体系是刑罚目的作用下的现实产物。而且,刑罚目的的实现在一定程度上又依赖于刑罚体系的具体内容在实践中的适用。之所以如此,一方面在于刑罚目的本质上只是单纯的理论追求,理论是实践的先导但却要在实践中运用才得以产生理论蕴含的效果,那么,刑罚目的就需要借助刑罚体系的依托来实现其自身的理论内容。当然,刑罚体系这一产物并不是由刑罚目的完全决定的,还存在其他理论或因素对刑罚体系发挥作用。但是,刑罚体系却是刑罚目的最为直接的

---

[1] 张明楷:《刑法学》(第5版·上),法律出版社2016年版,第509页。

结果。纵观刑罚种类和刑罚量或度的设置的发展历程，一些刑种和幅度配置被确定在刑罚体系当中，即沿用本国国内历史上的旧的刑罚体系的内容、域外国家刑罚体系规范的借鉴以及创制新的刑罚种类与比例设置等都是国家刑事立法为实现刑罚目的在现实中的具体表现。那么，这就意味着通过刑罚体系中法律规制的内容也就能看出其得以形成与发展的主观刑罚目的，即不同的刑罚体系反映出不同的刑罚目的。另一方面在于刑罚体系亦反作用于刑罚目的。刑罚目的对刑罚体系的前提作用已无可厚非，不过，刑罚体系在依据特定刑罚目的成型后就以独立的整体应对犯罪现象的各种问题。在司法适用刑罚体系内容的过程当中，除却遵照刑罚目的的要求确定刑罚种类和刑罚幅度之外，往往也会考虑该刑罚体系的内容的实际效果。倘若所采用的刑罚无法达到对犯罪予以控制和防范的目标，那么此类刑罚体系就会受到或多或少的质疑，由其延伸之上的刑罚目的也自然会被反思。反之，刑罚体系的内容被运用于犯罪处置并发挥出积极有效的作用，就不仅仅是其自身设置的科学合理而且还是刑罚目的的恰到好处。所以，刑罚体系既是刑罚目的的实然结果，又以其自身内容的适用能动地反作用于刑罚目的的本体。

在指出刑罚目的和刑罚体系的关系后，可通过不同人犯罪的例示反映出不同刑罚目的下的差异刑罚体系内容。对于未成年人犯罪而言，根据报应刑目的的就会形成严格的罪与刑之间绝对的法定刑罚内容，其仅考虑犯罪行为因而自然是做到惩罚犯罪即可；预防刑目的将犯罪人个体因素考虑在内，那么如何预防犯罪便成了刑罚内容规制的主旨，进而对未成年人会做出特殊的刑罚配置，典型为死刑的不适用和法定从轻或减轻的规定；在二元综合刑罚目的下，在对未成年人进行否定性评价的同时设置相对应的刑罚。由此可知，不同的刑罚目的会对刑罚内容造成不同的影响。当然，这只不过是二者关系的一个体现，具体到各不同刑罚目的论指引的刑罚体系，笔者将在后文中予以详细阐释。

总而言之，刑罚目的与刑罚体系存在密不可分的关联。刑罚目的作为刑罚体系建构与发展的应然依据为刑罚体系的具体内容指引方向；刑罚体系作为刑罚目的的实然结果呈现并促进刑罚目的的理论发展。刑罚目的与刑罚体系二者间相互作用且共同发展。因此，刑罚目的论理所当然地成了刑罚体系中不可缺少的基本理论范畴。同时，随着刑罚目的论的逐渐发展，刑罚体系也会不断进行调整和适应，以形成更为恰当、有效的刑罚体系。

（二）刑事政策

刑事政策同刑罚目的一样对刑事立法和刑事司法产生直接作用，而且，刑事政策也是刑罚目的论发展下的产物，换言之，刑事政策可以说是将刑罚目的这一抽象观念加以具体化的方略。刑事政策并非我国固有，而是来源于国外，被我国加以借鉴并结合具体国情形成适合自身的内容。如今，刑事政策已经受到国内外共同的关注，学者们对其进行了深入的研究并逐渐积淀了丰富的内容。刑事政策的好坏会直接关系到与其相关的整体刑罚制度。因此，刑罚体系作为刑罚系统中的一部分，其不仅是刑事立法的产物、刑罚目的的表现，同时也是刑事政策所引导形成的结果。刑事政策以其自身的特定内容直接在刑罚体系的创制和变化过程中发挥作用，因此，其也就成了刑罚体系不可忽视的基本理论范畴。所以，在对刑罚体系加以研究之前，充分地认识刑事政策论有助于更好地剖析我国的刑罚体系。

1. 刑事政策论

对于我国而言，"刑事政策"这个术语是个舶来物，其最早源于1804年德国刑法学家费尔巴哈在其《刑法学教科书》中首次使用，并指出"刑事政策是国家据以与犯罪作斗争的惩罚措施的综合"。[1]自此起，随着学者们对刑事政策研究的继续深入，关于刑事政策究竟应该如何界定的争论也就逐渐展开以至于形成了众说纷纭的态势。目前，域内外在明晰刑事政策内涵的诸多理论中集中表现出了三种见解，即广义说、狭义说以及折中说。以李斯特、安塞尔等为代表的广义说学者共同主张广义的刑事政策论。李斯特认为："刑事政策是国家和社会据以与犯罪作斗争的原则的综合。"[2]安塞尔也认为："刑事政策是由社会实际上就是说由立法者和法官在认定法律所惩罚的犯罪，保护高尚公民时所作的选择，是集体对犯罪的越轨的反社会活动的有组织的果敢的反应。"[3]国内的学者则认为："刑事政策是指同犯罪防控相关的所有社会公共政策，包括以刑事法律为表现形式、以刑事类措施为手段特征的社会公共政策，还包括不具有刑事法律的表现形式或者不具有刑事类措施的手段、但是具有防控犯罪价值内容的所有社会公共政策。"[4]因此，广义说主张的刑事政策泛指一切有益于防范和控制各种犯罪的政策。而相对于广义说的内容，刑事政策的狭义说则范围较小。以耶塞克、张甘妹等为代表的狭义说学者共同主张狭义的刑事政策论。耶塞克认为："刑事政策探讨的问题是，刑法如何制订以使其能最好地实现保护社会的任务。"[5]张甘妹认为："刑事政策

---

[1] 梁根林："解读刑事政策"，载陈兴良主编：《刑事法评论》（第11卷），法律出版社2002年版，第2页。

[2] 曲新久：《刑事政策的权力分析》，中国政法大学出版社2002年版，第35页。

[3] [法]米海依尔·戴尔玛斯-马蒂：《刑事政策的主要体系》，卢建平译，法律出版社2000年版，第1页。

[4] 魏东：《刑事政策原理》，中国社会科学出版社2015年版，第24页。

[5] [德]汉斯·海因里希·耶塞克、托马斯·魏根特：《德国刑法教科书（总论）》，徐久生译，中国法制出版社2001年版，第28页。

得谓为国家以预防及镇压犯罪为目的，运用刑罚以及具有刑罚类似作用之诸制度，对于犯罪以及有犯罪危险人所作用之刑事上之诸对策，而今日一般所谓刑事政策者，多指狭义而言。"[1]因而，狭义说主张的刑事政策实际上被限定在刑事法律政策的范围之内。折中说则认为刑事政策是一系列对犯罪予以打击且能够有效维护社会秩序的整体战略或战术，[2]其事实上依然是比较偏于广义说的内容而形成的一类观点。本书从刑事政策这个特定术语的角度认为广义说的主张更为合理恰当。刑事政策本身不局限于刑法或刑罚政策之中，尤其是刑罚的局限性使得单纯的刑法或刑罚规制不足以完全回应犯罪现象，因而应当将非刑罚或刑事类却能有效防控犯罪的多样化措施囊括在刑事政策范畴之内。因此，本书将刑事政策界定为：国家和社会为追求惩罚和预防犯罪目的的有效实现，以犯罪态势为依据，将刑罚和非刑罚等处罚措施运用于犯罪行为和犯罪人的整体方略。

国内外理论界对刑事政策论的研究也是历史悠久，而且刑事政策受不同本土条件的影响而形成了不同的理论内容。因此，刑事政策论的内容在国内外也有所差别，未能完全一致。

（1）国外刑事政策论内容。西方国家的刑事政策理论实质上是在刑事法学派的思想内容中产生并随之发展变化的。众所周知，刑事法学派以古典学派、实证学派与社会防卫学派为典型，因此，刑事政策论的内容也就自然依此而被区分为古典型刑事政策、实证型刑事政策（现代型刑事政策）和社会防卫型刑事政策（当代型刑事政策）。[3]

---

[1] 张甘妹：《刑事政策》，三民书局1979年版，第2~3页。
[2] 参见卢建平：《刑事政策与刑法》，中国人民公安大学出版社2004年版，第7~8页。
[3] 参见赵秉志主编：《刑事政策专题探讨》，中国人民公安大学出版社2005年版，第31~34页。

第一章　刑罚体系之基础理论

　　刑事政策思想观念的形成以早期的古希腊思想家的关于犯罪的原因和刑罚目的的一些观点为雏形，而其真正得以形成则归因于刑事古典学派的刑事政策理论内容。通常认为，刑事古典学派主张罪刑法定、罪责刑相适应与刑罚人道主义。罪刑法定要求对犯罪行为的认定和对犯罪人的刑罚处罚都要以法律的明文规定为前提，禁止类推；罪责刑相适应意味着对犯罪人确定的刑罚轻重量度应与其责任的大小、犯罪的严重程度相均衡，禁止过度的刑罚；刑罚人道主义则是否定残酷的刑罚措施或手段，旨在"废除死刑、肉刑，建立以自由刑为中心的刑罚体系，适用轻刑等"，[1]禁止酷刑。因而，受古典学派学说的影响而形成的刑事政策势必以其主张为内容并在实务中予以落实，典型的如死刑在国外被逐渐废止。其实质上可以被理解为："从对于犯罪防止来说，所有的刑罚制度，只有是有效并且必要的时候才能被看作正当的，超过了基于心理强制说的一般预防限度的刑罚是从不正当的刑罚的观念出发，提倡树立合理主义的、功利主义的刑罚观，主张以消除不合理的非人道的犯罪人处遇为基本宗旨的刑事政策。"[2]因此，这样的刑事政策蕴含着刑罚不仅仅在于惩罚而且需要有利于对犯罪的改造，显然是从理性的角度做出的定性分析而缺乏实证。不过在刑事政策理论中提倡公平正义且人道的刑罚处置是其进步性的体现。

　　实证型刑事政策则是由刑事实证学派所主张，在对古典型刑事政策进行反思的基础上产生的。此刑事政策最大的特点是有实证主义的内容依据，不再是纯粹的思辨。实证学派将刑事政策引入行为人的方向，强调犯罪人的人身危险性，因而刑事政策应当作刑罚的个别化转变，即刑罚的选择和确定与犯罪人

────────

[1] 卢建平主编：《刑事政策学》，中国人民大学出版社2007年版，第35页。
[2] [日]大谷实：《刑事政策学》，黎宏译，法律出版社2000年版，第9页。

所具备的危险程度相当，可轻于或重于犯罪行为所带来的实害。从实质上来看，实证型刑事政策是以特殊预防为目的的刑罚措施和其他手段的集合。正如李斯特提出的："最好的社会政策就是最好的刑事政策，社会政策比刑罚及有关处分的作用大得多。"[1]因此，对于刑事政策来说，首当其冲的就是在刑罚中选择适宜于不同犯罪人的个别化特征的刑罚种类和刑罚量度。同时，实证型刑事政策自 19 世纪后期就逐渐刑法化到刑事法律的改革当中。但是，这种否定犯罪行为的主观主义理论观念也是较为片面的，易于使与之对应的刑事政策在回应犯罪时也相对片面，不利于对犯罪的防控且还可能造成对犯罪人刑罚过剩的情况。因此，刑事实证学派及与其相符合的实证型刑事政策也有所不足。尽管如此，实证型刑事政策考虑到犯罪人的不同危险程度，确为实质的预防犯罪提供了一定的参考。

社会防卫型刑事政策是在反对传统的惩罚制度和坚持人道主义刑罚的基础之上形成的新的内容。其肯定刑罚措施或手段的作用和刑罚个别化的处遇，更提倡"将刑罚与保安处分合并为刑事制裁的统一体系，使刑罚体系和法定刑内容现代化"。[2]而且，社会防卫型刑事政策主张对刑罚整体进行改革，提倡将监禁刑逐渐转变为非监禁刑，抑或改变刑罚执行方式。这实际上就是依照融合惩罚与预防犯罪在内的保护社会和保障人权的目的对刑罚体系整体作出结构调整以及对其中具体刑种和刑罚配置内容加以转化。其本质上意在以人道主义为核心，偏重于对犯罪人的积极复归，主张轻缓化的刑罚规制和非刑罚处遇。

---

[1] [德] 弗兰茨·冯·李斯特：《德国刑法教科书》，徐久生译，法律出版社 2000 年版，第 13 页。

[2] 蒋熙辉等：《刑事政策之反思与改进》，中国社会科学出版社 2008 年版，第 31 页。

如今，此类型的刑事政策内容已成为国外主流并影响着我国的刑罚政策乃至刑法政策。

相较而下，社会防卫型刑事政策比前二者更为全面。无论是何种刑事政策，在刑罚理论上无疑都倡导刑罚的趋轻化和更有利于实现惩罚与预防犯罪的措施或手段。而且，任何刑事措施或手段都在实践中对各个国家的具体刑罚体系的构建和调整方面提供了有效的指引，使得刑事政策直接转化到刑罚内容当中，从而让刑罚体系在适用中更为科学、合理地应对犯罪和恰当、合适地对待犯罪人。

（2）我国刑事政策论的内容。我国刑事政策论的研究与西方国家有所不同，蕴含刑事政策思想的观念[1]自古就有且也有独具特色的内容。在当下，人们对刑事政策的理解都源于国家大政方针、党的文件以及领导人的讲话中涉及的处置犯罪的口号或态度等，即使是理论界也认同将这些内容作为刑事政策来看待。也正因如此，我国的刑事政策也可以说是根据实践中的犯罪情势而做出的，有明显的针对性和特定性。我国刑事政策作为经验性的内容积淀，往往对犯罪都是自上而下的做大局统筹，其中除却单纯的刑事惩罚措施外还涉及社会防控。因而，本书将我国刑事政策的内容划分为刑事惩罚政策与社会预防政策两大部分。

刑事惩罚政策旨在强调运用刑罚手段或措施解决犯罪问题，因其具有的特定惩罚效用以罚代防以至于从国家产生起就作为主要的刑事政策，即使是如今，其依然居于主导地位。刑事惩

---

[1] 我国古代就具有刑事政策思想观念，主要是"德主刑辅"，即礼的教化与刑的惩罚双重刑事政策观；"刑罚世轻世重"，即刑罚的轻重依据社会状况而定的刑事政策观；"明刑弼教"，即先教后诛、去礼入刑等。这些思想观念也为现代刑事政策的形成奠定了思想基础。

罚政策以打击犯罪为基础,以刑罚固有的惩罚、威慑及警戒作用为目标,通过刑罚限制或剥夺犯罪能力处罚犯罪人和警示大众。不过,理论界对此政策主张的刑罚惩罚存在两种对立的争论。一种认为只有通过刑事惩罚政策对犯罪予以严厉打击才能真正减少或防控犯罪的发生;另一种则认为单纯的惩罚政策并非是应对犯罪的最佳方法,且其无法根治犯罪。尽管二者相互冲突,但是都不否认惩罚政策的必要性存在,其在社会治安状况不稳定的情形下的作用尤为明显。因而,以刑罚为基础的刑事惩罚政策是整体刑事政策当中的重要内容。同时,学者们在对刑事惩罚政策的理论研究中也认识到了刑罚的特定局限性,如刑罚自身对犯罪的片面治标作用以及刑罚带来的副作用等。因此,刑事惩罚政策的内容逐渐向合理化发展。就我国已经存在的刑事惩罚政策来看,具体包括"严打"与"宽严相济"两类。其中,"严打"即"从重从快严厉打击刑事犯罪活动";[1]"宽严相济"是对早期惩办与宽大相结合的刑事政策的发展,即宽严有度地处置犯罪和区别对待犯罪人。而具体到我国践行这两种刑事惩罚政策的具体内容,笔者将在本书第二章"我国现行刑罚体系的基本特征"中的"刑事政策视阈"部分加以详述。随着法治时代的发展,刑事政策理论在惩罚政策之外也有所发展,在满足预防犯罪目的的要求下超越刑罚之外找寻更为全面的犯罪对策,社会预防政策应运而生。

  社会预防政策是将犯罪的预防作为核心,强调运用刑罚以外的措施来改善社会环境以及个人进而做到防范犯罪。其主张采取社会性手段或方法对易于引起犯罪的条件或因素予以消除,从而实现控制犯罪与减少犯罪。相对于刑事惩罚政策,社会预

---

[1] 谢望原等:《中国刑事政策研究》,中国人民大学出版社2006年版,第257页。

防政策旨在事前预防或防患于未然。由于社会预防政策有利于从根本上解决犯罪问题,且更易于长期维持社会秩序,因而成了当下刑事政策的发展方向。但是,社会预防政策仍然需要以刑事惩罚政策为前提,倘若没有刑罚做支撑以保障一定的社会治安,要想有效地实现预防政策也是不可能的。正是看到惩罚与预防的综合效用,我国在面对犯罪态势逐渐扩张的情形之下,提出了"社会治安综合治理政策",即"在各级党委和政府的统一领导下,动员和组织全社会的力量,运用政治的、法律的、行政的、经济的、文化的、教育的等多种手段,打防结合,预防为主,标本兼治,对违法犯罪问题进行综合性整治,从根本上预防和减少违法犯罪,维护社会秩序,保障社会稳定"。[1]此政策是以社会预防为重点的综合刑事政策,囊括了刑事惩罚政策和社会预防政策,如今依然对我国刑事政策起指导作用。

我国的刑事政策(无论是刑事惩罚政策还是社会预防政策),均是在惩罚和预防二元目的作用下形成了符合本国犯罪情况的刑事政策内容。刑事政策的理论最终都需要落实到具体规定当中,其中,刑事惩罚政策势必以刑事法律规范和适用为依托。因此,作为实践刑事政策内容的刑罚使得以其自身的体系建设和调整来解决犯罪的各种问题。尤其是在刑事法律规范中,刑事政策刑罚化已成常态。因此,刑事政策与刑罚体系之间必然存在一定的关联。

2. 刑事政策对于刑罚体系的影响

诚如刑事政策既涉及刑事立法也牵连刑事司法中的诸多理论和制度,对于与具体刑罚体系相关联的刑事政策,势必以刑罚政策为主并兼顾非刑罚政策。之所以如此,一方面,由于将

---

[1] 王牧主编:《新犯罪学》(第3版),高等教育出版社2016年版,第269页。

刑罚体系限于刑罚政策的作用不够全面，毕竟刑罚体系的构建除了包括刑罚措施，还囊括了一些被置于刑法规范中的非刑罚处罚措施两部分内容，相较之下，刑罚方法占据主导地位；另一方面，由于刑罚在应对犯罪时固有的局限需要将社会化的刑罚内容纳入刑罚体系当中，这在国外已经得以实现（如保安处分的刑事政策内容被刑罚化为刑罚体系的一部分等）。因此，不同的刑事政策会催生出不同的刑罚体系，前者是后者的政策指导，后者则是前者在实践中的客观存在的直接反映。

（1）刑事政策是刑罚体系的政策指导。刑罚体系的确定和变化除了依据主观刑罚目的的要求之外，还受特定时期的特定刑事政策指导。而且，刑事政策的制定和形成在很大程度上也是基于刑罚目的的考虑。因此，刑事政策作为刑罚目的的一种体现也就自然而然地对刑罚体系的设置产生其所蕴涵的政策导向作用。刑事政策在不同的国家或者同一国家的不同时期会有所不同，其形成的效应也有差异。因此，刑事政策对刑罚体系的政策指导作用，一方面体现在特定的刑事政策只会产生与之相对应的刑罚体系内容，如受严厉打击犯罪的刑事政策引导就势必出现趋严的刑罚体系，其中死刑、自由刑等刑种的设置与适用会成为主导。反之，宽严有度处置犯罪的刑事政策则会形成宽中有严、严中有宽的适度且相当的刑罚体系，其中死刑、自由刑等刑种会被限制。这也意味着严刑化刑事政策只会出现严厉的刑罚体系设置，不可能形成轻刑化的刑罚体系，反之亦然。另一方面则体现在刑事政策内容的丰富与变化会指引刑罚体系中刑罚种类和刑罚配置的多样化调整，即刑罚体系以刑事政策为前提，受刑事政策作用，亦随着刑事政策的指引而转变。因此，刑事政策直接为刑罚体系提供指导。

（2）刑罚体系是刑事政策的直接反映。刑事政策的各种内容只有作用于具体制度才能有所发挥,刑罚体系作为刑事政策在刑罚上的表现则承载着刑事政策的重要内容。具体设置刑罚体系的刑种和幅度直接反映刑事政策的要求,亦通过一国刑罚体系所呈现出的内容可知其所体现的刑事政策。纵观古今与国内外的刑罚体系内容,从以死刑、身体刑为核心的残酷刑罚,到以自由刑为重点的监禁刑罚,再到强调非监禁刑罚,刑罚体系整体走向轻缓化,典型的如刑罚体系中刑罚种类加入社会化刑罚措施的多样化内容。与之相对应的刑事政策则如刑罚体系一样呈现出了从严到宽的转变。同时,刑罚体系的具体内容在设置以后被运用于处置犯罪时得以反映出其实效性,进而体现出刑事政策的采用是否有效。因而,从本质上来看,刑罚体系的结构和内容直接反映刑事政策,且以其实践的效果反馈给刑事政策,从而给予刑事政策更好的调整以及防止刑事政策的泛滥。所以,相较于刑事政策对刑罚体系的指导,刑罚体系在直接反映刑事政策之外也促进刑事政策的发展。

为充分展现刑事政策与刑罚体系之间的关联,以精神病人是否有必要适用刑罚的问题进行阐释。对于精神病人实施犯罪行为而言,在符合犯罪主体条件的精神病人这一基础之上,不同刑事政策作用于刑法规制精神病人犯罪与刑罚的内容就会形成相差有别的刑罚体系。在刑事惩罚政策影响下,刑罚是对犯罪人的刑事惩罚方法,任何实施犯罪的人均应受到刑罚的惩罚,以此做出的刑罚自然是根据已然存在的犯罪现象而形成的。那么即使是精神病人也仍然有必要对其做出的犯罪事实按照刑罚规定予以处罚,因而旨在反映惩罚政策的刑罚内容所构筑的刑罚体系也就着重于处置犯罪,或者说,更加体现事后的惩罚而不考虑犯罪人的状态,因此,刑罚体系是传统刑种与配置的结合。在社会预防政策影响下,刑罚是回应犯罪和对待犯罪人的最后的和不得已的手段。其重在对犯罪的防控，几乎所有的犯罪都由各种原因综合导致，因此在事前有效地改善能够导致犯罪的条件是从根本上应对犯罪现象的措施，受其作用的刑罚中贯穿着社会预防的理念。因而针对精神病人犯罪设置强制医疗的方式（即将精神病人置于特殊医疗机构），实质上是除却刑罚的对应性处罚而无需对其适用传统的刑罚，虽对其不必抱以刑罚处罚但依然需要给予否定性评价，只不过考虑到精神病人的特定主体身份而设置更为有效的处罚方法。基于此，整体刑事政策指导下的刑罚体系就是一般刑罚与特殊处置内容的综合，因此可知，构建刑罚体系的刑罚相关内容自然与刑事政策相关。

总而言之，刑事政策对刑罚体系产生重大作用，即"刑事政策及其走向对于刑罚体系有着直接、深刻的影响，刑事政策决定着刑罚体系的设置，刑罚体系的发展变化也成为刑事政策演变的一个重要表征"。[1]换言之即二者相互结合、相互影响及相互作用。因而，建立在刑事政策基础理论范畴之内的刑罚体系研究才是较为恰当且合理的。

(三) 刑法社会机能

刑罚体系本身是属于刑罚大领域之内的内容，而刑罚则是以刑法为载体且被规制在其中的重要部分，因此，刑罚体系必然与刑法无法割离。因而，刑罚体系如何设置在一定程度上也受刑法本体的作用所牵制。刑法自身作为规定犯罪与刑罚的法律规范，也有其所专属的机能或者说功能，即"刑法作为一个有机整体可以起的作用或者可以发生作用的能力"。[2]这意味着刑法通过犯罪和刑罚内容的规制发挥其可能或应该具有的机能。其中，对于刑罚而言，刑法机能的实现自然需要以刑罚体系的

---

[1] 魏东主编：《刑事政策学》，四川大学出版社2011年版，第127页。
[2] 曲新久：《刑法学原理》，高等教育出版社2009年版，第53页。

现实建构为支撑,通过刑罚体系明晰刑罚内容并追求刑罚效果进而展现其自身的机能。所谓机能就是指:"在物质(物体)的系统中,其某一部分应有的作用和能力。"[1]对刑法机能的理论研究普遍认为其主要包括偏向于规范性的行为规制机能和偏向于社会性的社会机能,而社会机能因其所包含的社会保护机能和人权保障机能而占据主导地位。同时,刑法社会机能在具体刑罚创制与适用过程中的作用更为突出,因而被视为与刑罚联系紧密的刑法重要机能。那么,在看到刑罚目的与刑事政策对刑罚体系的影响之后,刑法社会机能也应理所当然地被看作是刑罚体系研究中不可缺少的基本理论范畴。

1. 刑法社会机能论

刑法社会机能是从刑法的社会性角度来看待其自身具备的功能的,即刑法在实际运作过程中产生的社会保护与人权保障的效用。无论是国内还是国外,都一致肯定刑法社会机能的理论内容。不过,对于其中是社会保护机能占主导还是人权保障机能优先则有所区别。国外刑法理论普遍认为人权保障或保障人权是刑法本身的首要机能。而在我国则更为倾向于社会保护的机能。尽管二者都有不同的内容,但是刑法社会机能作为统一体共同呈现出保护社会和保障人权的作用。因此,刑法社会机能论的探讨以社会保护机能和人权保障机能为重要内容。

(1)社会保护机能。社会保护机能,即为"刑法保护社会不受犯罪侵害的机能",[2]具体是刑法通过对犯罪或犯罪人的刑罚处罚以维持社会整体的秩序,换言之就是刑法作用在社会当

---

[1] 宋伟卫、丁玉玲:《刑罚结构的设置与调整》,河北大学出版社2014年版,第7页。

[2] 曲新久等:《刑法学》(第6版),中国政法大学出版社2016年版,第6页。

中所体现出的保护功效。刑法的社会保护机能首先在于社会这一整体，意味着对"社会"的看待并非局限于其本身语词内的含义，而是集个人、国家与社会利益于一体的宏观社会。个人作为社会中的重要组成元素是与社会相依相伴的，不过，社会并非个人的简单相加，而是蕴含特定的结构和特殊的机制以维持其自身。在社会运作过程中，国家成为其必不可少的组织机构进而让社会的运作更为顺利。因此，社会保护的机能就包括对个人利益、社会利益以及国家利益的综合保护。

刑法对国家利益的保护是指"刑法惩罚侵害国家法益的犯罪行为，维护国家法益的完整"。[1]刑法本体就是由国家这一主体按照其主观目的创制而成的产物，那么这便意味着国家会将其自身的利益居于考量的首要地位，即从刑法落定起就以保护国家利益为主。而且，国家自产生伊始就一直存在于社会当中并将长期存在，此种存在是一种客观必然的结果。因此，刑法对国家利益的保护也自然是其社会机能中的客观价值体现。这一保护机能具体表现在刑法对法定国事罪的规定和相应的刑罚设置当中，比如，我国刑法分则中第一大类罪即是危害国家安全罪等。几乎所有国家的刑法都注重对整体国家利益的维护。不过，对于国家利益或与之对应的国事罪的范围则在不同的时期会存在不同的内容。在封建时期，国家利益往往与君主个人利益或与君主专制统治地位结合在一起，那么当时所谓的国家利益及刑法规定的国事罪就不仅仅指国家整体的专属利益，还混同了个人利益和阶级社会利益。直到近代，贝卡里亚将国事罪与其他犯罪区别开来。他认为："一切犯罪，包括对私人的犯

---

[1] 张小虎："刑法机能探究"，载《社会科学》2004年第4期，第63页。

罪都是在侵犯社会,然而它们并非试图直接地毁灭社会。"[1]而重在使国家的利益受到损害的诸多犯罪却不仅是对社会中某一利益的侵犯,更是直接以整体社会为犯罪对象意图摧毁社会,其中最为严重的犯罪就是叛逆罪。在现代,国家利益就被明确为只是专属于国家的法益。因此,国家必然通过刑法将对自己利益的侵害行为规定为犯罪并配置以严厉的刑罚,也正因如此,刑法在不断的适用中又反过来发挥保护国家利益的机能。

刑法对社会利益的保护意为其通过规范内容对侵犯社会利益的行为加以规制。相对于国家利益和个人利益,社会利益实际上不是自始就存在的,也并非是突然就得到认定的,而是经历了一定的过程。"社会利益是随着社会进步与文明的发展,从国家利益和个人利益中分化出来的一种特殊的利益。"[2]早在古罗马时期,国家利益和社会利益的界限十分模糊,对犯罪类别的区分也就只划分为公罪与私罪两类,公罪泛指侵害国家利益的犯罪,私罪则指侵害个人利益的犯罪。"及至中世纪,社会公共利益逐渐与国家利益相分离,侵害社会利益的犯罪在犯罪中慢慢独立出来,刑法对社会利益的保护机能也得以凸现……到了西方近代,随着市民社会与政治国家的二元社会结构的建立,社会利益进一步和国家利益相分离。"[3]而后发展到现代社会阶段,社会利益已经成为社会当中的一类重要且独立的利益内容,与国家利益与个人利益既相互区别又相互关联。刑法对社会利益的保护具体体现在其中关于侵害公共安全等类罪的规定中。

---

[1] [意]贝卡里亚:《论犯罪与刑罚》,中国大百科全书出版社1993年版,第71页。

[2] 陈兴良:《本体刑法学》,商务印书馆2001年版,第40页。

[3] 陈兴良:"刑法的社会保护机能及其理论基础",载《检察理论研究》1997年第5期,第9页。

因此，保护社会利益免受侵害就成了刑法的社会保护机能中十分重要的组成部分。

刑法对个人利益的保护旨在刑法运用其犯罪与刑罚的内容设置来保护个人的法益不受犯罪行为的侵犯。作为在法制或法治社会中的个体，享有生命、财产以及人身自由等基本权利是毋庸置疑的。刑法最直接的是保护被害人的利益，即对已然受到侵害的个人的利益保护，在犯罪行为发生以后维护被害人利益不再受侵害并尽可能地弥补已被侵犯的利益；而从间接作用来看，其也是对被害人以外的其他个人的利益保护，主要是对尚未受利益侵犯的个人的保护。基于潜在犯罪人与潜在被害人的理论研究表明，每一个人都有可能成为犯罪人与被害人，个人利益的保护在刑法中主要还是通过对犯罪的惩罚来实现的。个人利益的保护也经历了一个逐渐受重视的过程，尤其是发展到现代，个人权益得到极大的关注以致人权保障空前发展。正因如此，学界对于将个人利益的保护纳入刑法社会保护机能中是否恰当存在质疑，争论集中在其是否属于人权保障机能的范畴。但是，本书持否定观点，理由是人权保障这一机能从实质上而言是强调采用对国家特定刑罚权进行制约的方式来保障个体最为基本的人权，其关键在于限制。而对个人利益的保护机能则是通过刑法的刑罚惩罚来保护个人的利益，旨在保护，况且个人利益是整体社会利益中的一部分，因此，其应当属于刑法社会保护机能中的内容。不过，刑法的人权保障机能在当今也蕴含着特定的内容并发挥着特定的效用。

（2）人权保障机能。人权保障机能的核心就是"人权保障"。具体是指："刑法具有保障公民个人的人权不受国家刑罚权不当侵害的机能。"[1]其在古代是不存在也完全没被意识到的，随着民主法治的不断推进，罪刑法定作为当下刑法的基本原则被确立下来，刑法对人权的保障也逐渐得以呈现出来，抑或是罪刑法定原则以人权保障理念为基础。罪刑法定原则所蕴含的基本要求就是"法无明文规定不为罪，法无明文规定不处罚"，实则是在法律规范进行明确规定的范围以内定罪处罚。其表现为对犯罪人处以法律限度以内的惩罚，对没有犯罪的人则不追究法律规定的刑事责任。刑法的人权保障机能是对自身的严格要求，更意味着对国家特定刑罚权的制约，旨在防止对这种强制性刑罚权的滥用以保障犯罪人与其他人的人权。"这里的人权具有普遍意义，既包括普通公民的人权，也包括犯罪人的人权。对于普通公民来说，只要他没有实施刑法规定的犯罪行为，就不能对该公民处以刑罚；对于犯罪人来说，在其实施犯罪的情况下，保障罪犯免遭刑法规定以外的不正当的刑罚。"[2]因此，刑法自身蕴含的人权保障机能自然就包括两方面的内容，即保障犯罪人权利和保障其他个人的权利。

  刑法对犯罪人权利的保障建立在即使是犯罪的人也享有基本权利的观念基础之上。无论是国外还是我国，在历史上都未能重视犯罪人的权利，尤其是在专制社会时期，某人一旦被确定为犯罪人就处于被压制的地位，只能任由司法机构处置，毫无人权可言。而后，"随着启蒙思想的传播和罪刑法定原则的确定，刑事被告人的权利越来越多地被刑法所承认并予以保障；刑法保障无罪的人不受刑事追究，保障有罪的人不受非法追

---

[1]　张明楷：《刑法学》（第5版·上），法律出版社2016年版，第21页。
[2]　[日]木村龟二主编：《刑法学词典》，顾肖荣、郑树周译校，上海翻译出版公司1991年版，第10~11页。

究"。[1]因此,可以说,刑法不再只是惩罚犯罪人的工具,还有防止犯罪人的权利受到侵犯的保障功能。这不仅是对犯罪人权利的重视,也是刑法自身机能的合法、合理的发展与进步。犯罪人的权利受刑法保障一方面体现在刑法确定的犯罪与刑罚规定的内容的事前性和可预测性,即犯罪人在尚未或打算实施某种具体的犯罪行为以前完全可以通过刑法的法定规则就了解到该行为在性质上属于犯罪并应受刑罚惩罚。而且,这也是司法裁量对犯罪人适用刑法的前提依据,即在法定范围之内予以衡量和判断。另一方面则体现在明确且正当的刑法规定,实则是将犯罪与刑罚的界限加以清晰化的要求,使得司法机关、犯罪人以及其他普通公众都能明确认识刑法内容,不至于模糊适用和处罚不公。当然,刑法规定也应是符合正当性要求的内容。从现实上来看,刑法人权保障机能主要是针对犯罪人的权利的保障,源于犯罪人已被置于刑法范畴之内,其权利更易于受到不完整的维护,因而更需要在以公对私的不对等境遇中被公正对待和得到基本的人权保障。尤其是在犯罪现象高涨时,为遏制犯罪而忽视犯罪人人权的情形会更多。不过,如今各国都极其强调刑法这一机能的实现,因此刑法对犯罪人权利的保障已经逐渐完善且能较好地发挥出功效。除此之外,刑法的人权保障机能还体现着对犯罪人以外的其他人的权利保障。

刑法对其他人权利的保障是指刑法保障没有犯罪或无辜的人免遭国家刑罚权的随意侵犯,其建立在公民自由权利的基础之上并结合了罪刑法定的要求。刑法本身就是国家用来规制公民个体行为的法律规范。在早期罪行擅断的时期,国家只是意图运用刑罚维护和巩固统治,因而以牺牲公民个人的自由为代

---

[1] 陈兴良:《本体刑法学》,商务印书馆2001年版,第41~42页。

价，甚至可以随意动用刑罚处置个人而无论是否确定其有罪。这与人权保障无疑是背道而驰的，换言之是以公民的人权和自由换取国家适用刑法带来的稳定。同对犯罪人权利的保障一样，在罪刑法定确立以后，其对刑罚权的限制和制约的内涵不仅让个人得以享有自由，还使个人的基本权利得到了法定的保障。同时，处于法治时代下的刑法，只有考虑到自身对其他人的人权保障才是此机能的全面展现。并且，犯罪人这一身份并非是固定某一人，而是由普通的个人受诸多因素作用而形成的，也即是每一个人都有可能成为犯罪人。因此，对其他人权利的保障是刑法这一人权保障机能内容中不可缺少的重要部分。

无论是对犯罪人还是对其他人，都要在罪刑法定原则之下公平与公正地予以对待而不管其犯罪与否。"国家动用刑罚惩罚犯罪，必须依法进行，严禁超越法律规定滥用刑罚权，侵害无辜的人或者犯罪人的合法权益。"[1]因此，从人权保障机能的角度来说，刑法是"犯罪人的大宪章和善良人的大宪章"。[2]"犯罪人的大宪章"即"刑法保障犯罪人的自由与人权，确保其不被科处与其犯罪相应的刑罚之外的刑罚"；[3]"善良人的大宪章"即"刑法不仅保障国民不成为犯罪的被害者，而且还保障国民不会轻率地被视为犯罪者"。[4]也正因如此，刑法人权保障机能在当下成了刑法社会机能研究的核心内容。

通过以上对刑法社会机能内容的阐述，我们可以清楚地看

---

[1] 曲新久等：《刑法学》（第6版），中国政法大学出版社2016年版，第6页。

[2] 参见柳中卫：《刑事政策与刑法关系论》，法律出版社2015年版，第261页。

[3] 陈家林：《外国刑法通论》，中国人民公安大学出版社2009年版，第17页。

[4] [日]山中敬一：《刑法总论》（第2版），成文堂2008年版，第17页。

到"刑法具有社会保护和人权保障双重机能,社会保护是刑法的积极机能或称为扩张机能,人权保障是刑法的消极机能或称为限制机能",〔1〕二者共同展现并一起发挥刑法的社会机能效用。其中,刑法的社会保护机能被认为是由刑法本身蕴含的社会性质所直接决定的,而且也是刑法作为客观存在的根基所在。刑法的人权保障机能则是刑法本身所蕴含的权力与权利的相互制衡,是刑法作为法律规范的内在要求。刑法虽是国家惩治犯罪的工具或手段,但限制国家权力的滥用和保障公民的权利却是其本质所在。国家为维护社会而设置刑法规范,动用刑罚权保护社会免遭侵犯,而刑罚权本身又是以保障人权为必要前提存在的,简言之即为保护社会依存于刑罚—刑罚受制于人权保障的需求—刑法以保障人权为优先根据。那么,相较于社会保护机能,刑法对人权保障的机能为首要也就不言而喻了。总而言之,刑法社会机能既着重于社会保护机能的发挥,也十分注重人权保障机能的实现,其具体体现在刑罚内容当中。因此,刑罚体系作为刑罚之内的重要体现,自然也会受刑法社会机能论的影响。因此,刑法社会机能在刑罚体系方面也发挥着不可替代的作用。

2. 刑法社会机能对刑罚体系的影响

刑法作为法律规范直接将刑罚予以规定并逐渐形成一个刑罚体系,那么,由此而成的刑罚体系就必然是依照有利于刑法适用的需要构建与发展的。刑法自身又以充分发挥其机能来实现其特定的价值,进而在刑事立法上就会直接反映在具体刑罚体系的内容当中。这便意味着刑法社会机能所蕴含的两种机能均与刑罚体系相关联。刑罚体系以刑法为依托,刑法的社会机

---

〔1〕 陈兴良:"刑法机能二元论",载《法制与社会发展》1997年第4期,第33、36页。

能理所当然地寓于其中，其也就不可避免地以发挥其社会机能为内在依据。同时，刑法的社会机能只是其本身所具备的积极效用存在于客观理论范畴之中，其需要用实际的刑罚内容作为载体以呈现出来，因而，刑罚体系又是刑法社会机能的外在表现。因此，刑法社会机能作为基本理论对刑罚体系具有重要影响。

（1）刑法社会机能是刑罚体系的内在依据。刑法是由国家刑事立法直接创制并不断加以调整的，除却受到立法目的、立法技术与诸多社会因素等影响之外，刑法具有的特定机能或功能是否得以实现也是作用于它自身的一个重要因素。因此，受刑法社会机能影响的刑法规范变动也会反映在具体犯罪与刑罚内容中，对刑罚来说主要涉及的是刑罚体系的变化，即刑罚体系以刑法社会保护和人权保障机能为参照作出相应的规制和调整。因此，刑法社会机能是刑罚体系构建和发展的内在依据。这主要体现在刑法社会机能是刑罚体系依托于刑法而存在的客观前提。刑法的对象是犯罪与刑罚，其中刑罚更是其最终落脚点。在刑法中设置特定的刑罚对犯罪予以处置是各国普遍的做法，不仅是因为刑罚具备的严厉惩罚特性和刑法所具有的单纯打击与控制作用，更在于各国都意图透过刑罚来展现刑法自身的特殊机能，重在发挥刑法对社会安全与个人权利的积极保护和保障作用。刑罚体系作为刑罚整体内容中的重要部分理所当然地应以实现刑法社会机能为前提，并在此前提下做出内容设置与调整。不可否认，刑罚体系也受刑罚目的的作用，且刑罚目的也蕴含着对社会和个人加以保护的意思，但刑法机能与刑罚目的的根本不同就在于前者属客观范畴而后者属主观范畴。因而受客观刑法社会机能影响的刑罚可以说是由其决定的，换言之即刑法社会机能直接决定着刑罚中的内容需要遵循其客观机能而做出或调整。由此，以刑法为载体的刑罚体系也自然避免不了刑法客观具备的社会机能的作用，也正是基于这种特殊的依托关系，刑罚体系以刑法社会机能为必然的内在依据，其依照刑法的社会机能调适自身内容，进而再反过来推动社会机能的充分发挥。

（2）刑罚体系是刑法社会机能的外在表现。尽管刑法社会机能是刑法客观具有的能力或功能，但是其依然要通过一定的具体内容呈现出来，刑罚体系是其不可或缺的外在表现。刑法社会机能要求刑罚体系乃至刑罚的内容均与其机能相符合或相一致。其中，社会保护机能旨在对各种利益实施保护且在各利益间存在不同的侧重，刑罚体系则在刑种选择和刑罚量的确立上依据不同的社会利益做出有区别的幅度配置，典型的为重刑偏向于侵犯国家利益、社会公共利益以及重大个人利益的犯罪，轻刑则偏向于与前者相比侵犯较轻的损害利益的犯罪。与此同时，人权保障机能主要是在罪刑法定原则的特定要求之下维护犯罪人和普通个人的人权，其更倾向于在刑罚体系设置与调整中保持刑罚种类和量度配置等内容的明确、恰当、合法与公正，因而，刑罚体系实际上是在保障人权的前提下，不做模糊、过度且极端的设置。这便意味着刑罚体系的具体内容反映着刑法社会机能的要求，刑法内在的社会机能通过刑罚体系得以表现在外。而且，在刑罚体系的实际适用中，具体刑种和刑量的采用也体现着刑法的社会机能并受其检验，即刑法社会机能不仅是刑罚体系的依据，还同刑罚目的、刑事政策一样是审视刑罚体系的重要标准。刑罚体系与刑法的天然联系使得其必然受刑法自身客观存在的社会机能影响。刑法社会机能是刑罚体系的内在依据，刑罚体系是刑法社会机能的外在表现，二者既相互结合又相互影响并共同向前发展。因此，对刑罚体系的研究不能脱离刑法社会机能的基本理论范畴。

纵观以上对刑罚体系与刑罚目的、刑事政策及刑法社会机能之间的关系分析，前后者间存在必然的关联，刑罚目的是刑罚体系的主观应然前提；刑事政策是刑罚体系的政策指导；刑法社会机能则是刑罚体系的客观内在依据，三者均会对刑罚体系产生或多或少的影响。在此三者的共同作用之下，刑罚体系不仅得以构建，而且，其还在社会不断发展变化过程之中得到适应性、恰当性、多样化以及科学化的调整。刑罚体系也以自身内容在实践中的运用、反映与反作用于三者，且在一定程度上促进着三者各自理论的丰富和扩展。因此，基于这种不可分割的特定关联，对我国刑罚体系的深入研究需要将其置于刑罚目的、刑事政策与刑法社会机能三个基本理论范畴之内。只有在对这三个基本理论加以详细的阐释之后，我们方能更好地看待我国当下刑罚体系整体及其包括的具体内容。同时，刑罚体系内含的两个基本制度性范畴，即刑罚种类和刑罚配置，二者共同组成刑罚体系又受刑罚体系整体的统筹，是刑罚体系研究中不可缺少的两个重要内容。因此，本书在刑罚体系之基础理论的研究前提下将着重剖析我国现行刑罚体系所表现的特征。

第二章
我国现行刑罚体系的基本特征

目前,纵观世界各个国家关于刑罚体系的内容规定,我们基本上可将刑罚体系归纳为三种类型:第一类是主刑和附加刑二分模式的刑罚体系,即刑罚体系的基本构架是主刑与附加刑。其中,主刑是完全能够独立予以适用的刑罚类别且不可以附加在其他的刑罚中,因而具有绝对的独立性;附加刑相较于主刑而言则既能够独立地对犯罪行为进行适用也能够附加在主刑的基础上予以适用,因而具有相对的附属性或从属性。当下,无论中外,很多国家在构建各自刑罚体系时都选择此种类别,如"德国刑法、日本刑法、意大利刑法、巴西刑法都明确地将刑罚分为主刑和附加刑"。[1]第二类是重刑、轻刑和附属刑三分模式的刑罚体系,即刑罚体系由重刑、轻刑与附属刑作为基底构建而成。从本质上看,重刑与轻刑都可以被纳入主刑的范畴,而附属刑就是附加刑的不同术语表述。因此,此类刑罚体系同第一类没有实质内容的区别,只不过是将主刑进一步做出分类罢了。第三类是在刑法中直接规定重罪之刑、轻罪之刑和违警罪之刑,以此构建刑罚体系,这实际是按照犯罪的分类而做出的,

---

〔1〕 马克昌主编:《外国刑法学总论(大陆法系)》,中国人民大学出版社2009年版,第418页。

第二章 我国现行刑罚体系的基本特征

典型的为法国刑法典。[1]

反观我国,自 1979 年《刑法》到 1997 年《刑法》,尽管后者对前者的具体内容进行了诸多的改善,但是二者都明确地将刑罚种类与刑罚配置规定在其规范内容当中,进而构建了符合我国具体实际情况的刑罚体系。如今现行刑法以 1997 年《刑法》为基础,其间经历了 10 次内容的修正,不过在刑罚体系整体结构上依然未有变动。根据我国《刑法》第 32 条[2]、第 33 条[3]、第 34 条[4]以及第 35 条[5]的规定可知,我国刑法对刑罚体系的设置同上述第一类刑罚体系模式相一致,以主刑和附加刑为基础构架。主刑和附加刑囊括了生命刑、自由刑、财产刑、资格刑四大刑罚种类,主刑涵盖生命刑与自由刑种类,附加刑则包含财产刑与资格刑种类。而且,无论是主刑还是附加刑,其中的具体刑罚种类均按照从轻到重的顺序加以排列,形成了一个有机的刑罚体系。同时,我国《刑法》还明列出了十大类犯罪,并对各类犯罪配以刑罚种类不同和刑罚量度不等的具体法定刑内容,实则是将刑种与刑度相结合以完整地体现刑罚体系对犯罪的规范回应。

总体上看,我国现行刑罚体系的形成是建立在我国与犯罪不断积极地作斗争的理论研究与实践活动基础之上的,因而其是具有我国自身特征的客观存在。由此,我国现行刑罚体系的

---

[1] 参见张明楷:《外国刑法纲要》(第 2 版),清华大学出版社 2007 年版,第 370 页。

[2] 《刑法》第 32 条规定:"刑罚分为主刑和附加刑。"

[3] 《刑法》第 33 条规定:"主刑的种类如下:(一)管制;(二)拘役;(三)有期徒刑;(四)无期徒刑;(五)死刑。"

[4] 《刑法》第 34 条规定:"附加刑的种类如下:(一)罚金;(二)剥夺政治权利;(三)没收财产。附加刑也可以独立适用。"

[5] 《刑法》第 35 条规定:"对于犯罪的外国人,可以独立适用或者附加适用驱逐出境。"

基本特征因不同的切入视角可表现为不同的具体特征。从刑罚种类的角度出发，是以自由刑为中心的刑罚体系；从刑罚目的视阈上来看，是以预防刑为中心的刑罚体系；从刑事政策视阈上来看，属于"宽严"刑罚体系；从刑罚力度视阈上来看，属于重刑化刑罚体系。这些特征是在刑罚基础理论范畴之内，同时结合我国当下刑罚体系的现实制度规定而做出的归纳和总结，既符合应然理论中的内容，也与实然规范中的规制相一致。

一、以自由刑为中心的刑罚体系

刑罚体系因差别化的刑罚类别而组成具体结构相异的不同内容，其主要存在着五种不同的类型，即以死刑（生命刑）和身体刑（肉体刑）为主导刑罚、以死刑（生命刑）和自由刑（监禁刑）为主导刑罚、以自由刑（监禁刑）为主导刑罚、以自由刑（监禁刑）和财产刑为主导刑罚、以监禁替代措施（非监禁刑）为主导刑罚。无论国内外，在刑罚发展进程中，均最先以死刑作为惩罚犯罪的主要方法，而后身体刑（肉体刑）得到极大的发展，与死刑共同作为处置犯罪的主要方法，这一刑罚体系在很长一段时间里一直受到重视并被广泛使用。直到近代刑罚人道化理念的进步，身体刑被废止并且刑罚逐渐以死刑和自由刑为主要惩罚方法。随着刑罚轻缓化的继续推进并逐渐成为世界潮流，刑罚越来越清晰地呈现出以自由刑为最主要的规范犯罪的方法的特征。纵观我国刑罚历史，我国刑罚体系的发展自然也经历了第一类和第二类刑罚体系，不过，由于受到早期理论和观念的深刻影响，我国尚未完全实现轻刑化转变，现在已形成第三类刑罚体系即以自由刑为中心，并且也扩大财产刑与资格刑的具体内容以适应刑罚的发展。

自由刑，主要是限制或者剥夺犯罪人人身自由的刑罚方法。

我国刑罚体系中规定的最为重要的主刑包括管制、拘役、有期徒刑、无期徒刑与死刑,除却死刑属于生命刑以外,其余四种均属于自由刑的范围。这就意味着,我国刑罚体系在刑罚种类的内容规定中俨然已经建立了自由刑中心的刑罚体系。与此同时,在我国具体的刑罚设置中,自由刑也占据着很大的比重。虽然财产刑也逐渐在我国刑法规范中得以扩展,其在类型犯罪中的设置范围也很广泛,但是,一方面,基于财产刑本身被列入附加刑当中,自然无法与主刑的重要地位相比拟,另一方面,纵使财产刑的规定很多,在我国实际适用和刑罚效果上也还尚未能够发挥出其具备的重要作用。因此,我国依然保持着以自由刑为中心的刑罚体系,且在很长一段时间内都将处于这种状态。为了呈现我国现行刑罚体系的这一特征,本书将详细阐述我国具体的自由刑种类在刑法中的内容。

(一)我国自由刑分布

自由刑是继生命刑之后最为严厉的刑罚类别,其基本上均被各个国家规定在本国刑法当中。不过,由于各国的实际情况并非是完全一致的,因而具体的自由刑种类也会存在或多或少的差异。对于我国刑法规范的具体刑罚而言,管制刑是我国特有的自由刑,因而独具特色,而拘役、有期徒刑与无期徒刑则与国外大致等同,只是具体术语或内容表述稍有差别而已。

1. 管制刑分配

管制刑自我国 1979 年《刑法》起就一直作为刑罚体系中的特定刑种被延续至今。管制刑是当下我国主刑各刑种中唯一不剥夺犯罪人个体人身自由的自由刑种类,其旨在通过非监禁的方式在一定程度上对个人的人身自由加以限制,从而实现对犯罪人的良性社区矫正或良好的教育改造。因而,管制刑是我国刑法规定的刑罚体系中最轻的主刑,可以充分展现出刑罚人道与轻缓的特性。与此同时，管制刑也是我国所独创的刑罚具体种类，其他国家均不存在这一刑种。

在我国刑法分则规定的十大类犯罪中，管制刑被分配在除贪污贿赂罪、渎职罪以及军人违反职责罪之外的其他七类犯罪当中。在规定有管制刑的七大犯罪类型之间则各有不同，并不是每个类型犯罪中都均匀配以管制刑，而是在不同类犯罪的内部又将管制刑分配在不同的个罪当中。基于不同的犯罪客体形成的不同类别的犯罪，管制刑的选择性分配也自然有所侧重。纵观我国现行《刑法》规定的内容，关于管制刑在类罪中的分布可得如下数据：

各类罪	罪名总数	含管制罪名数	所占比例
危害国家安全罪	12	7	58.3%
危害公共安全罪	35	9	25.7%
破坏社会主义市场经济秩序罪	101	9	8.9%
侵犯公民人身权利、民主权利罪	37	13	35.1%
侵犯财产罪	15	7	46.7%
妨害社会管理秩序罪	99	60	60.6%
危害国防利益罪	14	7	50.0%
贪污贿赂罪	17	0	0
渎职罪	25	0	0
军人违反职责罪	32	0	0
总十类罪	387	112	28.9%

我们可以清楚地看到，管制刑以超过总罪名数 1/4 的比例被确立在刑法规范中，而具体到十大类罪中，管制刑的规制主要在四个类罪之内，即在妨害社会管理秩序罪中占 60.6%、在危害国家安全罪中占 58.3%、在危害国防利益罪中占 50.0%、在侵犯财产罪当中占 46.7%。相比之下，在侵犯公民人身权利、民主权利罪和危害公共安全罪中的管制刑比例较低，除此之外，破坏社会主义市场经济秩序罪中有少量管制刑，而列于最后的三大类罪则不涉及管制刑的内容。管制刑虽然并非全面覆盖，但是分布也是较为广泛的，而且在相对广泛的分布下又较为集中在四类犯罪当中。不过，管制刑作为轻刑类别中的一类，其核心在于对社会危害性相对较低的犯罪行为与人身危险性相对较小的犯罪人予以规制和处遇。但在我国刑法的实际规范中却并未如此，典型的即为管制刑在危害国家安全罪中的高比例、在破坏社会主义市场经济秩序罪中的低比例，乃至最后三类罪的零比例。众所周知，危害国家安全罪是犯罪性质十分严重的类型化犯罪，犯罪行为的社会危害性程度深、犯罪人自身的人身危险性往往也大于其他类犯罪人，那么高比例的管制刑分布就难免显得有些尴尬了。况且，从管制刑的这种分配上来看，其也是不区分犯罪轻重的，反倒是重在强调对犯罪的立法规制而非着重关注管制刑本身的特性，这同自由刑内在剥夺或限制自由的属性相符合。不过，管制刑在总罪名数中的所占比例并不是全部自由刑的刑罚比例，因此，管制刑可以说是自由刑在刑罚内容中的部分体现。

2. 拘役刑分配

拘役刑虽不像管制刑那样是我国独创的特有刑罚种类，但其也是自第一部刑法施行起便被置于刑罚体系之内且作为重要的刑罚种类被沿用至今的。拘役刑旨在较短的期限内剥夺犯罪人的人身自由,区别于管制刑的限制自由以及徒刑的较长期限乃至无期限的剥夺自由。因而,拘役刑在刑罚体系内部刑罚种类的排列顺序和地位在管制刑和有期徒刑之间,自然也属于自由刑的一部分。尽管拘役刑以剥夺自由为方式,但是其并非是对自由的长期剥夺,因此,相较而言,拘役刑如管制刑一般属于刑罚体系中的轻刑,符合人道性刑罚和轻缓化刑罚的内涵。同时,拘役刑抑或短期自由刑已受到大多数国家的青睐而被作为各个国家刑法规定的刑罚类别中的具体种类,我国自然也不例外。

我国现行《刑法》对拘役刑的分配同管制刑相类似,都是置于十大类犯罪间的具体罪名之中的。而且,同样是根据不同性质的犯罪配以不同比例的拘役刑。也正是基于拘役刑本身的短期和剥夺人身自由的特性,其不像长期自由刑那般痛苦,也不像管制刑那般稍显宽纵,更易于规制较轻的犯罪行为和人身危险性不太高的犯罪人,从而相比管制刑理应更为广泛地分布在刑法规范之内。纵观我国刑法规制中拘役刑的现实分配情况,对其加以归纳总结后可得如下具体数据:

各类罪	罪名总数	含拘役罪名数	所占比例
危害国家安全罪	12	7	58.3%
危害公共安全罪	35	26	74.3%
破坏社会主义市场经济秩序罪	101	90	89.1%
侵犯公民人身权利、民主权利罪	37	31	83.8%
侵犯财产罪	15	13	86.7%

第二章 我国现行刑罚体系的基本特征

续表

各类罪	罪名总数	含拘役罪名数	所占比例
妨害社会管理秩序罪	99	88	88.9%
危害国防利益罪	14	13	92.9%
贪污贿赂罪	17	13	76.5%
渎职罪	25	25	100%
军人违反职责罪	32	14	43.7%
总十类罪	387	320	82.7%

从此表格中的数据中我们可以清晰地看到，拘役刑不仅遍布所有十大类罪，并且还以占总罪名数82.7%的高比例广泛分布。而且不止如此，拘役刑在各类犯罪中都占有相当大的比例，尤其是在渎职罪中甚至占到100%，在贪污贿赂罪中也以超过2/3的高比例居之，这与管制刑在该两类罪中的零比例以及在破坏社会主义市场经济秩序罪中的低比例（8.9%）形成了十分鲜明的对比。同时，拘役刑的所占比例明显高于管制刑在我国具体罪中刑罚的所占比例，二者在性质上又均属轻刑。因此，拘役刑就理所当然地成了自由刑下各刑种中最广泛地分布于类罪的轻刑刑罚种类。不过，拘役刑的分配也如同管制刑一样，即便是专门针对人身危险性较小的行为人和犯罪性质不恶劣以及社会危害性不太严重的犯罪，也仍然无论类罪的轻重程度都可被适用。这也是自由刑作为刑罚类别广泛规定于具体犯罪之中的表现，这样的分配虽与拘役刑本身性质稍有不符，但拘役刑作为自由刑种类中的一种又是自由刑的具体内容，因此其以自由刑的属性被置于各大类罪中也无可厚非。尤其是拘役刑在总十类罪中占的高比例更是突出了自由刑在我国刑罚体系中的主导地位。

除了管制刑与拘役刑以外,我国明列的自由刑还包括有期徒刑与无期徒刑两种。与前两种自由刑相比,有期徒刑和无期徒刑都较为严厉,因而堪称是自由刑中的重刑。那么,我国刑法规范对这两种重刑又是怎样分配的呢?

3. 有期徒刑分配

有期徒刑从特征上来说,与拘役刑相差无几,二者均是剥夺犯罪人的人身自由,即以自由的束缚作为犯罪代价的一种形式。"有期徒刑与拘役刑的不同就在于有期徒刑剥夺自由的期限往往比拘役刑要长,在刑法规范中拘役刑的一般期限为一个月以上六个月以下、数罪并罚时不超过一年;而有期徒刑则存在多种不同期限的情况,即一般是六个月以上十五年以下,死刑缓期期满因有重大立功的表现则减为二十五年有期徒刑,数罪并罚则不超过二十年或二十五年。"[1]因此,有期徒刑远比拘役刑的情形更为复杂,且也比拘役刑的刑罚力度要大一些,因而在我国刑罚体系中按照由轻至重的排列顺序被置于拘役刑之后。

有期徒刑自古就作为重要的刑罚种类被广泛使用。在我国历史上就有典型的五刑制度,即"笞、杖、徒、流、死",其中的"徒"刑虽不尽是如今的徒刑,但可被视为原型,现在的徒刑是在其基础上加以改善的产物,且依然是我国刑罚中不可或缺的刑种。除我国之外,其他国家也都将有期徒刑以主刑的方式规定在各自的刑法典之内,同时其也是在具体罪名的法定刑罚内容中分布得最为宽广的刑罚种类。那么,我国自然也将有

---

[1]《刑法》第 42 条规定:"拘役的期限,为一个月以上六个月以下。"第 45 条规定:"有期徒刑的期限,除本法第五十条、第六十九条规定外,为六个月以上十五年以下。"第 50 条第 1 款规定:"判处死刑缓期执行的……如果确有重大立功表现,二年期满以后,减为二十五年有期徒刑……"第 69 条第 1 款规定:"判决宣告以前一人犯数罪的……拘役最高不能超过一年,有期徒刑总和刑期不满三十五年的,最高不能超过二十年,总和刑期在三十五年以上的,最高不能超过二十五年。"

期徒刑作为主要的刑罚方法规定在各大类罪的具体罪当中。因此，以我国现行《刑法》的内容规定为依据，通过对与有期徒刑相关联的条文的归纳总结，我们可以得出有期徒刑在我国刑罚中的具体分配数和所占比例，具体数据呈现如下：

各类罪	罪名总数	含有期徒刑罪名数	所占比例
危害国家安全罪	12	11	91.7%
危害公共安全罪	35	34	97.1%
破坏社会主义市场经济秩序罪	101	95	94.1%
侵犯公民人身权利、民主权利罪	37	37	100%
侵犯财产罪	15	15	100%
妨害社会管理秩序罪	99	92	92.9%
危害国防利益罪	14	14	100%
贪污贿赂罪	17	13	76.5%
渎职罪	25	25	100%
军人违反职责罪	32	28	87.5%
总十类罪	387	364	94.1%

如上表所示，有期徒刑以占总十类罪的94.1%的高比例超过拘役刑（82.7%）成了自由刑中的绝对主要刑罚种类。不仅仅如此，有期徒刑还是主刑中适用最宽的刑种，甚至是刑罚体系中涉及范围最为广泛的具体刑罚种类。因此，从这个角度而言，包括有期徒刑在内的自由刑是我国刑罚体系中当之无愧的中心。再者，有期徒刑在我国刑法各大类罪中的具体比例全部

都超过各类罪的 2/3，而且还在三大类罪中占至 100%的比例，更加显现出了其在我国刑罚中居于主导。之所以如此，主要是由于有期徒刑的期限幅度在回应犯罪方面留有一定的空间，其能够给予不同的犯罪不同的处置，即犯罪性质和危险程度不同的犯罪就会受到期限长短有别的有期徒刑的差别对待。典型为犯罪行为较轻的有期徒刑的期限较短，犯罪行为较重的有期徒刑的期限较长。有期徒刑这一自身特性不仅能满足立法者主观惩罚犯罪的目的，也为有效地实现个别化的刑罚处遇提供了现实可能性，因而，其得以遍布于刑法规范之中。同时，在我国规定的大量有期徒刑的内容中，我们往往能够看到拘役刑和管制刑与其并行的情形，也就是说，二者作为有期徒刑的选择性处罚刑种，一方面是有期徒刑与拘役刑、管制刑在刑罚体系排列上的融洽性体现，另一方面更是强调在面对较轻的犯罪行为和犯罪人时，有期徒刑同拘役刑和管制刑均能够作为彼此可选择的替代性刑罚。因此，有期徒刑既是能处置轻罪的刑罚，同时也是能处置重罪的刑罚，即为兼轻刑与重刑于一体的自由刑种类。由于有期徒刑的高比例分配也就成了理所当然，且是印证我国以自由刑为中心的刑罚体系的重要事实依据。

4. 无期徒刑分配

与有期徒刑相对应的是无期徒刑，单从字面我们就能看出，前者为有一定期限限制的剥夺犯罪人人身自由的自由刑刑罚种类，后者则仅是没有期限的限定而已。在我国现行刑罚体系内存在的各个不同的具体刑种中，无期徒刑基于对犯罪人人身自由的终身剥夺早已被视为是除死刑之外最为严厉的生刑种类，而且也正是这种特性使得无期徒刑列属于重刑范畴之内。因而，无期徒刑被置于有期徒刑与死刑之间，并多作为死刑的选择性替代刑罚同死刑共同被置于具体个罪的法定刑罚当中。

第二章 我国现行刑罚体系的基本特征

由于无期徒刑的刑罚严厉程度在一定程度上可同死刑相比拟，尤其是受当下世界死刑废止的趋势所影响，我国近些年也在逐渐地对死刑予以削弱，最为明显的便是减少了原本设置有死刑刑罚的罪名，在结合我国具体国情的现实基础上，无期徒刑被作为死刑的一种替换方式较为广泛地分布在我国刑法规范内。不过，考虑到无期徒刑的特定属性，我国在刑法中将无期徒刑分配于不同类罪时也较为慎重地作出了选择。纵观我国现行《刑法》在分则规定中关于无期徒刑的具体内容，我们可总结出其在各十类罪中的罪名数与所占比例以及其占总罪名数的比例，具体数据罗列如下：

各类罪	罪名总数	含无期徒刑罪名数	所占比例
危害国家安全罪	12	7	58.3%
危害公共安全罪	35	8	22.9%
破坏社会主义市场经济秩序罪	101	37	36.6%
侵犯公民人身权利、民主权利罪	37	12	32.4%
侵犯财产罪	15	8	53.3%
妨害社会管理秩序罪	99	15	15.2%
危害国防利益罪	14	3	21.4%
贪污贿赂罪	17	6	35.3%
渎职罪	25	0	0
军人违反职责罪	32	12	37.5%
总十类罪	387	108	27.9%

显然，无期徒刑占总十类罪的 27.9%，尽管其属于自由刑中最重的一种且又是生刑中最重的刑罚，但是其同管制刑的所占比例（28.9%）却不相上下。在具体类罪的分配中，除渎职罪中的具体罪名没有规定无期徒刑以外，其他九大类罪均有涵盖着无期徒刑的罪名存在。因此，从分布来看，无期徒刑相较于管制刑（管制刑只在七大类罪中涉及）呈现出更为广泛的涉及面。其中，危害国家安全罪中的比例是无期徒刑在各类罪中的最高比例，与此类罪的性质和危害程度是相一致的。但是，无期徒刑占其他类罪的比例也较为普遍，尤其是在财产类犯罪和经济类犯罪等非严重性犯罪中也确立了较高的比例，并且在我国刑法分则规定中以超过 1/4 的总罪名比例处之，难免显得我国刑罚较重。因而，与之相关联的刑罚体系也不可避免地以偏重的自由刑为主导。虽然无期徒刑的分配比例在自由刑内部的各刑种间是最低的，但是就其本身的刑罚严厉程度而言，当下的比例也着实不低。同时，我国在具体司法实践中，无期徒刑的适用也是较为常见的，其足以展现出自由刑的刑罚内容。因此，无期徒刑的所占比例即便不如其他刑罚种类高也仍然是自由刑中的一大重要部分。

从上述管制刑、拘役刑、有期徒刑与无期徒刑在我国《刑法》中的分配数据我们可以清晰地看到，有期徒刑以绝对的高比例（94.1%）居于首位，拘役刑（82.7%）、管制刑（28.9%）和无期徒刑（27.9%）次之。并且，有期徒刑和拘役刑涵盖了我国刑法分则中的所有十大类罪的范围。这就意味着自由刑不仅广泛分布在我国的刑法规范当中，还以高比例置于其内。因而，从自由刑在我国刑法中的现实分布情况来看，我国刑罚体系在结构上呈现出了以自由刑为中心的基本特征。这一特征并非只是我国刑罚体系所特有的，其也是目前较多国家刑罚体系所呈现出的特征。同时,在整个刑罚体系的发展过程中,以自由刑为主导也是其中一个重要内容,且在如今其依然作为主导被置于诸国刑罚体系当中。即是如此,此种刑罚体系又何以居于主导?换言之,自由刑中心刑罚体系有着怎样的积极价值使得其受我国或他国青睐,同时其又为何只是刑罚体系发展中的一个类型而非最优的上乘佳选?基于此,本书将在我国现行刑罚体系的支撑下,对我国呈现出的自由刑中心刑罚体系做出一定程度的理性评价。

(二) 自由刑中心体系的评价

自由刑中心体系即自由刑占据主导地位的刑罚体系。前文描述的我国自由刑各个具体刑种的刑罚比例已然印证了我国现行刑罚体系是以自由刑为主导的,在此不再赘述。我国刑罚体系之所以呈现出这一基本特征,是因为受到了多种因素的共同作用。一方面,其是基于对我国刑罚发展过程中的自由刑内容的历史继承以及西方自由刑刑罚的合理借鉴。"在中国,自由刑的形成早于西方近一千年之久。尽管自由刑在中华法系中究竟缘起于何时很难定论,但可以定论的是,至少在西周时便有了已具雏形的自由刑制度。"[1]自由刑从产生之日起便一直被沿用至今,只不过,如今的自由刑远不是早期历史上的自由刑,也已转变了早期自由刑作为死刑或者身体刑的附属地位。具有现代意义的自由刑刑罚实际上还是始于十六七世纪,即蕴含较为科学合理的内容且占据刑罚体系主要地位的自由刑是从西方源起的。因此,我国形成的自由刑中心体系是在本国刑罚历史积淀和逐渐发展的基础之上结合了西方刑罚内容的产物。另一方面,其也是对刑罚轻缓化国际潮流的回应,尽管自由刑本身也

---

[1] 邱兴隆、许章润:《刑罚学》,中国政法大学出版社1999年版,第175页。

蕴含着重刑本质的刑罚，但是与死刑这种剥夺生命的刑罚相比较，其至少只是对自由的剥夺或限制而无关生死。在世界各国依循刑罚轻缓化的趋势发展到逐渐废止死刑的今天，我国在取消了部分罪名的死刑适用的同时以提升自由刑地位和加强自由刑具体内容的方式作为弥补。因而，我国现行刑罚体系就无可厚非地构筑起了自由刑中心体系。正因如此，具备这一基本特征的刑罚体系得以形成势必有其特定的价值，否则其也无法在我国长期处之。与此同时，无论是在我国还是在域外各国，自由刑中心的刑罚体系都因其具有不可避免的缺陷而受到质疑。因此，对以自由刑为中心的刑罚体系做出理性的评价是深入研究我国刑罚体系整体的前提。

1. 自由刑中心刑罚体系的积极价值

自由刑中心刑罚体系是在削弱或降低死刑和肉刑在刑罚体系内的中心地位之后逐渐构建而成的，其实质是在否定死刑和肉刑的基础上突出自由刑的优势和价值。那么，以自由刑为中心的刑罚体系所蕴含的积极价值从本质上看是由自由刑所体现出的积极效用而牵引出的自由刑中心刑罚体系的积极价值。

从自由刑的本体出发，相对于死刑和肉刑而言，自由刑则仅仅以人身自由为刑罚剥夺或限制的对象，呈现出了一定程度的轻刑化特性，这也是自由刑在自身属性上较死刑和肉刑的天然特征。自由刑不像死刑那样直接剥夺犯罪人的生命，也不像肉刑那般残害犯罪人的身体以示同态处罚，而其主要是运用自身独有的或长或短的刑罚期限给予了刑罚应对轻重不同的各类犯罪的处罚空间或处罚方式。这一属性决定了自由刑在对待相差有别的犯罪时能够做出轻重相宜的处置，既能满足罪刑法定与罪刑相适应的要求，又与刑罚个别化的内在需求相符合。罪刑法定主要是由于自由刑在我国刑罚体系中以由轻至重的具体

第二章 我国现行刑罚体系的基本特征

刑罚种类排序形成限制自由刑的管制、短期剥夺自由刑的拘役以及有期徒刑与无期徒刑，并且在具体罪名中配置了对应的具体自由刑刑罚，给刑罚处置提供了法定的依据。罪刑相适应则是我国刑罚体系中的自由刑依照罪刑法定的要求作出了与犯罪相当的不同期限的刑罚规制，这种相适应的刑罚又呈现出具有可选择性的刑罚幅度，进而在贯穿刑罚个别化理念下提供了与犯罪人相符合的恰当刑罚之现实可能性和重要支撑。因此，自由刑特有的期限幅度在对轻重程度不同的犯罪和人身危险性不同的犯罪人予以法定、相适应和个别化处罚时有着毋庸置疑和不可替代的积极价值。

同时，以自由刑为主导的刑罚体系是在我国刑罚的实际需要的前提下充分发挥其有效作用的刑罚体系。鉴于我国逐渐削减死刑罪名的现实情况，自由刑就成了处置严重犯罪的主要刑罚种类，尤其是以无期徒刑和有期徒刑的刑罚替代。除却自由刑对重罪的依法规制外，还包括对待轻罪的拘役和管制。因此，从整体自由刑中心刑罚体系所呈现的刑罚来看，既能发挥出对轻刑所起的作用，又能实现对重刑产生的效应。不过，无论是对轻刑还是对重刑，其有效作用都可表现为威慑与矫治的结合、规范与安抚的结合。威慑一方面是对犯罪人的个体威慑，即以自由刑对人身自由的限制和剥夺让犯罪人受到痛苦的惩罚；另一方面是普遍性威慑，毕竟自由刑所蕴含的刑罚相较财产刑或者是资格刑要重得多，因而，其还产生普遍性的威慑作用。矫治则是"自由刑在物理拘束犯罪人的同时，对犯罪人施以教育、感化、改造、劳动等，促进其价值观、行为规范、社会适应能力的改善"，[1]事实上是通过我国刑罚体系中不同自由刑的具体

---

[1] 张小虎：《刑罚论的比较与建构》（上卷），群众出版社2010年版，第43页。

刑罚种类和期限推进对犯罪人的矫治或对犯罪的预防的。规范意为刑法规范通过自由刑刑罚对犯罪予以否定性评价，以此引导普通大众清晰地认识到自由刑的刑罚内容并对其加以肯定。安抚旨在对犯罪人做出自由刑的刑罚处置后，可在很大程度上慰藉被害人或被害人家属，这一作用在我国社会大众的思想观念里是十分重要的，且也以自由刑为中心的刑罚体系内容加以体现。因此，以自由刑为基础的刑罚体系融合了自由刑本身的积极有效性，并扩散至刑罚体系而形成整体效应。

无论是从自由刑本身的内在特性，还是从自由刑产生的积极效应，都能较为清楚地看到自由刑作为刑罚类别的重要作用。因而，以自由刑为中心的刑罚体系即是由自由刑主导下的刑罚体系，其实就是主要突出自由刑特定作用的刑罚体系统一体。而且，自由刑的效用也在其中心的刑罚体系中更为明显地体现出来，并且作为整个刑罚体系的积极价值反映出来。因此，以自由刑为中心的刑罚体系在一定程度上存在着毋庸置疑的积极价值。

2. 自由刑中心刑罚体系的不足之处

任何事物都是优劣并存的统一体，有正有负才得以构成事物的整体，自由刑中心的刑罚体系也不例外。纵使建立在自由刑基础上的刑罚体系能够在打击和预防犯罪以及矫治犯罪人方面发挥其特定的积极效用，但是，自由刑本身的缺陷同样会使以其为中心的刑罚体系不可避免地存在弊端。

自由刑是当下各国普遍认同的除生命刑之外最为严厉的刑罚类别，即便是其中最为轻微的管制刑，也以对人身自由的限制为内容，仍然要比财产刑和资格刑更为严厉一些。这种严厉除却自由刑本身的属性外，就是我国在处置犯罪方面依然对刑罚有所依赖。尤其是在满足刑罚轻缓化需求不断削减死刑的境遇下，我国对自由刑更为依赖。因而，以自由刑为中心的刑罚体系自然而然地表现出了整体刑罚偏重的倾向。况且，偏重型刑罚种类主导下的刑罚体系已然被公认为是不具科学性的刑罚体系。另外，这种重刑化本位的刑罚体系实则是与国际轻刑化潮流相违背的，其在刑罚体系的整体发展进程中也并非是最为合理、恰当的刑罚体系。至于重刑刑罚体系的具体不足之处将在下文对我国现行刑罚体系的重刑体系特征加以详细阐述。

尽管因自由刑的重刑属性致使以其为中心的刑罚体系呈重刑化不利趋势，但是，前文所述的自由刑所起的积极作用是不可忽视的重要内容。只不过，在自由刑内部，除管制刑外的具体刑种仍然是以对犯罪人的监禁为前提的。换言之，自由刑首先需要将犯罪人控制在特定的场所或区域之内，进而才能得以发挥出其积极价值。然而，由监禁所导致的问题也就随之在刑罚体系中呈现。短期自由刑的刑罚期限较短，对犯罪人所造成的监禁痛苦较难达到惩罚威慑效果，且还易于使犯罪人感染更为深化的犯罪恶习，因而也难以实现根本改造和教育矫治的理想目的；长期自由刑由于较长或没有限制的期限，反而给犯罪人提供了互相学习更多犯罪的机会，并且长时间的监禁往往会削弱犯罪人回归社会的适应能力，其本质就是难以重新复归社会。因此，这种自由刑导致的消极效应在以自由刑为中心的刑罚体系内也会得到不断的扩散，从而既不利于刑罚体系规范本身，也不利于对犯罪以及犯罪人的规制和处遇。

自由刑中心的刑罚体系所呈现出的整体偏重和其作用下的无益于犯罪处置的诸多消极效果，均是由自由刑直接导致的结果。除此之外，自由刑中各个具体刑罚种类在我国现行刑罚体系内也已经存在着或多或少的弊端。因此，将自由刑居于中心的刑罚体系已然不能完全适应于我国刑罚解决犯罪问题的立法需要。正因如此，这就使得我国当下理论界与实务界纷纷提出调整或改革现行刑罚体系的内容。

无论是以自由刑为中心的刑罚体系优胜于劣抑或是劣胜于优，都是我国现行刑罚体系展现出的一大基本特征。这个特征充分体现出我国现行刑罚体系在刑罚种类分布上以自由刑为主要刑种，在刑罚配置上将自由刑作为中心内容遍布于规范当中的特征。当然，我国也看到了目前自由刑中心刑罚体系的诸多不足，因而提出在继续发挥其积极价值的前提下对现行刑罚体系做出一定的调整。究其如何调整、成效怎样以及是否转变自由刑中心刑罚体系，则在具体分析我国现行刑罚体系的刑种与配置中加以阐释。

除了以自由刑为中心的刑罚体系之外，从不同的视角来看，我国现行刑罚体系可以发掘出不同的特征。刑罚目的论是影响我国刑罚体系的重要理论支撑，必然也会在我国现行刑罚体系中有所体现。因此，在看到我国现行刑罚体系整体以自由刑为中心的基本特征之后，从刑罚目的视阈上再观其内容则会呈现出不同的特征。

二、刑罚目的视阈上的预防刑罚体系

刑罚目的论作为刑罚体系构建与发展的三个基本理论范畴之一，其对刑罚体系的作用前文已作出了详细的阐述，在此不再多言。从刑罚目的论的视角看待我国现行刑罚体系，则可以看出其在理论上存在报应论刑罚体系、预防论刑罚体系和综合目的论刑罚体系三大类。基于不同刑罚目的的影响下的刑罚体系各不相同，刑罚体系在刑罚目的论视阈上理所当然地呈现出了三类内容。而且，刑罚目的和刑罚体系都是处于不断的发展变化当中的。因此，首先将目的论刑罚体系的理论内容予以明晰，

第二章　我国现行刑罚体系的基本特征

进而才能为恰当准确地看待我国现行刑罚体系在刑罚目的上所体现出的基本特征提供理论支撑。同时,在明确目的论刑罚体系类别的基础之上,应结合我国现行刑罚体系中的实际规定和具体内容分析出与当下我国刑罚体系最为一致或相符合的特征。

刑罚体系作为现实的刑罚内容是依照刑罚目的应然理论而形成的实然结果。在刑罚目的论的发展过程中,最典型的就是报应论、预防论和综合论。那么,与之相对应的刑罚体系也便是此三种。不过,在这三种刑罚目的论作用下的刑罚体系中也存在着具体的不同内容,换言之即目的论刑罚体系中蕴含着各自丰富的内容。因此,对其进行具体的分析是从刑罚目的出发深入认识我国现行刑罚体系基本特征的必然前提。

(一) 报应论刑罚体系

报应论刑罚体系,即是以报应作为刑罚目的指导刑事立法而形成的整体刑罚体系。报应本身也经历了不同的发展阶段,其蕴含着不同的报应理论,其中最主要的就是等害报应论、等价报应论与规范报应论。因此,由此而建立的刑罚体系也会配以不同的内容。

等害报应以康德为主要倡导者,主要强调刑罚与犯罪损害之间的对等,这种对等建立在纯粹的"以牙还牙、以眼还眼"的报复基础之上。"任何一个人对人民当中的某个个别人所做的恶行,可以看作是他对自己作恶。因此,也可以这样说,'如果你诽谤别人,你就是诽谤了你自己……如果你杀了别人,你就杀了你自己。'这就是报复的权利。不过,还要清楚地了解,这有别于单纯的个人判断,它是支配公共法庭的唯一原则。根据此原则,可以明确地决定在质和量两方面都公正的刑罚。所有其他的标准都是摇摆不定的,出于其他方面考虑的标准,都不包含任何与'纯粹而又严格地公正判决'一致的原则。"[1]这便是康德对罪刑间等害的描述,尤其是对杀人或谋杀的刑罚处置,必是以死刑加以规制,即"在这种情况下,没有什么法律的替代品或代替物能够用它们的增或减来满足正义的原则"。[2]因而,从本质上来看,等害报应旨在以犯罪的客观损害结果为依据做出刑罚处置,换言之即犯罪人造成什么样的犯罪结果就以此结果作为惩罚其自身的刑罚方式,典型的为早期刑罚体系中的身体刑设置。尽管等害报应充分体现出了罪与刑之间的公平和公正,但是,以此构建的刑罚体系中的刑罚种类和具体配置完全受犯罪形态制约,无法穷尽和完善刑罚体系的内容。同时,单纯依赖客观犯罪损害而不考虑主观危险的刑罚体系配置,也必然是不恰当且不合理的。

等价报应是黑格尔在否定等害报应的基础上提出的报应理论。相对于罪刑等害而言,等价报应则是指罪刑等价。"犯罪的扬弃是报复,因为从概念上说,报复是对侵害的侵害,又按定在说,犯罪具有在质和量上的一定范围。但是这一基于概念的同一性,不是侵害行为特种性状的等同,而是侵害行为自在地存在的形状的等同,即价值的等同。"[3]因此,罪刑等价就意味着罪与刑之间不再是纯粹的客观损害在外在形式上的等同,而是重在内在价值上的对称。这种内在价值的相等则是犯罪所造成的危害程度与刑罚的强度在价值上的一致,而且,也是刑罚同侵害行为的价值一致。因此,等价报应在实质上是将犯罪的

---

[1] [德] 康德:《法的形而上学原理——权利的科学》,沈叔平译,商务印书馆1991年版,第165页。

[2] [德] 康德:《法的形而上学原理——权利的科学》,沈叔平译,商务印书馆1991年版,第165页。

[3] [德] 黑格尔:《法哲学原理》,范扬、张企泰译,商务印书馆1961年版,第106页。

第二章　我国现行刑罚体系的基本特征

严重程度进行价值衡量之后再以刑罚做出惩罚，犯罪与刑罚的价值标准就是犯罪的严重程度和刑罚的严厉强度，进而达到二者的等同，也易于克服等害报应的犯罪形态无尽而刑罚规制有限的不足。[1]同时，等价报应摒弃了单一考虑客观犯罪损害的弊端，结合犯罪人主观危险或恶性而形成了统一的刑罚依据，使得刑罚种类和具体配置的构建在应对犯罪时更具可行性。因此，以等价报应为理念的刑罚体系显然已经不受各种犯罪形态的牵制，而是在刑种确立和刑罚配置上根据内在价值做出等同的判断和选择。不过，等价报应所强调的内在价值过于抽象，难以给刑罚和刑罚体系带来直接罪刑间等价的现实刑罚规范。因此，规范报应论应运而生。

　　规范报应是宾丁从实定法或制定法的角度出发而提出的报应刑罚理论。因而，其强调犯罪实质上是对规范的违反，而不局限于刻板的法条。这意味着刑罚规范和刑罚规定是有所区别的，即刑罚规定只是特定的规定着具体刑罚内容的法律条文，刑罚规范则是国家通过刑罚对其所要求的行为规范的宣示。因此，刑罚规范是行为规范的刑罚化，具体表现为禁止性和命令性规范两种。换言之，刑罚是否定犯罪的行为规范，且犯罪对规范或法律秩序的违反程度就是刑罚强度的依据。规范报应观建立在刑罚中具体刑种和量度的选择都是与犯罪对规范或者由规范所构筑的法律秩序的损害程度相对应的基础之上，规范或法律秩序受到犯罪行为的损害程度越重，犯罪人因此而遭受的刑罚就会越严厉。反之，规范或法律秩序因犯罪行为而受到的损害程

----

〔1〕　参见邱兴隆：《关于惩罚的哲学——刑罚根据论》，法律出版社2000年版，第17~18页。

度越轻微，对犯罪人的刑罚惩罚就会越轻缓。[1]因此，规范报应更进一步地将刑罚对犯罪的处置居于法律的具体内容之内，在避免抽象等价的弊端的同时依然坚持客观实害与主观恶性的双重参照。所以，规范报应是兼顾等害和等价的优点而形成的报应论。因此，规范报应作用下的刑罚体系具备更为合理的罪刑评价法律规范标准，可以为其自身内容的构建提供依据，进而做到公平正义的刑罚设置。

无论是何种报应刑论，均要求在已然犯罪的事实基础上做出公平正义且与犯罪相符合的报应性刑罚，本质上还是对犯罪的报应。因此，以此而形成的刑罚体系主要也是罪刑相当的刑罚内容。具体为根据犯罪所造成的客观结果，典型为生命、身体以及财产等遭到损害，因而刑罚体系中的刑种就确立了生命刑、身体刑与财产刑等，刑罚量则配以同犯罪行为和犯罪人危险性相当或均衡的度。事实上，报应论刑罚体系最主要的是对犯罪的回应，其整体内容也是强调刑罚对犯罪的公平处置。因此，此类刑罚体系只是被动、消极的刑罚内容，实属事后的刑罚惩罚体系，既未发挥刑罚的积极效用，也无益于对未然之罪和将然之罪的预防。同时，报应论刑罚体系过于强调罪刑的公平对等反而使其陷入了绝对的刑罚设置境地，无法使刑罚体系被很好地适用于个别化的相对情形，进而难以灵活地对待犯罪。因此，尽管报应论刑罚体系能够保证刑罚的公平正义，但仍然会因这种绝对的公平而不利于对犯罪的预防以及对犯罪人的矫治。所以，在报应论刑罚受到广泛质疑的情况下，依此而生的刑罚体系也值得我们予以深思。而后，预防论作为优于报应论的刑罚目的论逐渐发展成为主导，那么建立在预防论基础上的

---

[1] 参见韩忠谟：《刑法原理》，中国政法大学出版社2002年版，第18～19页。

刑罚体系又是如何呢？

（二）预防论刑罚体系

预防论刑罚体系，即是以预防作为刑罚目的指导刑事立法而形成的整体刑罚体系。预防论本身也如同报应论一样存在着不同的预防理念，主要是威慑预防论、一般预防论、个别预防论以及一般预防和个别预防双重预防论。预防观的差异会直接导致刑罚内容的特定指向，而刑罚内容的不同就会构建有所差异的刑罚体系。

威慑预防意为以刑罚对犯罪的威慑而使人们不致犯罪，抑或是基于威慑而不敢犯罪的预防观。威慑建立在事先明确的刑罚规定基础之上，人们能够通过刑事法律得知刑罚的内容并预测到一定的刑罚后果，这种后果往往都是具有威慑性的严厉惩罚。"刑罚就是国家的统治者，根据人们对法律的禁与令的为与不为，因而违反国法的人，所施加的痛苦，就是使他人知犯国法必受惩戒而守法。"[1]因此，这就意味着刑罚并非是单纯的报应，而是通过其自身的严厉性达到威慑的预防犯罪目的。同时，威慑预防也蕴含着趋利避害的人性本能，即在预见到刑罚痛苦的前提下做出犯罪与否的选择。威慑本身就意味着法律对犯罪的刑罚处罚而产生的对一般人的效果。因而，在威慑预防论的指导下，国家必然需要设置痛苦程度大于犯罪所带来的快乐的刑罚内容，通过此方式方能实现威慑作用之后的犯罪预防。因此，刑罚体系以威慑预防论为主要刑罚目的构建其内部具体内容，在刑罚种类和刑罚配置两方面上确立威慑力大的刑种和幅度，进而达到预防效果。不过，对于这种威慑效应引导的预防作用本身是受到质疑的，即威慑是否能够起到实际预防犯罪的

---

[1] [英]霍布斯：《利维坦》，黎思复、黎延弼译，商务印书馆1985年版，第199~200页。

作用尚未得到一致的认可。况且，威慑预防所强调的是严厉刑罚的威慑，这就势必形成刑罚越严厉威慑效果越好，进而更好地预防犯罪的理念。由此导致刑罚体系也随之呈现出整体趋重的倾向，同时将刑罚对犯罪人的处罚作为一种威慑预防的方式使他人不敢犯罪，易于忽视刑罚在犯罪人个体价值上的作用且对一般人的预防也只是被动地而非主动地遵守法律。所以，威慑预防构筑下的刑罚体系实则是不符合现代刑罚发展的，威慑预防论自身也已经逐渐被积极的一般预防论替代，而受一般预防论指引的刑罚体系在一定程度上有其优越性。

一般预防论，相对于威慑预防论又可被称为积极的一般预防论，其主要是强调除却威慑之外的刑罚处罚观念，即不过分追求或不单纯依赖刑罚威慑而达到预防效果。一般预防具体为："通过培养民众的法感情，提升民众对法秩序的维持和信赖的意识，做到对法律的绝对尊重和服从，以此来实现犯罪的一般预防目的。"[1]这意味着一般预防论下的刑罚并不是为了使人们受之威慑，而是通过刑罚让人们形成规范的意识并主动遵守和忠诚于法律，进而实现刑罚的预防效果。"在积极的一般预防中，还可以区分出三个既相互区别又相互交叉的目标和作用：受社会教育动机推动的学习效果，也就是'学会法律忠诚'；国民通过看见法律得到贯彻执行而产生的忠诚效果；最后是满足的效果，即一般公众基于对违法行为的惩罚从而使法律意识得到抚慰，以及他们与违法行为人的冲突被看作是已经得到了结而出现的效果。"[2]一般预防理论中所蕴含的这三种效果，本质上都是意图让一般大众主动地不愿实施犯罪，从而发挥预防作用。

---

〔1〕 徐久生：《刑罚目的及其实现》，中国方正出版社2011年版，第44页。
〔2〕 [德] 克劳斯·罗克辛：《德国刑法学总论》（第1卷：犯罪原理的基础构造），王世洲译，法律出版社2005年版，第42~43页。

第二章　我国现行刑罚体系的基本特征

但是，一般预防论追求的对一般大众的法规范意识的培养会因个人的接受和理解能力而有所差异，且同威慑预防一样均是以犯罪人的刑罚惩罚为预防大众犯罪的手段，忽视了对犯罪人的刑罚作用。同时，一般预防虽不如威慑预防那样强调严厉的刑罚威慑，但也会导致偏重的刑罚内容设置。因此，一般预防论效用下的刑罚体系由于刑罚具体内容的偏重，与之相对应的刑罚种类和刑罚幅度在选择确定时就会偏重，进而也会形成刑罚体系的重刑化倾向。然而，偏重的刑罚在本质上是不利于预防犯罪的，因此，只是强调刑罚规范下的预防作用而忽视威慑的效果也是不合适的，或者说也难以实现对犯罪的预防效果。无论是威慑预防论还是积极的一般预防论都只注重对一般大众的预防，而不关注犯罪人，因而所形成的刑罚体系在规制和适用时也难以考虑对犯罪人的刑罚预防，这成了其最大的弊端。也正因如此，个别预防论逐渐得到认可并作用于刑罚体系。

个别预防论是从犯罪人角度出发的主张以预防已经犯罪的人再犯罪的刑罚目的理念。个别预防论实际上与一般预防论在思想产生时间上几乎可以说是同时，但是一般预防论大多处于主导地位，尤其是在刑事古典学派长期占据思想统治地位时更是如此。直到刑事实证学派发展壮大之后，个别预防论也从附属地位上升至独立的刑罚预防目的论中的一种并影响至今。个别预防论强调犯罪人的特殊性，这种特殊性一方面在于刑罚不只是对犯罪行为的处罚，还包括使犯罪人通过刑罚得以复归社会并不致重新犯罪，另一方面则在于刑罚使不具改造性的犯罪人不能再进行犯罪或不能再对社会造成危害。因此，在刑罚种类和刑罚配置确立时立法者自然会考虑到犯罪人的特殊危险性而选择与之相符合的内容，形成一个对应的刑罚体系，其中最为典型的就是不定期刑在刑罚体系中的设置，具体到刑种则是无期徒刑和有期徒刑被广泛规定在刑法当中。这种对犯罪人的特殊预防能有效发挥刑罚的教育改造功能，但是，也难免会导致轻重不均的刑罚后果。而且，个别预防论对威慑与一般预防予以完全的否定也过于片面，其专注于对犯罪人的改造也过于理想化。因此，单纯地以个别预防作为理论指导所形成的刑罚体系在回应犯罪时是不够全面的。

一般预防和个别预防双重预防论主要是强调刑罚内容的选择和确立既要实现一般预防效果，又要达到个别预防目的。双重预防论就是旨在"阻止罪犯再重新侵害公民，并规诫其他人不要重蹈覆辙"。[1]这意味着其是将一般预防对一般大众的犯罪预防和对犯罪人个体的再犯罪预防结合起来而形成的综合预防观，在很大程度上避免了二者的各自缺陷且更为有利于刑罚的具体设置。那么，在刑罚体系构建时就以能够预防犯罪为效果的刑罚内容为核心，即需要配置具备一定的威慑、积极的一般预防和特殊个别预防性能的刑罚种类和刑罚幅度。因而，刑罚既不能过度严厉，否则将陷入威慑的狭隘范畴；也不能过于轻纵，否则将导致刑罚预防犯罪这一方式的虚空。在此刑罚目的理论作用下的具体刑罚内容则会呈现出双重效用，不过，突出预防的刑罚反倒会使国家在运用刑罚权时扩大刑罚的规制和适用，从而导致刑罚设置的范围扩大和刑罚量度的过重，进而使得整个刑罚体系也不可避免地蕴含偏重的内容。

无论是何种预防论作用下的刑罚体系都以积极的刑罚内容追求预防犯罪的特定刑罚效果的实现，其在一定程度上克服了单纯依靠犯罪行为的危害来设置刑罚的报应刑论的弊端，但却也因为过于强调预防的刑罚需要而忽视了刑罚的公平正义，最

---

〔1〕［意］切萨雷·贝卡里亚：《论犯罪与刑罚》，黄风译，北京大学出版社2008年版，第29页。

终导致刑罚体系在具体内容配置上的缺陷。具体可表现为刑罚体系内容的轻重不一，即其不太注重已然犯罪的结果而重在犯罪人的个体考量，这在刑罚体系立法规制上就自然会为了达到预防犯罪的目的而事先予以轻罪重罚的内容设置，至少在预防论的主张中存在重刑能够对轻罪予以遏制的正当化预防根据。同时，受预防论影响的刑罚体系内容也会根据一般或个别预防的需要设置严厉的刑罚或过度的刑罚。

（三）综合目的论刑罚体系

综合目的论刑罚体系，则是结合报应与预防作为刑罚目的指导刑事立法而形成的整体刑罚体系。报应论刑罚体系在追求公平正义的理念下以公正的刑罚为内容应对犯罪；预防论刑罚体系在追求刑罚实际效益的理念下以预防的刑罚为内容应对犯罪。此二者都具有各自的优越性，即报应论刑罚体系能满足处置犯罪的公正需求，预防论刑罚体系则能满足犯罪的预防需求，但是二者均因缺少相互的内容而稍显单一，且都使得刑罚体系陷入了重刑范畴。基于此，综合目的论提出了结合报应和预防的二元目的理论，并指出在综合目的论下形成的刑罚体系才是全面、恰当以及有效的。由于综合目的论涵盖报应与预防两大类内容，因而其内部还存在二者不同主导的目的理论内容，因此受之影响的刑罚体系也会稍有差异。

报应为主、预防为辅的综合目的论显然是以报应为主导，旨在强调刑法规范中的刑罚内容是依据报应的要求而确立的，预防则是在报应基础上做出的适当刑罚设置，且实际上预防主要是在刑度的立法选择和具体适用时加以考虑的因素。因此，刑罚内容的确立是在报应目的的范围之内予以不同种类和刑量的限定度预防分配，本质是在满足刑罚报应需求下的有限预防内容的设置。因而，只有在报应刑的刑罚范围中添加预防刑的刑罚内容才是公平合理的刑罚。基于此，报应为主、预防为辅的综合目的论刑罚体系势必主要依据报应刑的要求设置相应的刑种和刑量，典型的为生命刑与自由刑以及严重的刑罚量度等。

预防为主、报应为辅的综合目的论则以预防为主导，报应是在满足预防要求之后的附带效应，这意味着报应以预防的刑罚为基础前提，在预防刑范围之内做出适当的报应刑设置和调整。那么，刑罚内容的确立实际上就是预防目的要求下的刑种与刑度的配置，而后兼及一定的报应刑罚内容。"在刑罚制定阶段，立法者考虑的是需要多重的刑罚来遏制犯罪的发生，因此预防犯罪手段性处于主导地位，但在对不同犯罪规定轻重有别的刑罚的时候，又应当兼顾报应性。"[1]因此，预防为主、报应为辅的综合目的论刑罚体系则主要满足预防刑的需要而设置相应的刑种和刑量，典型的为财产刑与资格刑以及较轻的刑罚量度等。

无论是以报应为主还是以预防为主的综合目的论，相较于报应论或预防论而言，均克服了单一报应或预防的固有缺陷，实则是将公平正义与刑罚效益结合的产物。因此，在综合目的论作用下的刑罚体系，既形成了罪刑相对称的刑罚内容，又达到了罪刑相均衡的刑罚要求，从本质上实现了正义的报应和预防的双重刑罚效果，进而使得刑罚体系得以愈加有效地适应于对犯罪的规制。这在刑罚体系的具体内容中就是多元的刑种和轻重相宜的刑度设置，典型的为传统监禁刑向非监禁刑或监禁替代措施的转变、重刑向轻刑的发展等。因此，综合目的论作为刑罚目的的一类是刑罚目的理论的发展方向，由此而生的刑罚体系则是刑罚体系向前迈步的必选科学之路。

---

[1] 董邦俊、王振："宽严相济的刑事政策初论"，载赵秉志主编：《和谐社会的刑事法治》，中国人民公安大学出版社2006年版，第220页。

第二章 我国现行刑罚体系的基本特征

尽管对不同刑罚目的影响下的刑罚体系至今都尚存争论，但是各自有利的内容还是得到了一致的认可。如今，在刑罚目的论中的各个理论优势逐渐能提出的前提下，其自身得到发展的同时也促使受其作用的刑罚体系朝着科学化的方向调整和完善。那么，从刑罚目的的角度出发，我国现行刑罚体系当属何种类型，或呈现出怎样的刑罚目的特征是深入探讨我国刑罚体系不可或缺的基础内容。

（四）我国预防刑刑罚体系

目前，就我国现行的刑罚体系而言，我们可将其评析为预防刑刑罚体系。之所以如此界定，主要在于我国现行刑罚体系中已然存在着的诸多刑罚更加符合预防刑刑罚体系的内容。预防刑刑罚体系以预防论为唯一刑罚目的构建而成，刑罚体系中蕴含着威慑预防、一般预防以及个别预防的刑罚内容。纵观我国现行刑罚体系，许多刑罚内容都倾向于满足预防刑的要求，具体阐释则呈现于下：

我国现行刑罚体系中，刑罚种类囊括有生命刑、自由刑、财产刑与资格刑四大类别，这意味着当下所有能够被适用于犯罪的刑罚大种类都已被纳入我国刑罚体系。因而，从刑罚种类的角度既能对犯罪人或社会大众展示出刑罚的威慑，又能以明确的刑罚具体种类的规定达到对社会大众的普遍性一般预防与对犯罪人的个别性特殊预防目的，旨在运用多样化的刑罚种类将犯罪控制在一定的范围之内。其中，自由刑本身就属于预防刑中所包含的刑种类别，如今我国已经形成的以自由刑为中心的刑罚体系，特殊的不固定刑期的刑罚种类以及刑罚幅度更是体现出了预防这一特定内涵。除生命刑之外，自由刑、财产刑和资格刑都是可以加以分割的刑罚种类，因而给均衡的刑罚设置提供空间的同时也给预防留有很大的余地，尤其是特殊预防所要求的依照犯罪人的不同个体情况做出刑罚个别化的处置都能在刑罚体系设置的刑罚量度中得以体现。我国现行刑罚体系在刑法的具体规定中已然以自由刑为中心，并且财产刑在我国成了次于自由刑的刑种。典型表现为："在我国1979年《刑法》的内容中，就在附加刑中确定了罚金和没收财产的刑罚种类，且在刑法分则规定的法定刑中有24种犯罪适用罚金刑、25种适用没收财产刑；而后经历了刑法的不断修正，罚金刑和没收财产刑逐渐被适用于愈加广泛的罪名当中，如今已有超过200多种犯罪的法定刑规定了罚金刑、70多种规定了没收财产刑，明显呈现出扩张趋势。"[1]而且，在刑法修正的过程中资格刑的适用范围得到了扩大，典型的为禁止令、职业禁止等实质的资格刑内容的增加。因此，在刑罚观转向预防的同时，蕴含预防目的的刑罚类别使得我国刑罚体系自然而然地归属于预防刑刑罚体系。因此，我国在摒弃单纯报应刑罚种类之后已发展到预防刑刑罚种类的阶段，并且通过不断丰富刑罚种类的方式充实刑罚体系的内容，进而在刑罚设置或规定上实现了有效预防犯罪的目的。

我国现行刑罚体系在适应轻刑化发展趋势下，死刑受到较大的削弱，但为了满足一般预防的要求，生刑则在刑罚体系中得到提高，尤其是《刑法修正案（九）》关于贪污罪的修改不仅是一种严厉的威慑以预防他人犯罪，更是一种完全剥夺再犯可能的特殊预防。反观犯罪圈的扩大过程，实则是将越来越多具有一定危险性的行为纳入犯罪范畴，由此与之相对应的刑罚设置也伴随而生。刑法对犯罪行为的扩展本身就是立于未然或将然的基础之上，因而，从对新增犯罪的设置来看，刑罚也是

---

〔1〕 向准、乌画："我国财产刑扩张下的资格刑发展"，载《华侨大学学报（社会科学版）》2016年第1期，第90页。

第二章 我国现行刑罚体系的基本特征

基于预防的需要而作出的规定。同时，在当下我国的刑罚体系中，不同种类自由刑的配置、自由刑和财产刑、资格刑的相互组合配置以及刑罚幅度的长短配置都是依照预防犯罪和教育改造犯罪人的要求作出的，典型的为对危害国家安全等严重犯罪配以无期徒刑等刑罚以剥夺再犯机会和提供再回归社会机会，并且在绝大多数罪名所对应的刑罚中都设置了一定区间或者幅度的刑罚以供选择确定具体的刑罚量，这意味着立法者在立法时考虑到了刑罚个别化的需要，充分体现出了刑罚不是纯粹的惩罚而更多的是通过刑罚这一手段实现犯罪的预防。因此，我国现行刑罚体系在刑罚配置上实则也是以预防刑的设置为主导的。

另外，基于我国重在实现刑罚的一般预防与特殊预防的目的，除却整体刑种设置的预防刑内容，刑法中还通过法定犯的过罪化规定、刑罚过量和累犯规定等配置将其呈现。法定犯是相对于自然犯而存在的犯罪，我国通过刑法修订一方面增加了此类犯罪的数量，换言之即法定犯罪不断被纳入犯罪圈内，典型的为如今刑法分则中的十大类罪早已超出最初刑法的犯罪类别，其中法定犯罪也超过了自然犯罪的数量，罪名的法定刑罚也随之形成，因而过多的法定犯导致刑罚的增多，或者说刑罚因作为最后手段的泛化而被寄予实现一般威慑的预防效果。另一方面是法定刑的偏重化，即超过与报应所需刑罚量的法定刑，这既可以从刑种在不同类型罪名中的法定刑分配中看出，也可以从具体罪名中的不同情形中中呈现出来，如死刑罪名配置的过量和罪刑偏重等蕴含着一般预防的色彩。同时，我国刑法规定中已经加入了对犯罪人的考虑因素，典型的为累犯和多次犯的认定，往往基于这种特殊情形就予以相应的刑罚，进而体现出我国刑罚体系中的特殊预防内容。当然，由此展现的内容依然是被囊括在刑罚体系这一整体中的刑种和配置部分内的具体规定。

无论是刑罚种类还是刑罚配置，我国现行刑罚体系都展示出了预防刑的内容。尽管预防刑自身存在着的特定缺陷致使刑罚体系有所不足，但是以预防为刑罚目的是符合人道主义与刑罚个别化的基本要求的。而且，预防刑刑罚体系一方面改变了报应刑完全对等的刑罚设置，另一方面确立了有利于刑罚效益得以实现的相对多样化的刑罚内容，其不仅是刑罚体系自身的发展，还能为司法适用提供诸多可选择的立法依据。因此，通过对我国现行刑罚体系中刑罚种类和刑罚配置内容的阐释，在刑罚目的视阈上其呈现出预防刑的特征。

三、刑事政策视阈上的"宽严"刑罚体系

刑事政策作为刑罚体系的三个基本理论范畴之一，受不同刑事政策作用会形成不同的刑罚体系内容。在我国刑事政策发展阶段中，经历了"严打"到"宽严相济"的转变过程，其本质就是两种不同的刑事政策。因此，在这二者的影响下，我国刑罚体系也被构建为"严"与"宽严"刑罚体系两种。因此，在确定我国现行刑罚体系在刑事政策视阈上的特征之前，从刑事政策论的角度辨析"严"与"宽严"刑罚体系的各自具体内容是前提。这也意味着只有对不同刑事政策论引导下的刑罚体系内容加以详细的分析，才能将我国现行刑罚体系在刑事政策上所呈现的基本特征予以明确。

刑事政策是主观刑罚目的应然选择下的实然产物，其因特定的现实政策而区别于刑罚目的的绝对理论，又因政策研究中的理论内容而兼具理论性，因而刑事政策是理论与现实相结合的成果。那么，除却刑罚目的作用之外，刑罚体系或刑罚模式

的构建与调适也需要以刑事政策为基础。在我国刑事政策的理论阐释和实践运用过程中,"严打"刑事政策与"宽严相济"刑事政策最为突出,基于此两种不同的刑事政策也自然而然地在我国刑罚体系方面形成了"严"刑体系和"宽严"刑罚体系。

(一)"严"刑体系

"严"刑体系是在"严打"刑事政策指导下形成的刑罚体系类型,因此我们首先需将"严打"刑事政策的内容加以厘清方能很好地阐释由其作用而成的"严"刑体系。"严打"刑事政策是指对严重危害社会的刑事犯罪和刑事犯罪人依法从重从快地予以严厉打击的刑事政策,核心就是依法、从重和从快。[1]"严打"刑事政策自20世纪80年代起就作为我国较为重要的刑事政策内容被提出,而且其在很长一段时间内被运用于实践当中并产生了重要的影响。

1. "严打"刑事政策的历史经验

从我国"严打"刑事政策适用的历史实践来看,迄今为止已经进行了三次。"第一次'严打'是从1983年开始持续到1987年,此次行动是在改革开放伊始,社会矛盾积聚的大背景之下针对急剧上升的犯罪量和犯罪率而采取的刑事活动。1983年8月,中共中央作出《关于严厉打击刑事犯罪活动的决定》,强调依法从重从快惩处严重刑事犯罪分子,随后同年9月第六届全国人民代表大会常务委员会作出两个决定,把'严打'以法律形式固定下来。第二次'严打'是从1996年起到1997年,当时是在刑事案件不断上升的形势之下,为控制高涨的犯罪趋势以及严厉处置空前的恶性案件而采取的行动。因而在适应民意和维持治安秩序的要求上,中央决定开展第二次全国性的

---

[1] 参见魏东主编:《刑事政策学》,四川大学出版社2011年版,第83页。

'严打'斗争,以各级党委为中心,公、检、法、司各机关相互配合,以'破大案、打团伙、追逃犯'为重点。第三次'严打'是以打黑除恶和整治规范市场经济秩序为标志,从2001年持续到2003年基本上结束。进入21世纪之后,社会矛盾更加激烈,传统犯罪与新型犯罪交错,刑事犯罪再次进入一个高发案阶段,每年全国刑事立案大体上都保持在400多万起以上,其中恶性案件不断、治安恶化现象加剧、人民安全感下降。2010年6月,公安部针对恶性案件频发、群众的不安全感加剧宣布在全国再次开展7个月的'严打'行动,它虽然是第四次全国性的'严打'行动,但实际上仅是一次警务行动,法院和检察院不再介入。在全国性的'严打'斗争之间,实际上是本着突出问题的原则,开展了各类专项行动、专项治理、专项整顿的有特定目标的集中行动。从本质上来说,'严打'基本上处于持续不断的状态。'严打'在实施中遏制住了刑事犯罪上升的势头,对犯罪分子起到了不小的威慑作用。同时,也为发展经济初步创造了良好的社会治安环境。"[1]

但是,在每一次的"严打"之后反而会出现更为高涨的犯罪浪潮,这使得"严打"刑事政策受到了许多质疑,因而出现了绝对否定"严打"刑事政策的主张。不过,纵观"严打"刑事政策被贯彻实行的整个过程,其适用后所导致的负面影响并非是其本身的过错。"首先,'严打'是迫于客观形势的需要。运用何种刑事政策是根据预防和减少犯罪现象的客观需要所进行的调整。'严打'作为刑事政策的一种,就是在严峻治安形势

---

[1] 其中,1983年9月作出的两个决定分别是《全国人民代表大会常务委员会关于严惩严重危害社会治安的犯罪分子的决定》和《全国人民代表大会常务委员会关于迅速审判严重危害社会治安的犯罪分子的程序的决定》。向准:"论'严打'及其对暴恐犯罪的回应",载《河南警察学院学报》2016年第4期,第97~98页。

下应运而生的产物。换言之,严打是急剧恶劣的犯罪情形,即高犯罪量和犯罪率催生而成的刑事政策。就'严打'自身来看,'没有犯罪状况的严重性也就没有严打产生的现实合理性'。严打建立在特定的犯罪现实基础之上,又反过来要控制犯罪现象的扩展。因此,'严打'从本质上来看,是迫于客观形势的需要而对犯罪所作的被动处置。其次,犯罪'反弹'的出现是形势的发展。'严打'的有效成果极为明显但却并非是一劳永逸的,其无法完全避免刑事犯罪的再次发生,而'反弹'的出现主要是客观形势的发展,并非'严打'自身之过。'严打'本身就是在严重的犯罪形势下而做出的,其被置于特定的经济社会发展历程当中,受宏观大环境制约。同样,'严打'之后的犯罪'反弹'也应当在特定背景之下予以评价。通常认为,刑事犯罪的增多往往是社会转型、经济转轨大震荡的产物。在社会转型和经济转轨之时,社会矛盾自然易于增多以及矛盾会随之复杂多变,那么,矛盾的变化就不可避免地滋生出各种各样的犯罪现象。因此,犯罪'反弹'的出现依然是受形势发展的作用,并非'严打'的单一直接影响而致。不可否认'严打'在一定程度上也与犯罪'反弹'的形成有所关联,主要是因为'严打'在具体实施中出现了较多不可预计的问题,尤其是在执法中的问题直接使'严打'负上'反弹'之责,但这却不是'严打'本质属性所导致的结果。最后,'严打'中的问题并非其固有的弊端。'严打'被运用于实践是大规模的统一行动,在我国也是前所未有的,而且基于当时的法治条件、水平以及经验都是不够成熟的。因而,由此出现的诸多问题自然在所难免。我国'严打'的典型问题即为在'依法从重从快'要求下的违背罪刑法定、罪刑相适以及法定程序的做法。换言之,为了达到从重从快的结果而不惜以违法为代价,也就是我们通常所说的严打'从重从快'与'依法'的冲突。这势必同'严打'本身所要求的'依法从重从快'相背离。因此,'严打'中的问题主要是执法中产生的问题,并且即便如此,执法中的问题也都是可以通过提升相应的水平和采取积极措施加以克服和改进的。所以,在逐渐发展成熟的法治社会中,'严打'刑事政策也有其特定的发展。"[1]

通过对"严打"刑事政策的历史实践加以分析之后,我们不难看出在对待"严打"刑事政策时多数人都重在关注其刑事司法层面的效应。同时,随着法制到法治的不断发展,理性看待"严打"刑事政策成为主流,这意味着"严打"的司法实践只是其作为刑事政策的一方面的体现,即"严打"作为我国刑事政策除却是刑事司法上的一项重要刑事措施以外,在刑事立法层面也发挥着重要的指导作用,具体是对刑罚内容的调整发挥重大作用,即刑罚轻重的改变。[2]而且,在"严打"刑事政策被司法运用后出现的问题不是刑事政策本身所导致的,其也反映出对刑罚乃至刑法规范的违背,基于此,由"严打"刑事政策指引下的相关刑罚内容是其能被合理、有效地贯彻实施的基础。因此,与"严打"刑事政策对应的刑罚体系内容也蕴含着特殊"严"的刑罚内容。

2. "严"的刑罚体系内容

"严打"刑事政策强调依法、从重和从快,其中以依法为最为本质的内容。正是由于依法的重要性存在,在对刑罚设置上也贯彻"严打"的刑事政策而形成具备严打性质的"严"的刑

---

[1] 向准:"论'严打'及其对暴恐犯罪的回应",载《河南警察学院学报》2016年第4期,第98~99页。

[2] 参见陈兴良:《刑事法治论》,中国人民大学出版社2007年版,第79~81页。

罚体系。由于"严打"刑事政策本身是在特定时期、特殊犯罪情形下催生而来的刑事政策，因而与之相对应的"严"刑体系中的刑罚内容也随之受到了很大的影响。

"严打"刑事政策是在我国1979年颁布并实施第一部刑法之后，国家加以制定的刑事政策。在1979年《刑法》中就确定了主刑与附加刑的固定种类且沿用至今，其规定了八大类罪并设置了28个适用死刑的罪名，从罪刑配置而言应当是符合当时刑罚应对犯罪需求的。但是，自1983年"严打"刑事政策贯彻执行开始，在刑事立法层面上，刑法被大规模调整和修改，直到1997年《刑法》的最终确立，期间"全国人大常委会就通过了24个'决定'和'补充决定'，增设数十种罪名，其中尤其值得关注的是死刑罪名大为增加，即增加至74个死刑罪名"。[1]这不仅意味着"严打"刑事政策作用下死刑在我国刑罚体系中地位的大幅度提高，还给刑事司法的适用提供了明确可依的严厉打击犯罪的重要刑罚依据。基于此，不限于死刑的设置，无期徒刑与有期徒刑也伴随着在各大类罪中得到广泛的采用。因而，整个"严打"刑事政策指导下的刑罚种类主要以死刑、无期徒刑和有期徒刑三大刑种为中心，生命刑与自由刑在本质上又属于重刑刑种，进而导致我国形成了以生命刑和自由刑为主导的偏重型刑罚体系。

"严打"刑事政策下的立法重刑化"严"刑体系不只是在刑罚种类上的重刑偏向，还重在强调严厉的刑罚量度，即刑罚配置的严厉程度较以往更高。从1997年《刑法》对1979年《刑法》的部分修改内容来看，拘役的刑罚限期由"十五日以上六个月以下"更新成"一个月以上六个月以下"，直接提高了拘

---

[1] 谢望原等：《中国刑事政策研究》，中国人民大学出版社2006年版，第259页。

役的刑罚期限；累犯的刑罚条件由"三年以内再犯"改为"五年以内再犯"，直接扩宽了累犯的刑罚从重期间；刑法分则由八大类罪增至十大类罪，完全剥夺犯罪能力的死刑得以增加，与死刑相伴存在的无期徒刑和有期徒刑的法定刑配置占有很大的比例，基本覆盖十大类罪，直接将不固定刑期的刑罚幅度加以扩大。同时，对于严重的犯罪类型都附以严厉的刑罚，比如危害国家安全犯罪中的每一个具体罪名都配置着三年以上有期徒刑、无期徒刑乃至死刑，有些罪名更是起刑就是三年以上有期徒刑或者无期徒刑，除此之外在其他各大类罪中也有如此规定。那么，"严"的刑罚体系已贯穿整个刑法规范而被作为适用犯罪处置的当然刑罚内容。

因此，"严"刑体系的最显著特征就是刑罚种类重刑化且刑度设置十分严厉，这对于处在特殊犯罪时期、对待特别犯罪类型的情况确实可以起到一定的积极作用，而且也能较好地满足社会公众强烈的报应情感，但是，纯粹严厉的刑罚体系并不恰当也非科学体系。这一方面是由于"严"刑体系不符合轻刑化的刑罚发展趋势，即合理的刑罚体系以轻缓化的刑罚为主导，最终形成以非监禁刑为中心的刑罚体系，包含轻刑类别的刑罚种类和趋轻的刑罚配置；另一方面，其不符合预防刑目的观的需要和刑罚个别化的要求，即"严"刑体系主要是依据客观犯罪现实而做出的回应，尚未能全面考虑到长远的犯罪治理和犯罪人的处遇，实际上就无法做到防患于未然或防患于将然，在改造犯罪人方面也略显吃力。所以，"严"刑体系同"严打"刑事政策一样，只在犯罪形势严峻的特殊情形下发挥特定效应，却不能成为处置犯罪的长久、恰当且科学的刑罚体系。正是看到"严打"刑事政策作用下的"严"刑体系不能很好地解决犯罪，新的刑事政策即"宽严相济"刑事政策在我国应运而生，由其指导而形成的"宽严"刑罚体系也随之产生。

(二)"宽严"刑罚体系

"宽严"刑罚体系是在"宽严相济"刑事政策指导下形成的刑罚体系类型,因此,何为"宽严相济"刑事政策便成了分析"宽严"刑罚体系内容的基础前提。"宽严相济"刑事政策既是对"惩办与宽大相结合"的合理性延伸,也是对"严打"的适当发展。基于此,其在我国因囊括了二者的积极内容而成了更具科学性且更为全面的刑事政策。因此,受"宽严相济"刑事政策作用的刑罚体系也理所当然地具备"宽"与"严"的双重刑罚内容。不过,何为"宽严"是首当其冲的问题。

1. "宽严相济"刑事政策

"宽严相济"刑事政策是在"严打"刑事政策之后进行理性反思的产物,同时也具有一定的积极性与再发展价值。其既把"严"的内容纳入在内又包含着"宽"的内容,二者相互协调。

所谓"宽严相济",就是"宽""严"与"相济"的恰当结合。"宽"意为宽缓或者宽容,重在强调刑罚的轻缓。"宽"蕴含着两层重要含义:一是轻轻,即轻罪附以轻缓的刑罚;二是重轻,即重罪在符合特定轻缓情形时附以相对较轻缓的刑罚,其实质是意欲使犯罪人得到更多的复归社会的机会和提高预防犯罪的可能。其具体内容包括非犯罪化、非刑罚化以及非监禁化:非犯罪化是将本来置于刑法规范当中的犯罪以立法的方式排除出犯罪的范围;非刑罚化是用刑罚以外的方式来替代刑罚,典型的为非刑罚处罚措施,其本质是对报应刑罚本身的改变;非监禁化则是非监禁刑罚种类或非监禁刑事处遇措施等。除此之外,"宽"还包含着非司法化内容,即轻微刑事犯罪或刑事自诉案件可通过刑事和解不进入诉讼程序,因本书着眼于立法层面的刑罚体系内容,故而暂且将非司法化排除在外,不作细究。

"严"意味着严格或者严厉。具体可表现为两层含义:"一是严密法网,即对于具有严重社会危害性的行为要将其纳入刑法的框架内,将其犯罪化,特别是针对一些新型的犯罪要及时进行立法规制,以缓和刑法的稳定性与社会发展变化之间的矛盾;二是刑罚的严厉,即对有组织犯罪、黑社会性质犯罪、严重暴力犯罪、恐怖主义犯罪等影响国家、社会、人民安全的犯罪,在处罚上当重则重,坚持严厉打击,对这些犯罪人采取从重的刑事政策,充分发挥刑罚的威慑力,以达到一般预防的效果。"[1]那么,"严"无论是通过严密法网还是严厉刑罚,均需要构建"严"的相关犯罪与刑罚的内容,其呈现形式在刑罚方面以对各类罪下的各罪名配以较重的刑罚种类和较长的刑罚期限为典型,换言之便是重在监禁刑的严厉刑罚惩罚效应以及由惩罚而带出的一般预防效果。

"宽严相济"最后也是最重要的就在于"济"。"济"意为协调或者结合,在此即为宽严之间的平衡、宽严之间的衔接以及宽严之间的度。"宽"强调非监禁的宽缓与"严"主张监禁的严厉之间的矛盾需要作出协调才能融洽地相互处之,否则就会造成不必要的碰撞。因此,"宽严相济"要求宽中有严、严中有宽,既不过分追求刑罚的宽缓,又不刻意强调严苛的刑罚,进而形成宽严有度的刑罚内容。基于"宽严相济"刑事政策将宽与严的有效内容结合在一起,不仅符合国际轻刑化的发展潮流、满足现实预防和治理犯罪的客观需要,而且还兼顾功利与公正价值的理念,因此,其已作为重要的刑事政策在各国刑事政策中予以采用,我国也一直贯彻着"宽严相济"刑事政策。

---

〔1〕 魏东主编:《刑事政策学》,四川大学出版社2011年版,第86页。

2. "宽严"的刑罚体系内容

与"宽严相济"刑事政策互相对应的刑罚体系就是"宽严"刑罚体系，这一刑罚体系具体表现在刑罚内容上是刑罚种类宽严兼顾，设置轻重有别的不同刑罚种类；刑罚配置宽严适度，配以轻重幅度不同的刑罚量度，整体刑罚体系轻重相宜。

依照此种刑事政策的内在要求，"宽严"刑罚体系中刑罚种类的选择和确立就应当既包括轻刑种又包括重刑种，具体可概括为监禁刑与非监禁刑以及生命刑三大类别。监禁刑主要是剥夺个体人身自由的刑罚，典型如自由刑类别中的无期徒刑、有期徒刑以及拘役等；非监禁刑主要是不以监禁为要求的刑罚种类，如管制、罚金等；生命刑则是死刑。其中，非监禁刑充分体现刑罚的宽缓且大多考虑到预防犯罪的刑罚效果，而监禁刑则是相对较重的刑罚且意在实现惩罚犯罪和警示公众的刑罚效果。轻刑和重刑二者之间轻轻重重、轻中有重、重中有轻进而共同构筑成"宽严"刑罚体系的各个不同属性的刑罚种类。

在轻重有别的刑罚种类基础之上，"宽严"刑罚体系的刑罚配置也是宽严有度或轻重相宜。在刑罚配置方面，针对严重犯罪在相应罪名中设置较重的刑罚种类和较长的刑罚期限；针对较轻犯罪在相应罪名中设置较轻的刑罚种类和较短的刑罚期限。而且，"宽严"刑罚体系所包含的"宽"主要体现在死刑配置的削弱或废除、减少监禁刑的配置以及半开放或全开放式刑罚方式的设置，典型的为域外大多数国家已取消死刑在各罪名中的法定刑配置、将罚金作为主刑在各罪名中加以配置以及社区矫正刑罚的配置等；"严"则主要体现在死刑配置的增多和生刑的刑罚期限延长等，典型的为增加死刑在罪名中的设置以及自由刑期限上限的提高等；宽严的具体结合则体现在轻刑和重刑的多重配置，典型为同一罪名中既有管制或拘役，又有有期徒刑或无期徒刑。因此，"宽严"刑罚体系基本上是运用刑罚种类和刑罚幅度的不同配置出宽严有别的法定刑罚内容，而且在各罪名刑罚配置的具体法定刑中也置以多种类和多方式的刑罚。

基于"宽严相济"刑事政策的优越性，由其指导下的"宽严"刑罚体系自然也会比"严"刑体系要更为合理。单一的"严"刑体系受报应刑论的影响过于注重刑罚的惩罚而形成了纯粹严厉的刑罚体系，这在特定犯罪形势下确实能起到一定的刑罚作用，但却无法防止犯罪的再发生。相反，完全宽缓的刑罚体系在应对严重的犯罪又不足以体现刑罚自身的严厉性属性，且不符合当下世界各国的实际需要。那么，集"宽"与"严"的积极内容于一身的"宽严"刑罚体系所包含的内容也是不过分严苛、不过分宽纵的，其在打击、防范和控制犯罪方面也能有效地发挥刑罚的积极作用。因此，"宽严"刑罚体系是目前较为全面、恰当的刑罚体系，而且也为刑罚的具体适用提供了较为科学、有效的立法依据。

（三）我国"宽严"刑罚体系

厘清"严打"刑事政策下的"严"刑体系与"宽严相济"刑事政策下的"宽严"刑罚体系之后，基于我国目前所采取的"宽严相济"刑事政策和现行刑罚体系的内容，我们可从刑事政策视阈上大致看出我国"宽严"刑罚体系的基本特征。

纵观我国现行刑罚体系的具体内容，在刑罚种类上包含生命刑、自由刑、财产刑和资格刑四大类，且无论是主刑还是附加刑都是按照刑罚种类由轻至重的顺序进行排列的。因而，刑罚体系从整体刑种上包括轻重或宽严两方面的刑罚内容。具体刑种如从死刑的设置上来看，近几次的刑法修正案都逐渐减少配置有死刑的罪名，从1997年《刑法》到第九个修正案，确定有死刑刑罚的罪名由74个降到46个，其实质上是削弱死刑刑种

第二章 我国现行刑罚体系的基本特征

的地位和缩小死刑的可适用范围，明显向宽缓的刑罚种类倾斜。随着生命刑的衰退，财产刑在我国已然构筑而成的刑罚体系中的地位得到了日益提升，"罚金刑和没收财产刑逐渐被适用于愈加广泛的罪名当中，如今已有超过200多种犯罪的法定刑规定了罚金刑、70多种规定了没收财产刑，明显呈现出扩张趋势"，[1] 资格刑也在刑法修订中扩充自身的内容，典型的如禁止令和职业禁止内容的增加。因此，我国现行刑罚体系在刑罚种类的发展上呈现出其"宽"刑特征的一面，而对于刑罚各个种类的具体内容，本书将在第三章"我国现行刑罚种类设置"中加以详述。

同时，在刑罚量度配置方面，尤其是涉及监禁刑的期限均予以提高，即加重生刑。首先是死缓后的实际执行期得以提高。我国现行《刑法》第50条[2]所规定的内容直接将原来存在重大立功的"十五年以上二十年以下有期徒刑"提升到25年刑期且是绝对确定的刑期。其次是无期徒刑的实际执行期的提高。我国现行《刑法》第78条[3]直接将原来对于无期徒刑减刑后的执行期限"不能少于十年"提高到13年的刑期。最后是对数罪并罚之后有期徒刑执行期的提高。我国现行《刑法》第69条第1款中规定："判决宣告以前一人犯数罪的，除判处死刑和无

---

[1] 向准、乌画："我国财产刑扩张下的资格刑发展"，载《华侨大学（社会科学版）》2016年第1期，第90页。

[2] 《刑法》第50条第1款规定："判处死刑缓期执行的，在死刑缓期执行期间，如果没有故意犯罪，二年期满以后，减为无期徒刑；如果确有重大立功表现，二年期满以后，减为二十五年有期徒刑；……"

[3] 《刑法》第78条第2款规定："减刑以后实际执行的刑期不能少于下列期限：（一）判处管制、拘役、有期徒刑的，不能少于原判刑期的二分之一；（二）判处无期徒刑的，不能少于十三年；（三）人民法院依照本法第五十条第二款规定限制减刑的死刑缓期执行的犯罪分子，缓期执行期满后依法减为无期徒刑的，不能少于二十五年，缓期执行期满后依法减为二十五年有期徒刑的，不能少于二十年。"

期徒刑的以外,应当在总和刑期以下、数刑中最高刑期以上,酌情决定执行的刑期……有期徒刑总和刑期不满三十五年的,最高不能超过二十年,总和刑期在三十五年以上的,最高不能超过二十五年。"[1]显然,以前"有期徒刑最高不能超过二十年"的规定被提升到了25年的最高刑期的限制。除了以上刑罚期限的改变之外,现行刑法中还设置了适用于严重犯罪的限制减刑和假释等影响刑罚的立法内容,其本质实则是刑罚严厉的一面,体现出了刑罚体系的"严"刑化内容。而且,在刑法分则的十大类罪中,自由刑的配置比例较高,以自由刑为中心的刑罚体系自然会凸现出"严"刑的特征。对于具体刑罚配置问题,本书将在第四章中详细阐释。

基于此,我国现行刑罚体系所体现出的"宽"与"严"都包含着特定的刑罚内容,并且,宽严并不孤立而是相互作用,进而形成刑罚体系的"宽严"特征。事实上,我国刑罚体系中刑种的变化与刑罚幅度的波动都受到宽严特征的影响,即在刑罚宽缓的同时又存在相应的严厉。诚如,当下我国在不断削减死刑地位和死刑罪名数量的同时,生刑也在逐渐提升,进而形成了宽严互补又互相制约的体系。因此,立法者在刑罚配置时自然会加重监禁刑,财产刑和资格刑也会扩展。因此,我国现行刑罚体系既非完全的"宽"也非单一的"严",而是宽严内容综合下的刑罚体系。不过,我国现行刑罚体系依然呈现出"严"过于"宽"的特征,即整体宽严刑罚体系内部以"严"为主"宽"为辅。之所以这么说,一方面在于尽管死刑罪名减少,但是依然还有一些非人身性严重犯罪;另一方面在于生刑的加重除了弥补死刑刑罚之外,尚存在罪刑不相适宜或过重之

---

[1]《刑法》第69条。

嫌,典型的为贪污罪中设置的不得减刑和假释的终身监禁等。所以,在刑事政策视阈上,我国现行刑罚体系表现为"宽严"这一基本特征,且目前以严为主。

四、刑罚力度视阈上的重刑化刑罚体系

刑罚力度实则是"刑罚力的强度,一方面指刑罚对犯罪人权益的剥夺或限制的程度,另一方面是指犯罪人对刑罚剥夺或限制权益感受的强弱"。[1]其本质上包含刑罚轻重和犯罪人感知两部分,而刑罚轻与重的差别会在一定程度上直接导致犯罪人对刑罚的不同感知,因此刑罚的轻重设置可体现刑罚力度。这也意味着刑罚力度需要通过已设置的刑罚才能被犯罪人和社会公众所感知,且具体刑罚的内容如何选择、确定又受主观刑罚目的论、刑法社会机能以及刑事政策等作用。因而,刑罚力度也同样受以上因素影响或决定。刑罚体系本身可以说是整体系统化的刑罚内容的集合体,无论是刑罚种类还是刑罚配置都能直接反映刑罚力度。因此,就刑罚体系而言,其主要是刑罚为了惩罚犯罪所呈现出的或轻或重的刑罚力度特征,从而展现的自然是轻重有别的刑罚内容。因此,从刑罚力度视阈上来看,刑罚体系可被分为重刑体系和轻刑体系两类完全不同的刑罚体系。

(一)重刑体系

重刑体系是蕴含着重刑化刑罚内容的刑罚体系概称,即刑罚惩罚力度较强的偏重刑罚体系。重刑体系实际上是立法注重刑罚惩罚力度效用的产物,而这种倾向主要是由重刑化观念直接导致的。不过,重刑观本身与重刑化内容也并非是突然出现

---

[1] 赖早兴:"刑罚力度论纲",载赵秉志主编:《刑法论丛》(2011年第1卷),法律出版社2011年版,第187页。

的，而是由多种因素共同作用形成的。

无论是国内还是国外，重刑化观念和重刑刑罚都具有特定的历史性。早期刑罚是惩治犯罪的唯一方式，而且国家从刑罚严厉惩罚中也确实获得了犯罪减少的暂时性成效，因而"刑罚万能"可以说已成为重刑不可或缺的内涵，加之传统刑罚报应和威慑的膨胀，国家通过刑法规定极为严厉的刑罚手段处置犯罪和犯罪人，典型的为身体刑的产生。不仅如此，过分的国家本位致使重刑观愈加深重，其旨在以国家和社会优先而忽视个人权益，进而使得刑罚只注重对犯罪人的严厉惩罚而不考虑个别化的刑罚需要。长期的重刑观和重刑设置在很长一段时间内持续发挥着作用，尤其是在我国更是历经了几千年。不过，随着法制向法治的变革以及刑罚人道化和刑罚轻缓化的发展，重刑观和重刑刑罚不可避免地受到了冲击，但是还是存在着以重刑为主要刑罚表征的整体刑罚体系内容。

重刑体系最为基本的特征就是刑罚体系以身体刑和死刑为中心或者以死刑和自由刑为中心以及以自由刑为中心。具体到刑罚体系的内容，重刑在刑罚种类上表现为死刑、身体刑（现已废除）和自由刑的刑种选择，典型的刑罚种类为死刑、无期徒刑和有期徒刑；在刑罚配置上则是将重刑刑种配置在各类罪名的法定刑中，并且附以偏重化幅度的刑罚与长期限量度的刑罚，以及大范围、高比例的重刑分布等，典型的为死刑配置罪名的普遍、无期徒刑和有期徒刑配置罪名的广泛和大量分布，并且以死刑、无期徒刑和有期徒刑为最高法定刑的罪名数量较多等。"重刑化论者主张，要有效地遏制和预防犯罪，就必须制定严刑峻法，对犯罪广泛地规定和适用重刑甚至死刑。"[1]因

---

[1] 游伟："重刑化的弊端与我国刑罚模式的选择"，载《华东政法学院学报》2003年第2期，第95页。

此，由重刑化的刑罚种类与刑罚配置构筑而成的刑罚体系整体理应被归属于重刑范畴。重刑体系如同重刑观和重刑刑罚一样也具有历史性，这意味着刑罚自产生之日起就是在重刑观作用下的重刑刑罚，重刑体系自是重刑刑罚内容下的产物，因而，重刑体系作为主要刑罚体系存在已久。

重刑体系依赖重刑为内容，其旨在发挥重刑刑罚效用来规制犯罪和处置犯罪人。不可否认，重刑体系充分体现出了刑罚自身的威慑和惩治功能，且其一度因严厉的刑罚而起到减少和遏制犯罪的积极效果，即使是在如今，重刑在应对严重刑事犯罪上仍有其特殊现实需要和特定刑罚意义。但是，重刑体系实质上却蕴含着一定的局限性：一方面，其过于强调通过刑罚的高强度来实现保护社会的功能，忽略了罪刑失度下的不平衡，易于导致对犯罪人权益的侵害；另一方面，其与科学刑罚观以及刑罚轻缓化趋势的背离，科学刑罚观以刑罚旨在预防犯罪和教育矫治犯罪人为核心刑罚目的观念，重刑体系显然更为注重刑罚的惩罚也就难以达到矫正的刑罚目的，而且刑罚轻缓化是符合刑罚本身发展的内在需求，重刑体系显然也与之相违背。因此，重刑体系会导致刑罚反作用的扩散，即"过重的刑罚不仅会让犯罪人的心中留下不公平、非正义的印象，造成他的对抗心理，起不到改造的效果，更容易促使其再度犯罪"。[1]因此，重刑体系在现代文明和法治发展过程中被逐渐调整来适应现实的治理犯罪的需要。也正因如此，轻刑体系随之而生。

（二）轻刑体系

相较于重刑体系，轻刑体系则是蕴含着轻刑化刑罚内容的刑罚体系概称，即刑罚惩罚力度较轻的偏轻刑罚体系。轻刑体

---

[1] 李晓欧："中国重刑化弊端及其限制路径——以《中华人民共和国刑法修正案（八）》为参照"，载《当代法学》2010年第6期，第41页。

系是依赖轻刑化刑罚内容构建而成的整体，而轻刑化内容是轻刑观作用下的客观刑罚产物。轻刑观是与重刑观相对应的刑罚观，其是在重刑观指导下的重刑体系体现出的弊端难以应付犯罪和刑罚轻缓化发展时逐渐形成的新观念。尤其是在当下，法治的逐渐成熟、国家对刑罚力度的恰当认识以及公众对刑罚的理性看待已然为轻刑化提供了有利前提，因而，轻刑观和轻刑刑罚内容已经成为刑罚的主流。

轻刑观本身也是刑罚目的由报应向预防转变的刑罚观，轻刑刑罚内容建立在预防刑罚基础之上，其主要强调的是刑罚力度强弱的有限作用与刑罚预防犯罪的现实效果。轻刑观和轻刑刑罚内容之所以能成为主流缘于其自身具有的优势。一方面在于轻刑观明确地指出了刑罚在处置犯罪上的有限性，即"刑罚是有限的，犯罪是无限的，以有限的刑罚对付无限的犯罪，是社会的一种无奈的选择。因此，宽容和节俭用刑是社会最明智的选择"。[1]因此，与之对应的刑罚内容自然就是宽容或者说是宽缓的。另一方面在于轻刑观和轻刑刑罚符合刑罚人道主义，刑罚人道主义要求刑罚对犯罪人加以关注和尊重，禁止酷刑和过于严厉刑罚所带来的不必要的侵犯，轻刑观则是秉持这一理念并以轻刑刑罚内容践行的。除此之外，轻刑观和轻刑刑罚蕴含着刑罚量的内容，即刑罚量的多与少不是直接关联到犯罪率的高与低，"刑罚量与犯罪率不是简单的反比关系，并不是只要加重刑罚，就能减少犯罪"。[2]因此，轻刑刑罚内容相比于重刑刑罚反而更具刑罚效益。因此，由轻刑观指导下的轻刑刑罚构

---

〔1〕 邱兴隆：《刑法理性导轮——刑罚的正当性原论》，中国政法大学出版社1998年版，第3页。

〔2〕 储槐植：“认识犯罪规律，促进刑法思想现实化——对犯罪和刑罚的再思考”，载储槐植：《刑事一体化》，法律出版社2004年版，第173页。

筑而成的轻刑体系在应对犯罪方面自然有其特定的功利性刑罚内容。

轻刑体系最基本的特征就是以监禁刑和财产刑为中心与以非监禁刑为中心内容。具体到轻刑刑罚体系，从整体上看表现为刑罚惩罚总量的减少，细分到刑罚种类则表现为非监禁刑和适当的监禁刑的结合，典型的为财产刑、资格刑以及社区刑罚等类别；再到刑罚配置就表现为非监禁刑的广泛分布和高比例的设置、幅度较小和期限较短的监禁刑的刑罚量度设置，典型的为罚金刑作为法定刑内容在绝大部分罪名的法定刑中予以设置，监禁刑期限多为短期剥夺自由的刑罚设置以及刑罚幅度波动不大，不像重刑配置那样低至管制刑或拘役刑高至死刑。因此，由轻刑化的刑罚种类和刑罚配置构建而成的刑罚体系也归属于轻刑体系范畴。当然，太过于轻的刑种和刑度也非轻刑体系的内容，其本质上是在肯定刑罚积极作用的基础上尽可能地实现惩罚与预防的双重效益，进而达到控制和减少犯罪的最终目的。在轻刑观和轻刑刑罚成为主流的前提下，轻刑体系也一直被倡导。

尽管轻刑体系在一定程度上能避免重刑体系应对犯罪和处置犯罪人的不足，但是，轻刑体系自身也同样会使其陷入尴尬境地。尤其是在面对犯罪情势严峻与犯罪势头高涨的局面时，轻刑体系难免会显得有些无力。因此，这就意味着无论是重刑体系还是轻刑体系，都不能执意于非重即轻或非轻即重，唯有轻重结合的刑罚体系方才合理、恰当。因此，总体以轻刑体系为基础，其中加入适当重刑刑罚将是科学的刑罚体系内容。

(三) 我国重刑化刑罚体系

基于重刑体系和轻刑体系的清晰界定，我们可以发现，我国现行刑罚体系依然表现出了一定的重刑化刑罚体系特征。不过，相对于早期重刑体系，我国现行刑罚体系事实上是融入了轻刑观和轻刑刑罚内容的立法产物，已不同于以往。但是，其却还属于重刑化倾向的刑罚体系。之所以如此，主要在于我国现行刑罚体系的刑罚内容设置与重刑体系相类似。

纵观我国现行刑罚体系，从整体上来看，上文已总结出其是自由刑主导下的刑罚体系，自由刑本身以监禁为核心，且自由刑在我国刑法分则十大罪名中均占据高比例，换言之，自由刑已基本覆盖了全部罪名，其中尤其以有期徒刑最为典型。而自由刑作为主导的刑罚被认为是重刑的内容已是毋庸置疑的事实，因此，我国现行刑罚体系整体便存在着偏重倾向的刑罚。具体到刑罚种类的设置，长期自由刑在我国刑罚种类中成为主导，即有期徒刑和无期徒刑作为重要刑种。之所以如此，一方面是由于我国不断削减死刑之后需要以长期自由刑作为主要的替代方式，另一方面则是基于长期自由刑在回应犯罪处罚上的惩罚和改造的有利性，进而使得我国现行刑罚种类也呈现出了偏重化趋势。而且，作为轻刑刑种的罚金刑被置于我国刑罚体系的附加刑之中，在地位上明显较弱，加之资格刑种类单一因而难以发挥轻刑效应。再者，尽管我国已经降低了死刑的地位并减少了死刑罪名的数量，但是其依然存在并能适用于非人身严重犯罪。因此，我国现行刑罚体系在刑罚种类上自然会呈现出重刑特征。

同时，在刑罚配置上，我国现行刑罚体系也表现出了重刑化特征。就刑罚种类与不同罪名配置法定刑而言，以死刑、无期徒刑或者有期徒刑作为法定刑最高上限的罪名依然很多，并且，相较于1997年《刑法》的刑罚配置，现行刑法在此设置上无疑增加了许多。而且，刑罚幅度的差距也较大，即最高法定刑为死刑、无期徒刑或者有期徒刑时，最低法定刑会出现管制

第二章　我国现行刑罚体系的基本特征

刑,这种现象在以有期徒刑作为法定刑最高上限的情况下更是明显。正因如此,有期徒刑和无期徒刑在法定刑中的设置也广泛分布在各罪名当中。自《刑法修正案(九)》之后,刑罚配置上更是出现了"终身监禁"的处罚内容,即现行《刑法》在贪污贿赂犯罪的法定刑中适用特定的终身监禁刑罚。[1]除此之外,虽然罚金刑的适用范围在近些年的刑法修正中不断得以扩大,即罚金刑在各罪名的法定刑中比例逐渐提高,但是,我国将罚金刑作为附加刑的一种且罚金刑往往以并处的方式被配置在法定刑当中,这实质上就是变相加重刑罚的处罚内容,给予重刑以前提。刑罚配置本身就将长期自由刑大量设置于各罪名的法定刑之内,再加之并罚式的财产刑或资格刑自然就加深了刑罚的量度。因此,此类刑罚趋重化的配置难以将整体刑罚纳入轻刑范畴之内,而应被归入重刑体系。

我国现行刑罚体系的形成并非一蹴而就,其不仅受几千年重刑观和重刑刑罚内容的影响,还在法治进程中受轻刑观影响而吸收了一定程度的轻刑刑罚的内容。不过,浓厚的重刑色彩仍然在我国弥漫,尤其是面对严重犯罪时还依赖重刑处置。其一方面符合我国广大公众的刑罚心理需求,另一方面则能保障

---

〔1〕《刑法》第383条规定:"对犯贪污罪的,根据情节轻重,分别依照下列规定处罚:(一)贪污数额较大或者有其他较重情节的,处三年以下有期徒刑或者拘役,并处罚金。(二)贪污数额巨大或者有其他严重情节的,处三年以上十年以下有期徒刑,并处罚金或者没收财产。(三)贪污数额特别巨大或者有其他特别严重情节的,处十年以上有期徒刑或者无期徒刑,并处罚金或者没收财产;数额特别巨大,并使国家和人民利益遭受特别重大损失的,处无期徒刑或者死刑,并处没收财产。对多次贪污未经处理的,按照累计贪污数额处罚。犯第一款罪,在提起公诉前如实供述自己罪行、真诚悔罪、积极退赃,避免、减少损害结果的发生,有第一项规定情形的,可以从轻、减轻或者免除处罚;有第二项、第三项规定情形的,可以从轻处罚。犯第一款罪,有第三项规定情形被判处死刑缓期执行的,人民法院根据犯罪情节等情况可以同时决定在其死刑缓期执行二年期满依法减为无期徒刑后,终身监禁,不得减刑、假释。"

我国刑法社会保护机能的实现，因而难免会使刑罚继续依照重刑化的趋势发展。当然，我国在刑罚体系中也适当地减少了重刑化内容并加入了轻刑化内容，典型的为减少死刑的配置、扩大财产刑的适用范围与丰富资格刑刑罚方式等。但这些刑罚内容却没能从本质上改变重刑刑种和刑度的选择、确立和设置，我国刑罚体系还保持着较大程度的重刑倾向。因此，无论是从我国整体的刑罚处罚观念还是现行刑罚体系内容，均表现出重刑特征。

综上所述，本书从四个角度对我国现行刑罚体系进行了阐释，意在更为清晰地呈现出我国刑罚体系的基本特征。其中不仅包含着主观理论视角下的分析，还结合客观规定中的具体内容，进而在主客观相一致的基础之上较为全面地认识和理解我国现行的刑罚体系。

本章小结

本章在基础理论的依托下，着眼于我国现行刑罚体系的客观现实内容，旨在分析其基本特征，主要表现为以自由刑为中心的刑罚体系、预防刑罚体系、"宽严"刑罚体系与重刑化刑罚体系等四大特征。首先，从刑罚种类出发，抛出以自由刑为中心的刑罚体系这一论点，通过对我国现行刑罚体系中设置的自由刑的分布数据进行列表分析论证之后，我们可以很清楚明确地得出我国现行刑罚体系呈现会出自由刑为中心的刑罚体系特征。其次，从刑罚目的视阈切入，结合目的论作用下形成的报应刑罚体系、预防刑罚体系与综合目的刑罚体系等三类不同的具体刑罚体系内容，反观我国现行刑罚体系，无论是刑罚种类还是刑罚配置的现实规定均较多地以威慑、一般预防与特殊预防的刑罚内容为主，因而使得我国现行刑罚体系表现出了预防

第二章　我国现行刑罚体系的基本特征

刑罚体系特征。再次，从刑事政策的视阈予以观察，我国本身经历了"严打"到"宽严相济"刑事政策的转变，如今依然受后者作用与指导，自然就形成了与之相对应的"宽严"刑罚体系内容。只不过就现行刑罚体系而言，虽也作出适当宽缓的刑罚规定，但依然稍显严厉。因而，我国现行刑罚体系表现出"宽严"刑罚体系下整体以严为主的刑罚体系特征。最后，从刑罚力度视阈考量，在重刑体系与轻刑体系的差别对比下，我国现行刑罚体系由于保留死刑、加重生刑等刑罚内容还保持着重刑化刑罚体系的特征。以上特征是通过我国现行刑罚体系的现实规定所表现出来的，同时也是刑罚目的观、刑事政策观和刑法社会机能观作为刑罚体系三个基本理论范畴在我国现行刑罚体系中的展示。因此，这就意味着我国现行刑罚体系是理论作用下的产物，因特定的理论而形成特定的内容，在理论不断发展的同时刑罚体系这一现实制度也在逐渐调整和优化，从而使我国刑罚更加适应于对犯罪的处置。

第三章 我国现行刑罚种类设置

我国现行刑罚体系中设置的刑罚种类是以主刑和附加刑的方式加以列明的。主刑包括管制、拘役、有期徒刑、无期徒刑和死刑五种；附加刑则包括罚金、剥夺政治权利、没收财产和针对外国人的驱逐出境四种。这些刑罚种类自1979年《刑法》起就被我国选择和确立下来并沿用至今，无论是居于主导地位的主刑还是位于辅助地位的附加刑，均因自身蕴含的特定内容而各有其意。不过，随着刑罚不断向前发展，刑罚种类也经历了调整和转变，典型的为身体刑和生命刑作为刑罚大类别的逐渐废止，取而代之的是非监禁刑罚（如社区刑罚）的兴起和扩展。因此，反观我国现行刑罚体系设置的刑罚种类，多次刑法修正案的修订依然没有动摇主刑和附加刑的刑种设置，这一方面展现了特定刑罚稳定性，另一方却暴露出了刑罚种类已经存在的诸多问题。而刑罚种类又是刑罚体系中的重要部分，因此在研究我国现行刑罚体系时，势必需要先将刑罚种类的问题加以厘清方能更好地分析刑罚体系整体。本章主要是对我国现行刑罚体系中的刑罚种类设置进行详细的阐释，重在揭示刑罚种类的问题，至于具体如何解决问题笔者将在本书的完善部分加以叙述。

一、死刑存废问题

目前，对于我国刑罚种类而言，死刑依然作为重要刑种存在于主刑当中。死刑是以生命为刑罚处罚的内容，这便意味着一旦判处死刑就直接剥夺犯罪人的生命，而以生命为基础的各种权利自然归于零，其严厉性是刑罚各种类之最。也正因如此，死刑存废问题一直受到关注，死刑究竟应该被保留还是被废除经历了许多年的争论，至今都未休止。

"在刑罚史上，死刑是一种最为悠久的刑罚种类，从人类具备生命意识开始，就同时获得了剥夺生命价值的灵感，可以说，死刑的发展与整个人类共同体的发展气脉相通。"[1]具体说来，死刑这一刑罚种类自国家设置刑法伊始就被确立下来，其最早源于刑罚报复，即"以眼还眼、以牙还牙"的绝对惩罚观，杀害他人的代价就是被处以死刑，这不仅是国家主观追求的刑罚目的，也是当时社会大众的情感要求。倘若犯罪剥夺了他人的生命，那么刑罚就必须处之以对等的刑罚才是公平正义的；倘若犯罪剥夺了他人的生命，刑罚不处以生命刑而是其他剥夺自由的刑罚反而会显得不公平正义。换言之，这实则是刑罚绝对公正作用下的结果。不可否认，早期报复到报应的刑罚目的观以刑罚的公正为目标，刑罚则以罪刑相当为基准设置具体内容，针对严重犯罪的情形，死刑在刑罚中有其特定的空间，而且也因其严厉的刑罚惩罚在一定程度上遏制住犯罪的发展。尤其是在刑罚威慑效用受到极大推崇的时代，死刑具备的高强度威慑力受到了极大的重视，典型的为早期奴隶与封建统治时期。死刑在我国或者其他国家均居于各刑之首，且死刑罪名的设置也

---

〔1〕 张文：《十问死刑——以中国死刑文化为背景》，北京大学出版社2006年版，第1页。

得以扩大。反观我国,死刑更是延绵数千年未绝。因此,死刑可以说是一种古老且重要的刑罚种类。不过,随着启蒙运动的扩展、人道主义的兴起以及人权观念的深化发展,加之犯罪现象多元化和犯罪多因素研究的推进,刑罚观也从报应转变为预防,摆脱了只是注重单一刑罚威慑效用的惩罚犯罪观念,更多的是加强了对犯罪人和减少犯罪的关注。因而,死刑以严厉威慑为内容的刑罚受到了诸多否定,尤其是其自身具备的残酷性更是遭到了广泛的质疑,废除死刑成了反对者们要求刑罚调整和发展的重要内容。国际社会也通过了诸多文件,如《世界人权宣言》和《公民权利和政治权利国际公约》等,以呼吁废除死刑。与此同时,对死刑刑罚的否定和质疑也遭到了死刑拥护者的强烈反对,他们认为,死刑是有必须存在的道理的。这就导致赞同死刑作为刑罚种类之一的有其存之理由,不赞同死刑作为刑罚种类继续存在的也有其废之观点,进而导致双方就死刑是存是废问题展开了愈加激烈且持久的争论。至今为止,死刑存废依然还被作为刑罚中的重要问题继续被讨论着。

(一)存之合理

主张保留死刑的学者们坚定地认为,对犯罪人处以死刑是符合公平正义价值、符合人道主义要求、符合遏制犯罪需求以及符合民众情感意愿的刑罚,因而,在刑罚种类中继续设置死刑对于构筑完整刑种内容而言是十分必要的。

1. 死刑符合公平正义价值

公平正义,即为公正的价值内容,体现在刑罚上就是刑罚根据犯罪作出相应的处罚以彰显公平和正义。基于早期"杀人偿命"的朴素正义理念和报复、报应刑观的作用,死刑本身在刑法设置刑罚之初便得以存在,对于"以命抵命"的死刑刑罚而言,其正好能够体现出了公正价值。尤其是在绝对公平正义价值观作用下,死刑符合罪与刑的对称或均衡。"谋杀者必须处死,在这种情况下,没有什么法律的替换品或代替物能够用它们的增或减来满足正义的原则。没有类似生命的东西,也不能在生命之间进行比较,不管如何痛苦,只有死。因此,在谋杀罪与谋杀的报复之间没有平等问题,只有对犯人依法执行死刑。"[1]这意味着与生命相等同的就只能是生命,其他任何刑罚都无法与生命的价值相比,这种生命与生命的等同才是最为公平且正义的刑罚方式,即死刑所剥夺的生命权益与犯罪人所侵害的生命权益是平等的,因而死刑自身蕴含着公正性价值。

而且,从西方社会契约论这一视角出发,死刑也是符合公平正义的。"任何人要求得到国家对生命的保护,便必须赋予国家以剥夺自身生命的权力。国家所拥有的死刑权便正是产生于对生命的保护与剥夺亦即目的与手段的同一对应性之中。"[2]国家所执行的死刑权力是公民对自身生命权的让渡,这并非是将自己的生命让给他人随意处置,而是给予国家对那些剥夺自己生命的人处以死刑的权力,实质上是将个人生命权利转变为国家死刑处置权力。由此,这种生命权利的让渡意味着在自身生命遭到侵害之后需以侵害者的生命作为对等的惩罚内容,这也进一步反映出死刑是报复与报应观下的刑罚要求。

当然,死刑作为剥夺生命的刑罚,相较其他刑罚种类而言有其特殊的不可挽回性和撤销性。基于此,主张废除死刑的学者们就将其作为死刑应当废除的依据。但是,死刑保留论者则认为错误的死刑适用是可以通过现实的规制(比如程序的严格

---

[1] [德]康德:《法的形而上学原理——权利的科学》,商务印书馆1991年版,第166页,转引自胡云腾:《存与废——死刑基本理论研究》,中国检察出版社2000年版,第109页。

[2] 胡云腾:《存与废——死刑基本理论研究》,中国检察出版社2000年版,第108页。

控制、评判标准的细化以及司法人员素质的提升等）加以规避的。况且，即使还是存在错误的可能，这种较低的可能性与保障公平正义的刑罚相比也是可以被忽略的，因此，死刑作为绝对公平正义的体现应当被保留在整体刑罚体系当中。

2. 死刑符合人道主义要求

人道主义是在思想解放的文艺复兴时期兴起并被逐渐扩展开来的社会思潮，其除了影响刑罚理念和刑罚学理论的发展之外，还涉及政治学、哲学及伦理学等诸多领域。人道主义本身即强调以人为出发点和落脚点，对人加以关注和重视。就刑罚人道主义而言，在人道主义主旨基础上，其具体包含三方面涵义："第一是保护与尊重犯罪分子的人格尊严。犯罪分子即使涉嫌犯罪而被公权力机关控制，也享有自身人格尊严的保护和尊重，并不因此而丧失人格尊严。第二是禁止把人当作达到特定刑罚目的的一种工具。犯罪分子是因其罪责而受刑罚，并非作为手段如作为惩戒社会公众的先例而受刑罚的，其是作为伦理道德上独立自主的人格主体而存在的。第三是禁止使用残酷而不人道及蔑视人权的刑罚手段。文明的、人道的刑罚理应回归理性：对犯罪分子处以刑罚制裁并非只是将其作为刑罚的客体，而应以积极的态度对其予以教育或矫治使其复归社会。"[1]简言之，刑罚人道实际上就是追求刑罚的宽容和文明，从而保障犯罪人的基本权利和人格尊严，而在刑罚种类设置上则表现为非过分的刑种。在刑罚人道主义作用下，身体刑的非人道性已被认同。但对于死刑是否符合人道主义要求，学界则未能达成一致意见。

死刑保留论者认为，死刑符合人道主义的内在要求。首先，刑罚人道主义所要求的是对人格尊严的保障和对基本权利的维

---

[1] 参见黄华生、舒洪水：《死刑适用的原理与实务》，中国人民公安大学出版社2012年版，第43页。

护,这种人格尊严和基本权利均是以人为基底的,但是,作为实施犯罪的人来说,其由于犯罪而不能成为正常的人,因而也就丧失了为人的前提,自然也就不存在人格尊严和权利。其次,刑罚的人道性以对被害人的人道为视角,死刑的刑罚处罚方式是对被害人生命的基本尊重和人道的要求,即对被害人及其亲属的人道。最后,死刑这一刑种并非是绝对残酷和过分的刑罚,相较于限制减刑和假释的终身监禁刑的永久性刑罚给犯罪人带来的痛苦和折磨,死刑的残忍程度与其相差无几,其令人绝望的程度甚至还不及终身监禁。"让罪犯在监狱中长期忍受刑罚的折磨,不如将其执行死刑。"[1]因此,死刑是符合人道主义要求的当然存在。

3. 死刑符合遏制犯罪需求

刑罚是对犯罪的否定和对犯罪人的处罚,其不仅是回应犯罪的事后惩罚性措施,也旨在通过自身的规定达到事前遏制犯罪的目的。死刑作为刑罚种类中最为严厉的一种,也是以刑罚最为基本的遏制犯罪或减少犯罪为最终目的的。

死刑所产生的威慑力是诸多刑罚种类中最大的,即便是在法治高度发展的时期,任何一个国家都还是会出现一些严重危害国家安全、严重破坏社会秩序和严重侵犯公民人身权利的犯罪现象,典型的为恐怖活动犯罪等,而死刑的保留有利于发挥其严厉的威慑力以遏制严重犯罪的发生。基于犯罪是由行为人自由意志所决定的行为,在犯罪前衡量犯罪代价时,理性的人都具有天然的趋利避害本能,考虑到人的生命只有一次,倘若连生命都不复存在,也便没有了其他意义,因而正常理性的人会因为惧怕死刑不作出犯罪的选择。因此,死刑会因具有特殊

---

[1] Robert M. Baird and Stuart E. Rosenbaum, *Punishment and The Death Penalty: The Current Debate*, Prometheus Books, 1995, p. 213.

的威慑力而发挥特定的遏制犯罪的效用,并且这种最为严厉的刑罚所具备的威慑力也会是犯罪的最大遏制力或阻力。

而且,对于极其严重的犯罪而言,死刑的设置和适用是从根本上剥夺犯罪人再犯罪的重要刑罚方式,进而可实现刑罚预防犯罪的目的。即死刑将犯罪人的生命予以直接剥夺,至少对犯罪人自身而言是不可能再实施任何犯罪的,可以直接、有效地达到预防重新犯罪的效果。更何况,在其他刑罚都无法有效遏制犯罪和阻止犯罪人再犯罪的情形下,死刑的存在将是惩治犯罪人使其不致再对社会带来危害的唯一可行的刑罚方法。日本的冈田朝太郎就提出过:"死刑是国家对付给社会带来重大危害并且绝对不治的罪人的手段。"[1]同时,这种针对严重犯罪的死刑的唯一适用性也会使意图犯罪的人或社会不稳定分子惧怕刑罚而不敢实施犯罪行为,进而达到刑罚一般预防的效果。这也是死刑遏制犯罪的一种有效内容体现。

因此,死刑保留论者看来,死刑因其内含的强大威慑力和有效预防犯罪的作用而符合遏制犯罪的需求,这是其得以存在的重要依据。

4. 死刑符合公众情感意愿

刑罚以其明确的内容示于公众面前,尤其是死刑这种剥夺生命的刑罚更是被公众所知悉,可以说,死刑是公众在诸多刑罚种类中最为了解的。一方面,死刑刑罚本身就较为简单明了且贯穿古今;另一方面,死刑涉及的是生命权利,因而受到了社会公众的广泛关注。因此,对社会广大公众而言,死刑的存废都会给他们带来直观的情感影响。

死刑符合公众的情感意愿是坚持保留死刑的学者们的重要

---

[1] 李海东主编:《日本刑事法学者》(上),法律出版社1995年版,第34页。

观点之一。具体原因首先是传统刑罚目的观作用下的报应理念已在公众心中造成深刻的影响。"杀人偿命、以命抵命"的朴素正义理念在以报应为中心的传统刑罚目的观支撑下，轻易地使公众形成刑罚绝对等同的心理需要。尤其是对实施侵害生命行为的犯罪人而言，被害人亲属首当其冲的反应便是一命换一命，即在刑事法律上就理所当然地要求运用刑罚处死犯罪人。尽管刑罚目的经历了转变的过程，已走向更为科学的综合目的观，但公众内心的情感需求和意愿依然受传统报应观的指引且积淀深厚，死刑在很大程度上仍然是公众对待极其严重犯罪的刑罚诉求。其次是死刑在刑罚体系中长期存在，尤其是对于我国而言，更是存续了数千年，至今还将死刑作为刑罚种类中的一种置于现行刑罚体系之内，因而，死刑符合社会公众对安全的心理需要或满足公众期望安全的主观意愿，换言之，死刑一旦被废除必然会给广大公众带来不安全感。这不仅是死刑的客观历史性存在，也是公众情感的现实反映。在公众看来，倘若没有死刑，杀害他人的刑罚代价便只是在监狱中服刑，这不仅是对被害人生命的轻视，甚至会更加纵容杀人者，且激励其他意图犯罪的人走上犯罪之路，进而使整个社会都被笼罩在不安的氛围之中。最后，在对社会公众进行是否支持死刑意愿的调查中，支持死刑的占较大比例，进而充分反映出死刑是符合公众内心情感和意愿的。我国在死刑存废相关问题上也做过多次民意调查。比如，"1995 年中国社会科学院法学所进行的第一次关于刑法中死刑罪名多少的民意调查数据中显示，死刑罪名太多的占 3.04%；不多的占 42.2%；合适的占 31.48%；太少的占 22.47%；对任何犯罪都可以处死刑的占 0.78%"。[1] 显然，除

---

[1] 参见胡云腾：《存与废——死刑基本理论研究》，中国检察出版社 2000 年版，第 342 页。

了少数认为死刑罪名太多的公众（3.04%）以外，大多数公众都是支持死刑设置的，且极少数人还十分推崇死刑以至于认为无论何种犯罪均可适用死刑。"在2005年又进行的一次大规模社会公众对死刑的态度调查数据中显示，强烈支持死刑的占10.9%；支持的占56.4%；中立的占16.4%；反对的占9.4%；强烈反对的占1.9%；没有意见的占5.0%。"[1]显而易见，即使经过了十年的时间，社会公众中的大多数依然支持死刑。这可以充分说明公众是相信死刑和需要死刑的。

因此，基于社会公众在主观上保留的报应观和依赖死刑的安全观以及客观的调查数据，死刑是符合公众情感意愿的，其有存在的公众情感支持或基础。

综上，在坚持死刑刑罚的学者们看来，无论是从公平正义价值和人道主义的内在要求出发，还是从现实的遏制犯罪需求与公众情感意愿表达出发，死刑都具有其继续得以保留的合理依据。

（二）废之应当

一般来说，将死刑加以废除的理由往往就是质疑死刑得以保留的诸多观点，因而，提倡废除死刑的学者们往往一致地认为，对犯罪人处以死刑与公平正义价值不相符、违背人道主义要求、无法满足遏制犯罪的需求以及不符合民众情感意愿。因此，从本质上而言，死刑是不必要的，同时也并不是有效的刑罚方法。因此，在刑罚种类中取消死刑的设置方能体现较为科学且有效的刑罚内容。

1. 死刑不必要

无论是在对刑罚种类的选择、确立，还是量度的配置上均应当保证其内容与公平正义价值相符合，这是无可厚非的。没

---

[1] 参见康均心：《理想与现实——中国死刑制度报告》，中国人民公安大学出版社2005年版，第28页。

有公正的刑罚立法内容作为依据,刑罚也就不可能成为显示公正的途径。但是,刑罚对公正的追求并非绝对的以形补形,而是相对的公正。一方面,刑罚论的不断发展使得刑罚目的观从纯粹的等量或等害报应转变为等价报应,且最终规范报应观或法律报应观成为报应观的主流,这种转变无疑是在否定过去的刑罚理念而追寻新的理念。因此,早期公正价值的理念已然被摒弃,因而在以命抵命的朴素公正价值影响下的死刑就只是过时的刑罚,已不适应于新时期刑罚的发展。另一方面,生命与生命间相互对等的刑罚处置只是形式上的公正,而非是实质上的公正。或者说:"此种形式上的以命换命的价值均衡是相当虚幻的,其实质是以公正为幌子,对事实不公的极度掩盖和伪饰。"[1]这主要是因为随着刑罚相关理论的逐渐发展,除却刑法学的深厚积淀以外,犯罪学的兴起和扩展在认识犯罪问题上另辟蹊径。其以犯罪现象为研究前提,广泛探讨犯罪原因以及找寻解决犯罪的多方面措施。在此基础上可知,犯罪是由众多因素共同导致的结果,不仅有犯罪人自由意志的选择,也有被害人的催化以及社会大环境与一些制度的作用。因此,杀人犯罪便不单纯是杀人行为,背后还蕴含着很多促使杀人行为得以做出的原因。因而,在处罚时,应当考虑到犯罪的多元化缘由,否则,对犯罪人而言便是不公平或非正义的。基于此,死刑支持者所持的死刑符合公平正义价值的观点在犯罪复杂多变、犯罪原因多元以及刑罚方式多样的时期是没有现实依据的,换言之即其所强调的死刑的公正性不过是形式要求而已。同时,死刑的威慑只是短暂的,刑罚惩罚的延续性痛苦和折磨给犯罪人的感受更加深刻。因此,死刑并非是现代公正的刑种体现,加

---

[1] 张文:《十问死刑——以中国死刑文化为背景》,北京大学出版社2006年版,第21页。

之死刑固有的难以回转特性，即便是错判的概率再小也依然要考虑其存在的可能性，因此死刑也非必要的存在。

死刑也是与人道主义要求相悖的刑罚种类。"人道主义思想的不断影响使得刑罚目的已逐渐从同态复仇观的单纯报复，发展到古典学派的绝对报应主义和相对报应主义，再发展到关注人类自身的目的刑理论，进一步发展到认为刑罚就是为改善人而服务的教育刑和改善刑的思想，更进一步发展到认为应把尊重和保障人权的人道主义作为刑罚的核心内容。"[1]基于此，人道主义首先就是对人的尊重。诚如死刑保留论者所坚持的一旦正常人实施犯罪行为成为犯罪人便不能被视为人的观点是不恰当的，即便是犯罪人，在被判处和执行刑罚前后也依然有其作为人的基本权利。死刑作为刑罚只不过是一种被国家合理化了的杀人行为，其本质还是对以生命为基础的基本人权的剥夺。其次，死刑并非是从被害人角度来讲的人道，而应是相对于犯罪人而谈的人道。或者说，从被害人角度的死刑适用更多的是刑罚是否公正这一问题所关注的而非人道，因此死刑保留论者实际上作出了混淆视角的论断。纵使需要满足被害人的人道需求，对犯罪人处以死刑的方式反而是将犯罪人不当人，即刑罚是把犯罪人当作实现诸多目的的手段或工具。这就意味着犯罪人毫无人权可言，其更是直接与人道主义内涵相背离。最后，死刑本身就是残酷、不人道或不文明的刑罚种类。以生命为内容的刑罚本质上是从根本上剥夺人权或人道的方式，至少对犯罪人而言是残酷的。虽然死刑可以避免长期自由刑的痛苦和折磨，但是，死刑仍然无法摆脱其断绝生命、分离肉体的刑罚内容，这同早期身体刑一般残酷或更甚。况且，死刑的残酷也是

---

〔1〕 贾宇主编：《死刑研究》，法律出版社2006年版，第74页。

国际人权界的共识,即"死刑在根本上是残忍的、不人道与堕落的刑罚"。[1]基于以上理由,废除死刑论者认为死刑是非人道的刑罚种类,其不符合人道主义的要求。

因此,死刑既不是公平正义价值的必然反映,也违背人道主义的特定内涵。而且,随着"宽严相济"刑事政策在各国的确立,以宽缓为主导的刑罚体系将死刑刑罚置于一种尴尬的境地。同时,建立在刑法社会机能这一基础之上的刑罚体系追求的是构筑以人权保障机能为主的整体刑罚内容。保障人权自然归属于人道主义内容之内,死刑显然是与保障人权相悖的存在。因此,在法治国家发展、社会文明进步以及刑罚轻缓化趋势的大背景下,死刑作为非必要性存在应当被废除,即应从刑罚体系中取消死刑刑种的设置。

2. 死刑非有效

死刑无法从本质上满足遏制犯罪的需求,或者说,其无法真正控制犯罪和减少犯罪。首先,死刑威慑力的有限。死刑堪称是刑罚种类中最为严厉的一种,对犯罪人施加强制性惩罚有其特定的威慑力,这种威慑效力是刑罚自身所具有的。因此,死刑的威慑力是不可抹杀的,不过,最为严厉的刑罚并非是直接产生最大的威慑力。"死刑本身肯定具有威慑力,但是死刑与终身监禁的威慑力相比,前者的威慑力并不大于后者。"[2]这就意味着,死刑的威慑力是有限的,且会因其严厉性而造成相反的影响。毕竟死刑是剥夺个体生命的刑罚,因此,死刑给予公众的威慑力就会形成犯罪必死的心理反射,这反而会使犯罪更

---

[1] 邱兴隆主编:《比较刑法》(第1卷:死刑专号),中国检察出版社2001年版,第87页。

[2] 高艳东:"从契约论到强迫论:废除死刑坎坷中的突破",载陈兴良主编:《刑事法评论》(第16卷),中国政法大学出版社2005年版,第7页。

为严重或破坏更大，进而不仅难以呈现其威慑力，还会给国家、社会或他人带来更大的危险，典型的为报复社会型犯罪等。正如边沁所指出的："残酷的法律会通过恐惧、模仿或培养复仇精神使人变得残酷。"[1]因此，从遏制或者防控犯罪的角度出发，死刑的威慑力效应是有限的，其效果也是较差的。其次，死刑无法从根本上实现刑罚预防犯罪的目的，反而剥夺了犯罪人复归社会的机会和重新做人的可能性。现代刑罚目的以预防和教育为主旨，强调对犯罪人施加合理、有效的教育或改造，从而达到对犯罪的预防。单纯的犯罪与刑罚的绝对等同不过是满足单一的刑罚惩罚要求，对深入防治犯罪并不产生实际效果。尤其是死刑这种简单粗暴且仅具一时性的刑罚，只在一定时期内产生或多或少的影响，难以维持其刑罚强度并易于被忘却。这就意味着，死刑的作用不过是一种短暂的刑罚效应，无法为犯罪的防控作长远考量。因此，死刑并不是一种可以绝对有效地减少或控制犯罪的刑种。同时，死刑的固有特征是一次性，因而也不存在后续规制和矫正犯罪人的内容。正因如此，才会出现死刑是从根本上剥夺犯罪人重新犯罪的刑罚。但是，犯罪的必然性和多因性证明犯罪现象是客观存在的社会现象，而且是多种因素共同作用的产物。因此，死刑只能说是消除一个显性的犯罪人和处置一个已然的犯罪行为，而并非是对犯罪的消除，也不能够从本质上防止其他人实施犯罪。尤其是对犯罪人一味地按照犯罪行为的构成和法定刑罚量度的规定确定死刑，不综合考虑犯罪的各个方面，实际上是断绝犯罪人再回归社会的可能且无益于犯罪的减少。因此，鉴于死刑的有限威慑力与预防犯罪的不可估性，死刑难以遏制犯罪，简言之即死刑在解决犯

---

[1] [英]吉米·边沁：《立法理论——刑法典原理》，孙力等译，中国人民公安大学出版社1993年版，第150页。

第三章 我国现行刑罚种类设置

罪问题上效用不大。

死刑在一定程度上也不符合社会公众情感。首先,传统刑罚目的观经历了社会变迁和刑罚目的论的发展完善,公众的刑罚理念已经得到了适度的转变,换言之,纯粹的报复和报应以及偏激的预防观已得以改善。在处罚犯罪人时,社会公众并非完全表现为绝对的对等需求,典型的为被害人或亲属的原谅日益成为一种重要因素并作用于刑罚的确定以及刑事和解的促成等。随着法治国家的构建、法治观念的深入发展和轻刑化的扩散,社会公众逐渐意识到死刑的残忍与死刑所带来的宽慰是有限的,进而发生了刑罚观念的改变。尽管还存在一定的传统报应理念作用,但在总体上已得到调整。至少当下,整体社会对犯罪人的容忍度较以往更为宽容,或者说是对死刑刑罚的残忍更为认同。在社会公众的心里,相比较用死刑惩罚犯罪人,其更愿意给予真心悔过的犯罪人以机会或更相信其能被教育矫治而重新做人。因而,社会公众的刑罚观已经转变成更为积极的预防和教育刑理念。其次,死刑存在与否同社会公众的安全感高低并无直接关联,或者说只是社会公众安全感的一个小方面而已。死刑与公众安全感之间并非是绝对的正比关系。不可否认,在犯罪形势高涨或严峻的局面下,对犯罪处以死刑确实能让公众感到大快人心并导致安全感上升;在犯罪形势平稳或相对不严峻的局面下,死刑刑罚的适用反而会使公众恐惧。同时,由于公众感知犯罪的程度不同,并且一些公众自己或周围都不曾经历或发生犯罪,因此,安全感的程度自然会出现差异。但对于死刑则每个公众都有所认知,因此在死刑与安全感的关联上就存在或正比或反比的关系。最后,就社会公众对死刑存废的现实调查而言,其本身是存在弊端的。虽然关于死刑的社会公众意愿的调查会由于问题设置的不同而得出不同的数据结果。

比如,"美国的调查问卷中,死刑的民意支持比例在当被问及有'无期徒刑代替死刑'这一选项时,民众对死刑的支持比例会明显降低,不同的调查时间也会影响民众的死刑支持率,在社会秩序混乱、暴力事件频发的时间段内的死刑的民意支持率会高于社会稳定的社会阶段,所以调查问卷的结果并不能当然地代表民意的选择"。[1]而且,社会公众的意愿本身也会存在波动,一时支持一时反对,没有较为一致的标准,所以,更不利于反映其对死刑存与废的真实意愿。

因此,基于死刑在遏制犯罪方面的有限作用,社会公众在主观上的刑罚观转变与不完善的民意调查数据显示,死刑不是刑罚处置犯罪的必需手段,也不是社会公众在刑罚方面的特殊指定需求,因此,死刑的存在并不能产生积极有效的反应。

综上,在主张废除死刑刑罚的学者们看来,无论是从公平正义价值和人道主义的内在要求来看,还是从现实的遏制犯罪需求与公众情感意愿表达来看,死刑既不是必要的刑罚种类也非有效的刑罚手段,因而应当被废除。

从本质上来说,支持死刑存与废的学者们各自提出的理由或依据实则是相互关联的。尽管如今世界刑罚趋势都是以废除死刑为主线,较多国家也已经开始将死刑排除在刑罚体系之外,但是死刑存在论者依然坚持其主张且还有尚未废除死刑的国家继续确立死刑在刑罚体系中的地位。所以,死刑是否废除不仅仅需要厘清理论缘由,还需要结合具体实际情况,否则纸上谈兵终究是无任何意义的。

(三)我国对死刑的规制

相较于各国逐渐废除死刑的现实情况,在我国现行刑罚体

---

〔1〕谭明星:"死刑存废问题研究",河南师范大学2015年硕士学位论文,第15页。

系中,死刑依然是刑罚中的一种。这实质上就是从我国刑事立法规制的实然层面表明死刑的特定存在。与之相反的是我国理论界较为一致地认为应当废除死刑。当然,也存在少数坚持保留死刑的学者。而且,在总体上的废除死刑观下还存在逐渐将死刑废除与尽快废除死刑的争论。"死刑绝对存在论主张死刑应长期存在,死刑废除不应是我国死刑改革的长远目标;死刑立即废除论主张我国应该毫无条件地立即废除死刑;死刑逐步废除论主张我国应该通过不断削减死刑罪名、增加死刑适用的限制条件等措施来一步一步废除死刑。"[1]目前,我国以逐渐废除论为主流。正因如此,在逐渐废除死刑观的主导作用下,我国现行刑罚体系中仍然保留有死刑这一刑罚种类。同时,结合当下我国"宽严相济"刑事政策下的具体限制死刑政策和以保护社会为主导的刑法社会机能观的理论与实践内容,我国坚持死刑的存在,但是为死刑设置了一定的限制性规定。

1. 我国死刑规定的内容

目前,我国《刑法》将死刑置于主刑当中,在刑法分则中规定有46个死刑罪名,即死刑完全被规定在刑法典内。反观美国、日本或韩国等国家,它们不仅在刑法典中规定死刑,还在单行刑法或附属刑法中也作出死刑罪名的规定。死刑是关忽生命的刑罚,因此需要以刑法典的稳定、权威和统一来加以确定,即公平与公正地设置和适用死刑。而且,对于我国而言,刑法修正案的运用已经成为解决刑法典僵化和适应社会发展的固有方式,进而使得刑法典也可以较为灵活。同时,在刑法典中规定死刑和死刑适用的诸多条件是贯穿我国刑法和刑罚发展历史全过程的。因此,我国对死刑的立法规定模式与实际国情相符

---

[1] 参见曾赛刚:《死刑比较研究》,吉林大学出版社2012年版,第33页。

合，且以刑法修正案的形式调整死刑内容也是较为合适的。

我国在刑法总则和分则中均规定有死刑适用的不同条件，主要包括基本条件、限制条件和具体条件等。首先，死刑的基本条件是其总体的适用条件，即通过我国《刑法》第48条[1]的法定内容表明，死刑只适用于实施极其严重的犯罪行为且人身危险性程度高的犯罪分子，而且，即使是能够适用死刑也还是存在死刑立即执行和死刑缓期二年执行。因此，我国实际上是在死刑这一特定刑罚种类下又规定了死缓的内容，并非是毫无余地或绝对的死刑刑罚。其次，我国还在刑法中规定了死刑的限制条件，即不能适用死刑的特殊情节。典型的为《刑法》第49条[2]的内容规定就清晰地表明特定时期的未成年人和妇女一律不能处以死刑，达到特定年龄的老年人在特定情形下也不能被处以死刑，其本质上是对死刑作出的限制。最后，死刑得以适用的具体条件，主要是在刑法分则中对各个罪名在特定情形下的死刑适用，即只有符合具体罪名的特定情形才能被处以死刑。例如，《刑法》第236条规定："以暴力、胁迫或者其他手段强奸妇女的，处三年以上十年以下有期徒刑。奸淫不满十四周岁的幼女的，以强奸论，从重处罚。强奸妇女、奸淫幼女，有下列情形之一的，处十年以上有期徒刑、无期徒刑或者死刑：（一）强奸妇女、奸淫幼女情节恶劣的；（二）强奸妇女、奸淫幼女多人的；（三）在公共场所当众强奸妇女的；（四）二人以上轮奸的；（五）致使被害人重伤、死亡或者造成其他严重后果

---

[1]《刑法》第48条第1款规定："死刑只适用于罪行极其严重的犯罪分子。对于应当判处死刑的犯罪分子，如果不是必须立即执行的，可以判处死刑同时宣告缓期二年执行。"

[2]《刑法》第49条规定："犯罪的时候不满十八周岁的人和审判的时候怀孕的妇女，不适用死刑。审判的时候已满七十五周岁的人，不适用死刑，但以特别残忍手段致人死亡的除外。"

的。"[1]这里列明的"下列情形"就是特定罪名具体适用死刑的条件,而且,类似这样的规定在我国现行的刑法规范中还有许多。不仅如此,死刑罪名的具体条件中往往存在大量的"情节特别严重"与"造成严重后果"等概括式的规定,相比于列举式的条件内容而言,会显得同死刑适用的基本条件一样抽象。对于我国刑法条文明确规定的各种死刑适用的条件而言,其互相作用(尤其是总则和分则的内容)可被概括为一般原则和个别具体的关系。"总则是关于犯罪与刑罚的共同规定,分则原则上是关于犯罪与刑罚的具体或特别规定。"[2]同时,"总则和分则,就像是刑法这辆车的两个轮子,相互依存,缺一不可"。[3]进而,对死刑刑罚的选择、确立或使用均需要综合考虑刑法总则与分则中规制死刑的内容。从基本条件、限制条件和具体条件的内容来看,我国在保留死刑的前提下也对其加以约束,即各条件都强调犯罪人所实施的犯罪行为性质极其严重。因此,我国对死刑的规制在适用条件上设置着一定的标准。

我国刑法规定的死刑能够进行适用的范围实际上就是法定刑中包括死刑刑罚的具体类罪范围。就我国现行的刑法而言,死刑在十大类犯罪中覆盖了除渎职罪之外其他九大类犯罪。虽然死刑不是九类犯罪所有罪名的固定法定刑内容,但不同类罪所代表的是不同客体的整体性属性,因此,死刑可适用的范围既包括对侵害国家、社会和个人权益的犯罪,也包括对侵害人身与财产或其他法益的犯罪。具体分布数据如下:

---

[1] 《刑法》第 236 条。
[2] 参见张明楷:《刑法分则的解释原理》,中国人民大学出版社 2004 年版,第 38~39 页。
[3] [日] 曾根威彦:《刑法学基础》,黎宏译,法律出版社 2005 年版,第 4 页。

各类罪	条文总数	含死刑条文数	所占比例
危害国家安全罪	12	7	58.3%
危害公共安全罪	35	5	14.3%
破坏社会主义市场经济秩序罪	101	10	9.9%
侵犯公民人身权利、民主权利罪	37	11	29.7%
侵犯财产罪	15	4	26.7%
妨害社会管理秩序罪	99	6	6.1%
危害国防利益罪	14	2	14.3%
贪污贿赂罪	17	3	17.6%
渎职罪	25	0	0
军人违反职责罪	32	9	28.1%
总十类罪	387	57	14.7%

显然，死刑以超过1/10的比例在我国整体刑罚体系内存在，设置于刑法分则中的死刑罪名范围也较为广泛，而且，其还涉及破坏社会主义市场经济秩序罪、侵犯财产罪与贪污贿赂罪等非人身性、非暴力性犯罪的刑罚。这就意味着我国对于死刑刑罚的分配不以严重侵害人身的犯罪为唯一标准，同时，也是对死刑适用的基本条件（即"罪行极其严重"）在分则中的回应。因此，我国规定的死刑适用范围与适用条件二者相互作用、相互影响。

基于以上对我国死刑规定内容的阐释，我国现行刑罚体系以其归属于主刑的方式呈现其重要地位。与此同时，又以各种条件和范围配置死刑的具体适用内容，在一定程度上防止死刑的扩大并对死刑的适用予以严格限制。但是，我国在保留死刑刑种的前提下作出的具体规定仍然有许多不足之处。

2. 存在的问题

死刑的保留本身与国际死刑刑罚的改革方向相悖，但是考虑到我国死刑长期存在的历史性因素、过快废除死刑的消极影响以及我国不断减少死刑的实际行动等，逐渐废除死刑是当前我国刑罚发展的恰当选择。不过，考量现行刑罚体系中死刑内容的规定，已经出现了一些不可回避的问题。

在规定死刑的适用条件方面，"罪行极其严重"的衡量标准过于抽象，难以给司法实践提供明确的立法依据。理论探讨上对"罪行极其严重"的阐释和理解也存在着相差不一的观点，即以严重的社会危害性、严重的犯罪性质、严重的犯罪情节和手段以及犯罪人自身的严重人身危险性或主观恶性的不同方面作为死刑能否适用的标准。究竟以何为标准至今还未能在刑法规范中对其加以明示，而在司法实践中则是针对不同的案件各有不同的评判。限制条件中，对于犯罪时的未成年人和审判时怀孕的妇女的理解学界存在一些争议，如今已经具有相对明确的认定标准，在此不再赘述。而对于老年人的限制适用，限制为已满75周岁的人是否恰当，并且，以"特别残忍手段致人死亡"的双重否定方式来适用死刑又是否有效，实际上都还存在争议。因此，这种对死刑的限制能否发挥出立法者赋予其的内在价值便是个问题。同时，具体条件中的概括式规定也过于笼统，无法给予清晰的适用内容。因此，我国在强调对死刑加以限制时，还存在适用条件上的规定缺陷，这难免会使得限制死刑略显尴尬。

在规定死刑的适用范围方面，还存在较多死刑罪名且大多数并非是以暴力犯罪或侵害人身为主的罪名。我国现行《刑法》

自1997年全面修改之后,又经过了多个修正案的不断修订。其中能适用死刑的具体罪名数从最初的74个减少为46个,但相比国外保留死刑的国家而言,死刑罪名数量依然较多。同时,我国死刑罪名中还包括许多非暴力犯罪,"所谓非暴力犯罪无非是指不使用暴力,并不以他人人身为犯罪对象的犯罪"。[1]我国规定的46个死刑罪名中有超过半数以上都是非暴力犯罪的罪名,这与死刑的严厉性和最后性不相符合,换言之即死刑本身应被限定在暴力犯罪或人身犯罪的范围之内。除却量的差别,这一点也是我国与域外在死刑罪名规定方面的不同之处。因此,我国规定的死刑适用范围不仅过于广泛而且未能考虑罪与刑的有效对应或一致。

无论是死刑本身,还是我国对死刑作出的适用条件和适用范围的限定,均已暴露出了其问题所在。因此,我国刑罚体系在设置死刑这一刑种方面就需要不断将其予以调整与完善,进而方能与现代刑罚目的和刑法社会机能以及当下刑事政策内容相符合。除却死刑存废与其具体设置中的刑罚问题,我国刑罚种类还涉及其他,尤其是当下已经形成的自由刑主导下的现行刑罚体系结构,自由刑的问题也十分突出。

二、短期自由刑问题

短期自由刑是自由刑类别中刑罚期限较短的刑种概称,其与长期自由刑最为主要的区别是刑期的长短。短期自由刑具有概括性自由刑的基本属性,同样针对的是个体犯罪人的人身自由。本书所研究的短期自由刑是限定在完全剥夺人身自由的刑

---

[1] 黄京平、石磊:"简析我国非暴力犯罪及其死刑立法",载赵秉志主编:《中国废止死刑之路探索——以现阶段非暴力犯罪废止死刑为视角》(中英文对照本),中国人民公安大学出版社2004年版,第6页。

种范围之内的自由刑，不包括限制型自由刑种。那么，对短期自由刑的"短期"和"刑"的内涵如何理解就需要首先予以明确，即"在短期自由刑的定义上，多长的刑期为短以及短期的标准应以宣告刑还是执行刑为准的问题上存在争论"。[1]

显而易见，短期自由刑的"短期"即是刑罚期限较短，对于"短期"究竟应作何限定在国内外均众说纷纭。国外理论界的观点有三十日说、六周说、三个月说、四个月说、六个月说以及一年说，这就意味着短期自由刑的上限分别被设定在三十日、六周、三个月、四个月、六个月和一年以内，除此之外还有一周、十二小时或六个小时说的极端性观点；[2]在我国理论界则有六个月说、一年说、三年说、五年说以及极端的十年说，[3]显然较国外主张的短期自由刑的上限要长许多。这种差距主要是由于国内外对犯罪的界定存在区别，进而导致了刑罚内容的差异。我国所认定的犯罪是与社会危害性程度成正比的，换言之，能被规定在刑法规范当中的就必然是具有严重社会危害性的行为，反之即程度不够的行为就被排除在犯罪之外作为违法行为对待，因而整个犯罪圈较窄，而与犯罪相对应的刑罚自然会相对较重，即便是对较轻犯罪的刑罚种类和期限的设置也是建立在构成犯罪行为的基础之上的。相比于我国而言，国外所规定的犯罪行为是将我国一些违法行为包含在内的大犯罪，尤其是许多行政违法行为都在国外刑事法律中作为犯罪被加以规定，因而整个犯罪圈就较宽，与其犯罪相对应的刑罚就不可能太重或太严厉。因此，对短期自由刑这一大类刑种的刑期限定就无法达成绝对

---

〔1〕 [日]大谷实：《刑事政策学》，黎宏译，法律出版社2000年版，第122页。

〔2〕 参见张明楷：《外国刑法纲要》，清华大学出版社1999年版，第379页。

〔3〕 参见陈志军："短期自由刑若干问题比较研究"，载高铭暄、赵秉志主编：《刑法论丛》（第6卷），法律出版社2002年版，第414页。

的统一。本书从我国现行刑罚体系的角度出发，认为"三年说"的刑期界限较为合适。一方面，基于我国刑罚体系适用的特定背景，拘役刑作为典型的短期自由刑的刑期为一个月至六个月之间，数罪并罚则不能超过一年，即最短的刑期都至少是一个月，那么所谓的三十日说甚至是小时说就没什么意义了。而且，我国现行《刑法》第7条第1款规定的"中华人民共和国公民在中华人民共和国领域外犯本法规定之罪的，适用本法，但是按本法规定的最高刑为三年以下有期徒刑的，可以不予追究"[1]以及我国刑法中规定的缓刑适用对象之一的三年以下有期徒刑等，均显示我国立法者将三年作为自由刑的长短刑期之界限。另一方面，考虑到犯罪预防的需要。众所周知，太过于短的时间对犯罪人来说无法产生积极教育和预防其重新犯罪的效用，反而会使犯罪人出现交叉感染等消极反应。同时，刑罚的预防和矫治本身就是很难的事，理所当然地需要一定的过程才能得以实现。另外，短期自由刑当属轻刑类别的一类，轻刑在刑罚期限上自然也不宜过长。因此，短期自由刑的"短期"以三年为上限较为合适。

短期自由刑之"刑"究竟是宣告刑、执行刑还是法定刑也同样存在争议。宣告刑论的学者们主张"短期"以宣告刑为刑期标准，即"所谓短期自由刑，一般是宣告刑期较短的自由刑"。[2]执行刑论的学者们主张以执行刑为刑期标准，就一罪一刑而言执行刑与宣告刑相等，而数罪并罚之下则根据并罚规则所确定的需要执行的刑罚才是执行刑。法定刑论的学者们则主张以法定刑为刑期标准，法定刑在刑期方面即是刑法个罪条文内所规定的具体刑量。本书认为，宣告刑和执行刑都是在法定刑的基

---

〔1〕《刑法》第7条。
〔2〕樊凤林主编：《刑种通论》，中国政法大学出版社1994年版，第178页。

础上产生的，没有法定刑的前置性规定也不会有宣告刑或者是执行刑的内容。因此，以法定刑作为短期自由刑的基准较为合适。

尽管短期自由刑的概念尚存争议，但更重要的是，作为刑罚体系重要部分的短期自由刑的特定期限能否实现刑罚的积极效应遭受了很大的质疑，即在短期自由刑这一刑罚所存在的利弊之间考虑其是否能够作为刑罚体系中的刑种继续处之，对此，目前在理论上存在存留论和废止论的纷争。

(一) 存之有益

短期自由刑存留论的主张者以短期自由刑的有利之处作为支撑，换言之即短期自由刑有其特殊的刑罚积极效应，因而需要将短期自由刑长期保留。具体到短期自由刑的益处，则主要包括其能较好地体现罪刑相适应原则的内容、符合刑罚人道主义的发展、满足刑罚目的的要求以及协调整体自由刑的统一等。

首先，短期自由刑体现罪刑相适应原则。罪刑相适应原则是世界各国都予以遵循的刑法重要原则之一，其旨在强调罪与刑的相互均衡或相当。我国现行《刑法》中规定刑罚的设置要与犯罪的程度相一致，[1]也就是严重的犯罪处以严厉的刑罚，轻微的犯罪处以较轻的刑罚。显然，犯罪现象作为社会现象的一种有其必然的存在，那么其中就包括有轻重程度不等的犯罪，因而在确立刑罚时就需要做出轻重不等的内容。短期自由刑作为轻刑主要针对轻罪的法定刑罚配置，其自然是体现罪刑相适应原则的重要刑罚类别。倘若否定短期自由刑，就可能会造成轻罪重罚的不衡平罪刑局面。因此，短期自由刑是适应轻微犯罪行为必不可少的刑罚。同时，在罪刑相适应原则的基础上，

---

[1]《刑法》第5条规定："刑罚的轻重，应当与犯罪分子所犯罪行和承担的刑事责任相适应。"

短期自由刑的存在也是刑罚个别化的需求。短期自由刑的运用不仅考虑犯罪行为的严重程度，还考虑犯罪人人身危险性高低的体系，即人身危险性愈高则刑罚当较重，反之则较轻。因此，短期自由刑的刑罚只适用于人身危险性较低的犯罪人，实质上仍是达到罪与刑之间的均衡。基于此，短期自由刑有其特定的刑法原则依据。

其次，短期自由刑符合刑罚人道主义的发展。刑罚人道主义最为核心的内容就是尊重人的最基本权利、反对严厉的酷刑，轻刑化是其重要内容。短期自由刑作为较短期限内剥夺犯罪人人身自由的刑罚，相对于长期自由刑与生命刑而言是典型的轻刑种类，而且还依然保持一定程度的刑罚严厉性。因此，在践行刑罚人道主义发展道路上，需要通过短期自由刑以体现刑罚体系的人道主义内容。尤其是在重刑观念深重和以重刑为主导的刑罚体系现实规制中，更要保留短期自由刑来抑制重刑的扩张。这不仅仅是因为短期自由刑自身的轻刑刑罚属性与人道主义相符合，而且还是人道主义在刑罚方面的内在需求，二者相互作用。因此，短期自由刑是刑罚人道主义发展中不可或缺的内容，保留短期自由刑并将其长期置于刑罚体系之内是符合刑罚人道主义的刑罚立法选择。

再次，短期自由刑满足刑罚目的的要求。刑罚目的是旨在通过刑罚的适用达到一定程度的惩罚犯罪、预防犯罪以及减少犯罪的目的。短期自由刑有其特定的刑罚威慑和预防效果，也能或多或少地发挥减少犯罪的刑罚作用。在刑罚威慑方面，短期自由刑所蕴含的剥夺个体人身自由的属性，相对于限制人身自由的刑罚而言必然会产生威慑的效果。在刑罚预防方面，短期自由刑的特定威慑力首先给犯罪人带来的是身体与心灵的双重打击，尤其是对一些犯罪较轻的人或者过失犯罪的人来说，人身的禁锢无论时间长短都是备受折磨的,从而使犯罪人亲身感受刑罚的痛苦而不敢或不愿再次犯罪,通过短期自由刑能体现出其特殊预防的刑罚目的。在对犯罪人处以短期自由刑的刑罚之后,该刑罚也被社会公众所知悉,也就是告知他们短期自由刑的刑罚威慑内容和威慑力,正常理性人就不会以身试法,尤其是与财产刑比较而言,社会公众感知到的刑罚是与自己人身相贴合的内容也就更不想受其处罚,进而又体现出其一般预防的刑罚目的。因而,短期自由刑能达到一般预防且包括特殊预防在内的双重目的。在减少犯罪方面,实则是基于短期自由刑的刑罚威慑和刑罚预防的共同作用,从而实现对犯罪的减少或防止犯罪的高发。与此同时,短期自由刑在对犯罪人的教育改造上也能发挥出积极效用,即短期自由刑本身针对的就是犯罪较轻的犯罪人,短期的监禁是对犯罪人作出思想教育的有利形式。因此,短期自由刑能够满足刑罚目的的要求,而且其也是刑罚目的引导下的刑罚种类的重要部分。

最后,短期自由刑协调整体自由刑的统一。短期自由刑本身是归属于自由刑大类别下的特定内容,其与长期自由刑共同构建自由刑的整体。无论是在国内还是在国外,自由刑均限定有一定的底线。例如,我国拘役为一个月以上、有期徒刑为六个月以上,因此,这种由最短期限起到终身期限的自由刑是有很大刑期幅度的,这种幅度是自由刑所具备的特定属性,因而不管是多长时间的刑罚都在自由刑期限之内。这就意味着自由刑不可能将短期自由刑排除在外,即自由刑的具体刑种是循序渐进的,不能被割裂开来。因此,就自由刑的内部统一而言,短期自由刑是与长期自由刑相互协调并存的重要内容,缺一不可。与此同时,短期自由刑也是同其他刑种的一种有效衔接,典型的为与限制自由的刑罚、财产刑及资格刑的协调。自由刑本属重刑刑罚种类,但其中的短期自由刑则因其在罪与刑的性质上的不同而被归于轻刑范畴。因此,从刑罚体系的刑种整体处罚来看,短期自由刑能很好地协调财产刑和资格刑的设置,形成一个由轻至重或由重至轻的刑罚统一体。而且,对于我国特殊存在的行政处罚而言,短期自由刑的特定刑期还能实现协调刑罚与非刑罚的效用。因此,短期自由刑能协调自由刑的内在统一,还能协调刑罚体系的整体发展,将其予以保留很有益处。

除此之外,短期自由刑还能实现刑罚的公平与正义,特别是与罚金等财产刑相比,短期自由刑对人身自由的剥夺给犯罪人带来的惩罚远比财产刑的以钱代刑更易于产生刑罚的公正效果,对被害人及亲属的抚慰也更加明显和恰当。并且,短期自由刑还展现出了理性的刑罚内容,刑罚的理性主要在于摒弃纯粹的报复和运用残忍的手段,理性看待犯罪和犯罪人,短期自由刑则以其自身内容满足了刑罚理性的需要。可见,短期自由刑并非毫无积极效用。

以上对短期自由刑诸多益处的阐释足以证明其应当作为刑罚体系中的重要刑种。还有一点不容忽视:废除短期自由刑是不现实的,或者说我们不可能将短期自由刑予以完全废止。尤其是在轻微犯罪难以避免以及刑罚轻缓化的大趋势下,重刑转轻刑的路径是刑罚体系向前发展的必然之路,短期自由刑也就理所当然地成了重要的刑罚内容。"可见,基于正义及罪刑均衡的要求,对于轻微犯罪仍须科处轻微刑罚,若完全废除短期自由刑或以罚金等替代,也难以达到预防犯罪的目的。"[1]因此,短期自由刑不可废除。

---

[1] 参见陈志军:《短期自由刑的困境与出路》,中国政法大学出版社2015年版,第110页。

(二) 废之有据

与短期自由刑保留论相比,主张废除的学者们以短期自由刑存在的弊端为理由,认为无论是从其固有的缺陷和产生的消极影响来看,还是从其无法实现刑罚目的以及难以发挥刑罚效果等方面来看,短期自由刑均应被废止。由于短期自由刑存在许多不利之处,因此其存在必然会使刑罚对犯罪的处置受到质疑,换言之即短期自由刑未能有效地规制犯罪。

短期自由刑的固有缺陷不可避免。固有的缺陷是指先天的、与生俱来的不足。短期自由刑的固有缺陷就是"短期",这就意味着刑罚期限较短,给予犯罪人的悔悟和反省的时间自然也较短。特别是对于先行羁押可折抵刑期的短期自由刑而言,犯罪人在判决之前往往会被关押,整个诉讼又是一个漫长的过程,即便经过一审判定,还会存在上诉情形,因此在最终决定处以短期自由刑的刑罚之后,扣除先行羁押的时日后,刑期将所剩无几。这不仅难以使犯罪人感受到刑罚的惩罚,也未能体现出刑罚的威慑。因此,短期自由刑由于其刑期较短的特殊属性,在有限的时间内难以完成刑罚赋予的各种使命或无法达到刑罚应当完成的目标,且这种特殊属性是短期自由刑自身具备的缺陷。

短期自由刑产生了诸多消极影响。短期自由刑毕竟是以剥夺犯罪人的人身自由为内容的刑罚种类,将犯罪人进行关押是理所应当的行刑方式。正因如此,短期自由刑就极为容易造成同一监所内的不同犯罪人之间进行交叉感染,即犯罪人相互交流和学习犯罪的各种手段或方法。被处以短期自由刑的犯罪人通常人身危险性不高,其所实施的犯罪也不太严重,这种交叉感染会使犯罪人习得其他犯罪的手段或方法,在一定程度上提高犯罪人自身的危险性以及为犯罪人再实施其他新的犯罪提供机会或可能。同时，短期自由刑还会产生一定的标签效应。"所谓标签论就是刑罚对犯罪行为的否定评价直接导致犯罪人身份的形成，且行为人也接受这种标定结果。"[1]这意味着即使服刑完，行为人也被标以"犯罪人"的身份，即经历过刑罚的人会被社会公众另眼相待，这不仅会给行为人自身带来心理负担，更会使其很难再积极地复归到社会当中。尤其是对于被处以短期自由刑的犯罪人而言，较多的是偶然犯罪人、初次犯罪人或者过失犯罪人等，他们的主观恶性较小，能被教育和改造好的概率很大，倘若仅因犯过罪就被永久置于犯罪人的地位便是对行为人的不公。除却交叉感染和标签效应之外，短期自由刑的长远消极作用对犯罪人及其亲属影响深远。于犯罪人而言，服刑完被释放后因有过刑罚记录而不利于工作；于其亲属而言，学习工作生活都会受其牵连。因此，短期自由刑的诸多消极影响使其不宜继续存在。

短期自由刑无法实现刑罚目的。短期自由刑作为刑罚种类的内容是在刑罚目的指引下形成的，但是短期自由刑却也很难实现刑罚威慑、预防和减少犯罪的目的。首先，短期自由刑难以达到刑罚的威慑。由于短期自由刑的刑期较短，即便是对实施较轻犯罪的行为人而言也不足以产生强大的威慑力，因而其在威慑力上与其期限短一样较小，甚至很难发挥出其威慑作用。其次，短期自由刑未能实现预防犯罪的刑罚目的。对犯罪进行很好的预防一方面需要对已经犯罪的人进行良好的思想教育和劳动改造；另一方面则需要通过刑罚警示一般社会公众。然而，"被判处短期自由刑的罪犯由于其刑期的短暂性，使得罪犯的改造期间与服刑期间产生矛盾，改造罪犯需要一定的时间，但是

---

〔1〕 参见王牧主编：《新犯罪学》（第3版），高等教育出版社2016年版，第78页。

短期自由刑时间的有限性导致罪犯改造的不完整性,因而很难实现刑罚的特殊预防目的,服刑期满后原服刑人员的再犯可能性仍然存在"。[1]相反,还会受短期自由刑的消极影响而促使犯罪的多发。基于此,短期自由刑尚不能对犯罪人进行良好的矫正,进而难以防止其再犯罪。并且,考虑到短期自由刑极为有限的威慑效果,自然也就较难实现刑罚的一般预防。最后,短期自由刑无法从根本上减少犯罪。既然短期自由刑不能有效地处置已然犯罪,也不能防患未然或将然犯罪,那就不可能对犯罪的实际减少产生积极作用。因此,从刑罚目的视阈角度来看,短期自由刑无法有效地实现刑罚目的。

基于短期自由刑在处置犯罪和对待犯罪人方面的不足,其实际上是难以发挥出刑罚效果的。虽然短期自由刑是轻刑化的体现,但是随着刑罚自身的发展,有许多能够替代短期自由刑的刑罚措施可以很好地避免其存在的弊端和不利影响,因而短期自由刑的存在不是必然的,将其废除可以在一定程度上减少刑罚问题的出现。不过,由于许多国家目前依然保留有短期自由刑的刑罚类别,因此短期自由刑是存是废都需要依据特定的情况作出选择。

(三) 我国对拘役刑的规定

在我国现行刑罚体系包含的刑罚种类中,能够归属于短期自由刑的刑种是拘役和短期有期徒刑两类,而拘役刑是我国典型的短期自由刑,且对短期自由刑的各种争论主要是以拘役刑为中心展开的。因此,本书将着重阐释拘役这一短期自由刑的具体内容。

拘役刑在我国经历了激烈的存废之争。主存者们一致认为

---

[1] 参见张德军:《中国自由刑制度改革研究》,中国政法大学出版社2014年版,第142页。

拘役刑这种短期自由刑的有限刑罚威慑与难以预防等固有缺陷并非其独有，自由刑（甚至整个刑罚）都存在这些问题，那么就不能以此作为废止拘役刑的理由；基于较轻犯罪的客观性和普遍性，拘役刑是符合罪刑相适应和刑罚个别化要求的刑罚种类，并能保证公正的刑罚，至少能够避免轻罪重刑的尴尬境地；就现实刑罚种类设置来说，短期的有期徒刑即便将拘役刑囊括在内也同样会出现一些问题，而且由拘役刑产生的诸多问题是可以通过改进或完善来加以解决的，因此完全将拘役刑予以废止也是不符合实际的。主废者们则认为，拘役刑作为我国主刑刑罚种类中的一种，存在着短期自由刑废除论观点中所阐释的弊病，即拘役刑作为刑罚无法体现其惩罚也不能对犯罪人进行有效的教育和改造，甚至还会带来许多消极的影响，因此没有必要将拘役刑继续设置在我国的刑罚体系之内。虽然存废两方各有理由，但是均集中在拘役刑或短期自由刑的利弊评价基础之上。我国立法者和学者们在综合考量时，考虑到"对于人民内部的某些犯罪分子，判处徒刑够不上，可是放回去，被害人意见很大，群众也不满意，如果采取拘役这样一个介于徒刑和教育之间的缓冲措施，是比较合适的；如果取消拘役，就有可能将只需要判几天的拘役就解决问题的人，升格判处有期徒刑，这也不利于少捕政策的贯彻"。[1]

1. 我国拘役刑规定的内容

在我国现行刑罚体系中，拘役刑被列于主刑之中，其被置于管制刑后、有期徒刑前，这就意味着拘役刑是一种偏重于管制刑而偏轻于有期徒刑的刑种。不过，拘役刑"剥夺犯罪人人身自由的时间较短，因而只能适用于罪行较小、人身危险性不

---

〔1〕参见高铭暄编著：《中华人民共和国刑法的孕育和诞生》，法律出版社1981年版，第60~61页。

大的犯罪人"。[1]我国现行刑法对拘役刑作出了一系列的立法规定,一方面在于明确拘役刑的法定内容,另一方面则在于限定拘役刑的适用条件和方式,即拘役刑在我国必须按照刑法立法规定的内容进行选择适用。

我国刑法总则中对拘役刑的期限长短和计算以及执行等相关内容作出了较为明确的规定。在刑罚的期限方面,《刑法》第42条规定:"拘役的期限,为一个月以上六个月以下。"[2]并在数罪并罚的规则中规定拘役的刑期不得超过一年,换言之,拘役刑最长也不过是一年刑期。而且,拘役刑的正常六个月上限也是同有期徒刑的下限紧密衔接结合起来的,在一定程度上符合刑种间的有效协调。同时,拘役刑的刑期幅度不大,即起刑与最高刑之间跨度较小,不像有期徒刑那样从六个月到十五年,较好地展现着轻刑的特征。在刑期计算与折抵方面,《刑法》第44条[3]意在阐明拘役刑如何计算以及在判决确定以后实际执行期限的确定。虽然这种1:1的刑期折抵会导致犯罪人真正意义上的服刑期限缩短,但从保障人权的角度而言却是对犯罪人基本人身权利的维护,即先前羁押的时间事实上也是对犯罪人人身自由进行的剥夺,因而需要公平公正地作出合理合法的折抵。在执行的内容方面,《刑法》第43条[4]的规定不仅明示着拘役刑如何执行,也呈现出了执行期内的人性化以及社会化的

---

[1] 宋伟卫、丁玉玲:《刑罚结构的设置与调整》,河北大学出版社2014年版,第44页。

[2] 《刑法》第42条。

[3] 《刑法》第44条规定:"拘役的刑期,从判决执行之日起计算;判决执行以前先行羁押的,羁押一日折抵刑期一日。"

[4] 《刑法》第43条规定:"被判处拘役的犯罪分子,由公安机关就近执行。在执行期间,被判处拘役的犯罪分子每月可以回家一天至两天;参加劳动的,可以酌量发给报酬。"

刑罚处遇。我国对拘役的执行采取"就近执行",[1]通常是将犯罪人置于看守所内,看守所往往都处于犯罪人住所范围附近,有利于犯罪人在其较为熟悉的社会大环境或大背景中接受教育和改造,也利于其复归社会和其亲属探望。而且,服拘役刑的人员在参加劳动之后会有一定的报酬,这一方面体现着对服刑人员进行劳动的尊重,另一方面也是对服刑人员进行的积极性改造。除此之外,拘役刑执行期间,还允许犯罪人回家,这无疑展现出了刑罚惩罚与宽容的有效结合,能够促进犯罪人主动反省及真心悔悟。与此同时,我国还在规定拘役刑的同时附以缓刑的设置。缓刑即是"对于被判处拘役、三年以下有期徒刑的犯罪人,由于其犯罪情节较轻,有悔罪表现,没有再犯罪的危险,暂不执行刑罚对所居住社区没有重大不良影响的,就可以规定一定的考验期,暂缓刑罚的执行;如果犯罪人在考验期内遵守一定条件,原判刑罚就不再执行"。[2]此外,对于拘役刑这种剥夺人身自由的刑罚种类而言,还存在不予监禁的情况,从而更加体现出了我国拘役刑在一定程度上的开放社会性特征。

我国刑法分则中也大量配置拘役刑于各罪名的法定刑之内,其以82.7%的高比例分布于十大类罪之中,而且在十大类犯罪中均有不相等的刑罚配置。这样的高比例体现出了拘役刑在我国的适用范围较为广泛,其不仅是仅次于有期徒刑的自由刑种类,还在刑罚种类中占据重要地位,这意味着我国在世界刑罚轻缓化发展潮流的推动下作出了调整。同时,拘役刑的大面积分布也体现了我国以自由刑为中心的现行刑罚体系特征。因此,

---

[1] 2013年公安部修订的《看守所留所执行刑罚罪犯管理办法》对"由公安机关就近执行"作出了明确规定:"被判处拘役的成年和未成年罪犯,由看守所执行刑罚。"

[2] 张明楷:《刑法学》(第5版·上),法律出版社2016年版,第613页。

拘役刑依然是我国刑罚种类中不可缺少的一种。

以上即是笔者对我国拘役刑规定内容的概括性阐述，基于其是我国现行刑罚体系中的特定刑种并被置于主刑之列的现实，继续将其予以保留是毋庸置疑的。与此同时，我国刑法又以各种规定限定了拘役刑的刑期以及执行等具体可选择和可适用的内容，这在一定程度上给拘役刑设定了界限并严格限制了其适用，而且又体现出了拘役刑内容的人道性和开放社会性。另外，还将拘役刑广泛分布于各罪名当中，意在充分发挥拘役刑的积极效用。尽管如此，我国在设置拘役刑刑种的前提下作出的具体规定中仍然有着一些不够恰当且不够合适的地方。

2. 存在的问题

拘役刑是被我国大多数学者主张保留且在立法上长期置于刑罚体系中的刑罚种类，不过其存在的不足也是难以回避的。尤其是拘役刑在经历了具体的实践适用过程之后，牵连出的各种问题被更加清晰地呈现出来，进而不得不对其加以重视。

我国现行《刑法》对于拘役刑的设置均为概括性规定，没有提供具体、明确的可操作性内容，进而导致了诸多问题的出现。拘役刑最典型的是较短刑期的固有缺陷，这在短期自由刑存废之争的废除论中已详述，故在此不再赘述。对于规定中获得劳动报酬和宽容回家的权利内容，实则是模糊性或笼统性的规定。首先，犯罪人的劳动报酬是建立在"可以"且"酌量"的基础之上的。这就意味着犯罪人在服刑期间参加的劳动有可能被给付报酬，也有可能没有报酬，即便是有报酬也是不同于正常人劳动的非对等报酬。当然，我国对犯罪人的改造以教育和劳动为主要内容，劳动是每一个有劳动能力的犯罪人的义务，因而酌量的报酬也是合理的。但是，发放劳动报酬并非是"应当"或者说并非必须的给付，是否发放具有很大的随意性。而且,具体由谁发放、如何发放以及发放的具体数额等问题都没有得到明确的规定,即犯罪人的劳动报酬权不过是原则性规定,而无实际操作性内容。其次,犯罪人在服刑期间享有适当回家的权利,这也是相对模糊的规定。"可以每月回家一至两天"同劳动报酬的给付一样是相对的且随意的内容,究竟是一天、两天还是不能回家完全由执行机关考量决定,并且在犯罪人回家期间由谁监管、如何保证其能够按时回到监所继续服刑等均未作出明确规定。实际上,对拘役刑的执行除了刑法这种较为抽象的规定之外,其他具体性规定(如《看守所留所执行刑罚罪犯管理办法》等)也没有作出细化内容,因此使得拘役刑的规定只能是束之高阁,无法具体落实。

同时,基于拘役刑的缓刑设置还会导致拘役刑与管制刑在实质上的重合。缓刑本身是对短期剥夺自由的监禁刑罚附条件不予监禁的行刑制度,因此,对拘役刑辅以缓刑就是改剥夺犯罪人的人身自由为限制人身自由的内容。因而,拘役刑事实上就成了在开放社会中服刑的刑罚种类,也就与管制刑一样,进而使得拘役刑和管制刑的界限稍显模糊。虽然这种缓刑的设置体现了刑罚对待轻罪与犯罪人的宽容和理性,但是却与拘役刑的剥夺属性不相符合,也不利于刑罚种类间的独立性发展。最主要的是拘役刑的缓刑适用反而会形成比管制刑更轻的处罚。此外,管制刑中还涉及特定政治权利的限制,而拘役刑中则无此内容,即拘役刑的社会化行刑除了需要遵守相关规定之外就如正常人一样,反倒比管制刑更不受限。而且,就拘役刑的缓刑适用条件而言,一方面是"没有再犯罪的危险"的标准是什么尚无规定,完全靠主观判断和衡量来决定;另一方面则是考验期的确定也是笼统的规定,进而易于导致犯罪人之间的不平等对待。除此之外,对判处拘役刑的犯罪人的缓刑考察也没有具体考察办法，进而使得对犯罪人的考察难以被运用于实践。

另外，拘役刑与不同类罪配置的轻重不一致，即不考虑其本身的轻刑属性，对严重的犯罪也同样配以拘役刑的法定刑刑罚。尽管拘役刑被广泛配置在我国刑法分则的罪名当中，但十大类罪都是按照不同犯罪客体予以分类的，各类罪的严重程度都不相同。比如，危害国家安全罪的社会危害性或犯罪性质的严重程度就比破坏社会主义市场经济秩序罪的要高。虽然在严重犯罪中拘役刑的分布比例较低，但是还是占有一定比例，这就意味着我国在设置拘役刑时并没有考虑轻重罪刑的衡平，这实际上有悖于拘役刑的分配。同时，即便是在重罪的法定刑中规定有拘役刑，基于一罪一主刑的处刑规则，拘役刑也很少作为重罪的刑罚处罚刑种，那么这样的配置便显得毫无意义。因此，我国现今的拘役刑罪名配置也或多或少地存在一些问题。

无论是拘役刑自身的弊端，还是我国对拘役刑作出的相关规定，均已显示出其问题所在。也正是拘役刑的诸多问题导致我国将其废止的呼声很高，但是，考虑到拘役刑的一些问题可以通过细化内容规定的方式加以改进，我国刑罚体系在继续保留拘役刑这一刑罚种类的基础上需要不断将其加以明确化或细致化，进而方能与现代刑罚目的和刑法社会机能以及当下刑事政策内容相符合。除却拘役刑的争议及其在立法中的具体设置所产生的刑罚问题以外，我国以自由刑为中心的刑罚体系还包括限制人身自由的管制刑。管制刑在我国刑罚体系形成和发展过程中也占据着重要地位，而其存在的问题也十分明显。因此，在研究我国现行刑罚种类设置问题上，我们也不能忽视管制刑。

三、管制刑问题

众所周知，管制刑是我国所特有的刑罚种类，1979 年《刑法》将管制刑作为主刑的一种置于刑罚体系当中。管制刑自产生之日起就存在两种不同的理论内容。主张管制刑利大于弊的学者们认为其充分体现了综合刑罚目的论的内容、符合刑罚人道主义的要求、展示了刑罚的社会化发展以及其作为限制自由的刑罚种类有利于刑罚体系的科学构建等。在刑罚目的方面，管制刑是兼具刑罚惩罚和教育矫正的综合性刑罚目的的刑罚种类，而且二者之间相互结合、相互作用，这一点是管制刑这一开放式行刑所特有的，也是其他监禁刑难以实现的。在刑罚人道主义方面，管制刑作为轻刑的刑种之一是与禁止酷刑的人道化刑罚内容相符合的，这与世界轻刑化发展的大趋势相一致。在刑罚社会化方面，管制刑不以监禁为前提，即无需在监所执行，完全在社会大环境中对犯罪人执行刑罚，这实则是对刑罚社会化的呈现，且更易于犯罪人的社会复归。从刑罚体系的角度看，刑罚体系是包含各大刑罚种类并按照由轻至重或由重至轻的顺序进行排列的统一体，管制刑的设置作为限制自由刑处于自由刑内，使非监禁刑与监禁刑的排列更为合理和协调，也使得刑罚体系更为完整，且与我国"宽严相济"刑事政策所要求的轻重相宜刑罚体系的构建相符合，因而其是一种不可缺少的刑罚种类。另外，管制刑能够很好地避免由监禁刑所导致的各种消极影响。而主张管制刑弊大于利的学者们则认为其较难实现刑罚目的、可操作性不足且不利于科学刑罚体系的形成。在刑罚目的方面，管制刑既不能实现刑罚惩罚，也不能实现刑罚预防，毕竟管制刑运用的是非监禁的行刑方式，威慑力和强制力自然不如监禁刑，对犯罪人而言也难以体现出惩罚的效用，这种开放式的教育矫正，更难让犯罪人发自内心地接受，因此也就难以体现出预防的效用。在具体适用方面，关于管制刑的立法规定与拘役刑一样具有概括性和笼统性，进而在实际操作中难以有效适用,反而会牵连出更多的问题。从刑罚体系的角度看,由于管制刑的具体设计(如刑期与权利限制等)比短期自由刑的规定涉及得还多,显然会导致刑种间的不协调,因此其自然不利于整体刑罚体系的科学化发展。这种争论的不断发展,促使着我国对管制刑的研究逐渐深入。

虽然管制刑设置受到了一定的质疑,但是当下我国理论界对管制刑的界定却是较为一致的。管制是指:"对罪犯不予关押,但限制其一定自由,由公安机关执行和群众监督改造,并依法实行社区矫正的刑罚方法。"[1]由此定义我们可得出管制刑自身具备的特殊性特征。首先,管制刑是不将犯罪人进行关押的非监禁刑罚,也是我国目前确定的主刑内唯一开放的、非强制关押的刑种。管制刑设置的初衷主要是对一些社会危害性小的犯罪与人身危险性小的犯罪人的进行刑罚处罚,因而无需完全剥夺犯罪人的人身自由,并且让犯罪人在正常的生活环境中服刑。其次,管制在性质上属于限制型自由刑,其仅仅对犯罪人予以某种较低程度的约束,即犯罪人需要遵守和服从一些特殊规定。最后,管制刑具备特有的社会性特征。犯罪人在服刑期间主要按照公安机关规定的内容克己,还需接受社会公众的监督,同时配以社区矫正,充分调动社会力量,这与我国一贯秉承的群众路线十分符合,因而足以呈现出刑罚的社会性。透过对管制刑特征的阐释,我们可以清楚地看到其与其他刑罚种类的区别。从本质上来看,管制刑最大的特征就是开放式的社会化行刑优势。也正是依赖着这种优势,我国在将管制刑设置为刑罚体系的固定刑种的同时还作出了一系列的相关规定。

(一)我国对管制刑的规定

管制刑究竟当存还是当废在理论上至今依然存有争议,但

---

[1] 曲新久等:《刑法学》(第6版),中国政法大学出版社2016年版,第92页。

事实上,"在我国刑法的起草、制定过程中,关于管制刑种的存废问题,就已经有过激烈的争论。最终立法者采纳多数学者的意见,在改革、完善原来管制刑种的基础上,保留了管制"。[1]基于此,管制刑在我国一直备受关注,立法者也考虑对其进行修订,尤其是2011年《刑法修正案(八)》对管制刑做出了较大改进,其不仅增加了社区矫正的执行方式,还通过附加刑事禁止令的方式增强了管制刑的威慑力度。其后的《刑法修正案(九)》对管制刑与其他自由刑的数罪并罚方式作出了明确的规定。这些对管制刑刑种规定内容的改进和调整,均清晰地表达出立法者旨在运用我国通常采取的刑法修正的方式来实现管制刑的逐渐完善,进而能够更好地展示其积极效用,而非简单地把管制刑废止。因此,管制刑现今仍然是我国主刑中最轻的刑种,也是自由刑大类中最轻的一种。

从我国现行刑罚种类的设置出发,现行《刑法》对管制刑的规制既包括总则的规定又涵盖分则中的各罪。刑法总则对管制刑的期限长短、如何计算、权利义务的限定以及执行等相关内容作出了较为明确的规定。在刑罚期限方面,《刑法》第38条第1款规定:"管制的期限,为三个月以上二年以下。"[2]并在数罪并罚规则中规定管制的刑期不超过三年,换言之即管制刑最长可达到三年刑期。相较于拘役刑的一年最长期限而言,管制刑的刑罚期限要长许多,这从一定程度上表明立法者在保持管制刑的非监禁特性同刑罚惩罚的平衡,同时通过刑期的延长增强管制刑的威慑。在刑期计算与折抵方面,《刑法》第41条规定:"管制的刑期,从判决执行之日起计算;判决执行以前先行羁押

---

〔1〕 陈兴良主编:《刑种通论》(第2版),中国人民大学出版社2007年版,第169页。

〔2〕《刑法》第38条。

的，羁押一日折抵刑期二日。"[1]此意在阐明管制刑如何计算以及在判决确定以后实际执行期限的确定。在刑罚确定以前，对犯罪嫌疑人先行予以关押是通常的做法，待刑罚处罚作出以后再考虑刑期折抵的内容。由于管制刑不过是对个体人身自由的限制型刑种，因此在服刑开始前首先要按1∶2的规则计算实际将执行的期限，这意味着我国旨在保障刑罚惩罚与基本自由权利的公平公正。相比剥夺自由型刑种的1∶1折抵，这一规则更多地考虑到了与管制刑自身属性的符合相一致。在权利义务的限制方面，《刑法》第39条[2]规定管制刑的具体刑罚内容既包括权利又包括义务，且义务内容占据主导地位。其中对于犯罪人享有的权利主要规定的就是同劳动对应的获取报酬权利，而且这种权利是刑法明确规定的"应当"享有的权利，相比于拘役刑"可以酌量"的选择性规定而言，具有更加强制的保障性。由于管制刑的非监禁属性，被判处管制刑的犯罪人在形式上与一般社会公众毫无差别，即工作和生活均不受影响，且享有与其付出的劳动同等的待遇。这种"同工同酬"建立在平等对待的基础之上，犯罪人不因受刑而被剥夺一切权利。管制刑的主要限制性内容就是犯罪人在服刑期间负有特定义务，基于我国的法律我们可以清楚地看到，除了一般的遵纪守法以外，其还包括特定权利和活动的限制规定。总的来说是在保证对犯罪人情况进行掌握的前提下限制其行使本身应当自由享有的权利，

---

[1]《刑法》第41条。
[2]《刑法》第39条规定："被判处管制的犯罪分子，在执行期间，应当遵守下列规定：（一）遵守法律、行政法规，服从监督；（二）未经执行机关批准，不得行使言论、出版、集会、结社、游行、示威自由的权利；（三）按照执行机关规定报告自己的活动情况；（四）遵守执行机关关于会客的规定；（五）离开所居住的市、县或者迁居，应当报经执行机关批准。对于被判处管制的犯罪分子，在劳动中应当同工同酬。"

同时强调犯罪人的主动报告。此外，义务性规定内容中存在着"经执行机关批准"的条件，对此我们自然可以理解为只要执行机关予以批准，犯罪人被限制的部分权利也就能够被行使，即受限权利的非绝对性。这也体现了我国管制刑刑罚规定的宽容。在管制刑执行内容方面，《刑法》第38条第2款、第3款和第4款规定："判处管制，可以根据犯罪情况，同时禁止犯罪分子在执行期间从事特定活动，进入特定区域、场所，接触特定的人。对判处管制的犯罪分子，依法实行社区矫正。违反第二款规定的禁止令的，由公安机关依照《中华人民共和国治安管理处罚法》的规定处罚。"[1]其中最为典型的就是禁止令和社区矫正的行刑内容规定，这一规定也是在立足本国并借鉴国外限制自由刑的刑罚内容的基础上对我国管制刑作出的改进或完善。禁止令强调处置不同犯罪和对待不同犯罪人时的特定限制，其本质是与特定资格相关联的限定，重在对犯罪人的事前防控以及增强管制刑的刑罚惩罚力度；社区矫正则是旨在运用社会化方式教育、矫治犯罪人，进而促使犯罪人更好地适应、改过以及复归。而后，对于管制刑期届满的，我国《刑法》还规定了对其予以解除的内容。即《刑法》第40条规定："被判处管制的犯罪分子，管制期满，执行机关应即向本人和其所在单位或者居住地的群众宣布解除管制。"[2]这一条文明确了刑罚解除的内容，这也是对管制刑的特殊规定，即我国其他刑罚种类均未涉及。换言之，我国在设置管制刑种时针对其开放式行刑方式的特征作出了周全的考虑，不仅对其作出一般性规定，还作出了与其刑罚属性相一致的特殊性规定，进而充分展示出了管制刑的刑罚内容。

---

[1]《刑法》第38条。
[2]《刑法》第40条。

我国刑法分则也将管制刑配置于各罪名的法定刑之内，不过其在自由刑大类中所占比例较小，对此，笔者在前文我国现行刑罚体系所呈现出的以自由刑为中心的基本特征中已详细列明。尽管如此，但是相对于管制刑设置之初，其配置范围仍得到了很大的扩展。比较现行《刑法》与1979年《刑法》中管制刑在分则中的适用范围，从总八章类罪中的四章类罪扩大到总十章类罪中的七章类罪，覆盖于类罪的比例从50%提高到了70%。由此我们可以看出，我国不仅坚持管制刑在刑罚体系内的刑种设置，还将逐渐提高其在罪名中的比例，这是对管制刑的充分肯定。同时，随着管制刑涉及范围的广泛发展，能够适用其刑罚的罪名也得到了增加。并且，较为严重犯罪虽配置有管制刑，但罪名数量相对而言还是较少的，大量含有管制刑的罪名还是集中在较轻的类罪中。因此，我国在对管制刑的配置上已呈现出范围广与深入具体罪名的发展趋势，尤其是在刑法不断修订自身内容的基础之上，管制刑也会得到调整而依然占据我国刑罚种类中的重要地位。

基于以上我国现行刑法对管制刑规定内容的总体性描述，其作为轻刑刑罚种类已然是我国现行刑罚体系中的独立刑种并被置于主刑之列，那么继续将其予以保留并加以长期适用便是必然的选择。与此同时，我国刑法总则以各种规定或条件限定了管制刑的刑期起止、权利义务、执行与解除以及具体行刑方式等可供选择和能够适用的内容，这便意味着管制刑有其特定的刑罚界限并在此规定内受严格的限定，而且又在很大程度上体现出管制刑内容的宽容人道性和开放社会性。另外，我国刑法还将管制刑配置分布于一定罪名当中，重在充分发挥管制刑在处置犯罪和对待犯罪人方面的积极效用。尽管如此，我国在设置管制刑刑种的前提下作出的一系列内容规定难免有所不足，仍然存在着许多尚未清晰且不够细致的地方需要指出。

(二) 存在的问题

由于我国特定监禁刑的历史和以自由刑为中心的现行刑罚体系都是建立在积淀深厚的监禁刑背景和丰富的监禁经验基础之上的，管制刑作为特殊自由刑的刑罚种类是我国当初设置刑罚种类的新尝试，而后随着管制刑在实际刑罚适用中不断出现问题，对管制刑的理性反思也日益展开，并取得了较为一致的结果。如今，管制刑存在的问题主要集中在刑罚期限恰当性、适用对象清晰性、执行内容针对性以及能否发挥其整体刑罚惩罚力度等方面。

1. 刑罚期限恰当性

从上文可知，我国现行刑法对管制刑刑种内容的规定主要集中在总则中，不过总则中的规定往往都具有一定的概括性，因而衍生出了相应的问题。首先，从刑罚期限是否恰当的角度来看，管制刑的刑期呈"3—2—3"结构，最低为三个月和最高三年的刑期幅度本身就因跨度较大而不甚恰当。尤其是与拘役刑现行的"1—6—1"结构相比，管制刑的刑罚期限明显长于拘役刑。虽然拘役刑是对犯罪人人身的实际关押，但是在判决最终得以确定之前，犯罪嫌疑人或者犯罪人都将受到先行羁押的控制。而且，结合刑期长短和折抵的规则，反观先行羁押的可关押期限，拘役刑服刑期1∶1的折抵致使犯罪人先行羁押的期限与实际服刑期等同，即一个月到六个月期间；管制刑服刑期1∶2的折抵致使犯罪人先行羁押的期限是实际服刑期的一半，即一个半月到一年期间，这就意味着对管制刑的犯罪人的人身关押在本质上长于且重于拘役刑的犯罪人，那么即便是非监禁的管制刑也存在着短期监禁的可能。因而，这明显与管制刑刑罚种类设置之初的本意相背离，至少是在同拘役刑的严厉性程度对比上的立法意图相悖。另外，考虑到我国现行刑罚体系整体均是按照由轻到重的排列顺序，管制刑作为最轻的主刑种类应当与其轻刑属性相一致，因此管制刑的规定就必然要轻于拘役刑。所以，管制刑的刑罚期限较长且实质严厉程度较高可以清楚地呈现出我国立法在设置管制刑的刑罚期限方面不够恰当。

2. 适用对象清晰性

如前文所述，我国刑法总则对管制刑的具体规定主要集中在期限长短、如何计算、权利义务的限定以及执行等相关内容上，其中并未涉及管制刑的特定适用对象。至于管制刑针对的对象，我们从其定义和特征中可知大概。管制刑的典型特征是不关押与限制人身自由，适用于一些实施较轻犯罪的犯罪人，但是何以判断犯罪轻重与是否关押却是没有统一标准的，因而容易造成管制刑与拘役刑或缓刑在适用对象上的混同。单纯的拘役刑与管制刑的适用较难辨别，如果加上缓刑适用则更加难以作出区分。目前，对管制刑的适用对象存在"社会危害性"和"人身危险性"两种衡量标准。"社会危害性"标准就是按照社会危害性的大小来衡量是否能够适用管制刑；"人身危险性"标准则是按照人身危险性的高低来衡量是否能够适用管制刑。暂不说这两种标准本身的概括性或抽象性难以被实际操作，就管制刑与缓刑的适用对象而言，纵使按照这两种标准的任何一种或两种标准齐用，仍然很难区别开来。这主要是由于我国对缓刑适用所规定的条件也是对"犯罪情节较轻""暂不执行刑罚无危险"的犯罪人作出的，而且犯罪人在缓刑考验期内需要遵守的特定义务性规定内容也与管制刑的义务性规定具有很大的相似性，因而二者在整体上几乎一样。因此，这种尚不清晰的适用对象易于使管制刑在司法实践中的适用陷入尴尬的境地。当然，我国规定缓刑针对拘役刑和三年以下有期徒刑的犯罪人，这是对缓刑内容的明确。不过，在具体考量管制刑与缓刑的适用时，由于二者在条件上具有相似性，可能造成拘役刑附以缓刑的刑罚替代管制刑的情形，这样反而会形成管制刑适用少而呈现出虚设的结果。因此，对象的不清晰会直接导致管制刑出现适用困境。

3. 执行内容针对性

管制刑的执行内容主要是保证犯罪人在服刑期间遵守特定义务、享有一定的权利以及期满解除执行刑罚等，但这些执行内容从总体上来说均是原则性规定，并未阐明具体内容，换言之即将管制刑的执行内容运用于实践难以落实。因此，管制刑的不具体首先表现在权利义务的执行缺乏对应性规定。一方面是"同工同酬"权利的获取，这与拘役刑中的"酌量报酬"一样，虽规定着获得报酬的权利，但是如何计算"同工"与"同酬"却没有更加细致的规定，相反在《劳动法》中却有界定，这更加说明我国刑法作为涉及人身的重要法律规范在权利保障方面规定得不够。另一方面是义务的履行，我国给适用管制刑的犯罪人规定了服刑期间内必须遵守的内容，其中前两项是一般性守法规则，第一项本身就是社会公众作为合格公民遵纪守法的最底线要求，任何人都不得逾越；第二项是需要特定批准才能行使的权利内容，尽管管制刑的犯罪人必须得到批准，但这也是非犯罪人或社会公众在行使之前必须获得批准的权利，可见这对于犯罪人而言毫无意义。因而，义务规定中的前两项均由于非特殊性义务而成为虚设。再看后几项义务内容，"报告活动情况"与"遵守会客规定"同样没有如何执行的具体措施。"报告活动情况"对于什么样的活动需要报告、什么时候报告以及怎样报告等都没有较为细致的规定，难免造成执行操作时的无据可依或形式化执行。"遵守会客规定"也是笼统的内容设置,即没有实质上的规定,加之现今社会的快速发展和网络的广泛普及,"会客"变得简便且轻而易举,因此如何保证犯罪人能够遵守相关会客的规定也给具体执行留下了难题。纵观管制刑的义务性规定,也就只有最后一项"离开批准"的内容稍具特定性,但是却很难体现出刑罚的惩罚。因而,从执行权利义务内容的角度来看,难以体现管制刑刑罚的针对性并且实际操作性也不强,无法发挥出管制刑的刑罚积极效果。虽然我国在改进管制刑过程中引入"禁止令"和"社区矫正"制度,在一定程度上使管制刑的执行内容得以深入或具体,但是依然同其他义务性规定一样是相对概括的内容,因此还会为实际执行制造难题。

另外,在管制刑的规定中,虽然《刑法修正案(八)》已经将公安机关作为执行机关的规定删除了,而且司法行政机关的执行主体身份得到了一定的认可,但是在"禁止令"的违反处罚规定中却又明确由"公安机关依照《中华人民共和国治安管理处罚法》"作出处罚,这就不可避免地造成执行机关与处罚机关相冲突。既然司法行政机关是管制刑实际上的执行机关,那么有关管制刑的执行便都是其范围内的事项,司法行政机关也具有行政处罚权力,因而这样的规定本身就有问题。再者,对违反禁止令之后的处罚按照《治安管理处罚法》予以处罚也是不合适的。我国《宪法》明确规定刑事基本法律的内容只能由全国人大作出,上述规定明显与之相悖。因此,我国关于管制刑的执行主体规定也较为模糊。

事实上,管制刑执行内容的不具体并非是其特有的问题,而是我国立法规定刑罚种类的相关内容所存在的通病。除了本书归纳出的我国管制刑存在的刑期不恰当、适用对象不清晰以及执行内容不具体等问题以外,从管制刑整体而言,其刑罚惩罚力度难以有效地呈现出来，换言之即管制刑本身无法发挥刑罚惩罚效用，并且犯罪人自己也感受不到刑罚惩罚的痛苦，进而使得管制刑刑罚凸现出了惩罚不够力的问题。

4. 刑罚惩罚力度

刑罚惩罚是否够力实际上是对刑罚威慑力的反映，作为蕴含最后性的刑罚应是比其他民事处罚或行政处罚更为严厉的惩罚。但是，就我国目前对管制刑规定的诸多内容而言，其明显难以显示出惩罚力度。虽然在管制刑的刑罚期限规定中，其具备较长的刑期且存在较重的先行羁押可能，但综合我国关于管制刑执行内容的各种规定，管制刑并不能展现出足够的惩罚力。

刑罚惩罚实际上是在服刑期间内让犯罪人感受到一定的痛苦，虽然管制刑刑期设置较长，但是却会因为先行羁押的期间而导致事实上服刑期限被大大缩短，致使犯罪人难以形成内心感知，反而会让其觉得刑罚不过如此。更重要的是管制刑本身的非监禁性特征，加之不具针对性和惩罚力的义务内容，易于产生其与监禁刑罚的严厉惩罚之间的鲜明对比，进而使得管制刑的刑罚惩罚显得无关紧要，也很难使犯罪人发自内心地积极改造。而且，对犯罪人违反义务性内容之后如何进行规制则没有作出规定，除了有违反禁止令的相应法律处罚之外别无其他，这一漏洞会进一步削弱管制刑的整体刑罚惩罚力。况且，相较于国外对限制自由刑规定中的义务劳动而言，我国管制刑规定的"同工同酬"虽显得人道宽容，但却是大大地降低了其惩罚力度。当然，本书并不否认人性化内容的规定，但是毕竟作为刑罚种类也需要考虑刑罚应有的威慑或惩罚，即刑罚是犯罪人实施犯罪行为所必须要承受的相应痛苦，因此完全的同工同酬是有失恰当的。当下我国管制刑已经出现了适用率较低的情形，因而基于这种情况就有学者作出论断："管制刑与其说体现了刑罚的轻缓化，不如说刑罚由此被虚拟化。"[1]这不仅仅是由于我国重刑化观念和以监禁刑为主的刑罚体系所必然导致的，更主要的是管制刑规定本身的惩罚力度不足以及其在我国同拘役刑适用上的差异不明显，进而使得司法实践在能够选择管制刑或拘役刑时更偏向于刑罚惩罚够力的拘役刑。因此，刑罚惩罚不够力已然是我国管制刑亟须解决的一大重要问题。

　　以上主要是对我国刑法总则关于管制刑内容规定存在的不足加以明晰，再观刑法分则对于管制刑的配置范围，其也是不够合理的。目前，我国刑法分则将管制刑置于十大类罪中的七大类，即便是危害国家安全罪这样严重的类罪中都有管制刑的法定刑配置，但却在贪污贿赂罪、渎职罪和军人违反职责罪三类中完全不配置，在分布范围上明显不够恰当。而且，管制刑作为轻刑种类，被置于严重犯罪当中本身就不合适，这与刑法分则按照不同犯罪客体的危险程度排列的精神不相符合。尤其是在具体罪名的法定刑中还存在管制刑与五年以下有期徒刑的刑种并列选择的规定。如《刑法》第105条第2款规定："以造谣、诽谤或者其他方式煽动颠覆国家政权、推翻社会主义制度的，处五年以下有期徒刑、拘役、管制或者剥夺政治权利；首要分子或者罪行重大的，处五年以上有期徒刑。"[2]这种配置意味着刑罚幅度的可变动性较大，即从非监禁刑种到监禁刑种的跨度区间，显然是不科学的配置。同时，管制刑的适用范围或比例实际上还是较窄或较小的，难以实现我国教育、矫治和预防犯罪的刑罚目的，也与我国"宽严相济"刑事政策不相适应，进而未能满足刑法社会保护机能的需求。因此，在管制刑配置

---

〔1〕 王利荣："也谈管制刑适用的法律调整"，载《中国刑事法杂志》2000年第4期，第41页。

〔2〕 《刑法》第105条。

方面也存在着或多或少的问题。

无论是管制刑自身存在的弊端,还是我国对管制刑作出的相关规定,都已经呈现出其具体问题所在。总体上看,"管制刑的规定主要是纲领性、原则性的概括和指导,缺乏相应的配套措施加以细化,从而使管制刑在执行过程中因为不具有可操作性而适用率很低,而且执行效果不好"。[1]因此,基于立法问题以及实际适用的现实情况,我国废止管制刑的学说或观点众说纷纭,但是考虑到管制刑的一些问题可以通过细化内容规定的方式加以深入调整,我国刑罚体系在继续保留管制刑这一独特刑罚种类的基础上就必然需要逐渐将其加以明确化或细致化,如此方能与现代刑罚目的和刑法社会机能以及当下刑事政策内容保持一致。除却死刑、拘役刑与管制刑的各自争议及其在立法中的具体设置所形成的诸多刑罚问题以外,我国现行刑罚体系还包括附加刑部分的刑罚内容。尽管附加刑是依赖主刑而生的刑罚种类,但其在我国刑罚体系的形成和发展过程中占据着十分重要的地位,而其中囊括的具体刑种目前也出现了十分明显的问题。因此,在研究我国现行刑罚种类设置问题上,附加刑是必不可少的刑种内容。

四、罚金刑问题

罚金刑是一种既古老又现实的刑罚种类,说其古老主要是由于罚金刑自被作为刑罚种类以来经历了漫长的刑罚发展过程已然存在上千年之久;说其现实主要是由于时至今日罚金刑仍被世界各国视为一种重要的刑罚方法。当下,罚金刑在我国现行刑罚体系中归属于附加刑,附加刑本身是对主刑的一种补充

---

[1] 张德军:《中国自由刑制度改革研究》,中国政法大学出版社2014年版,第102页。

性适用,即其可以与主刑一同使用,也可以是单独处置犯罪的刑罚种类,因此罚金刑自然也是如此。同时,罚金刑本质上是财产刑类别中的具体一种,以财产的剥夺为处罚内容。至于罚金刑为何,我国理论上将其一致界定为:"罚金是人民法院判处犯罪分子向国家缴纳一定数额金钱的刑罚方法。"[1]基于此,罚金刑具有刑罚性、由人民法院作出以及剥夺金钱的固定特征。首先,罚金刑具有刑罚性,即其本质上是刑罚处置犯罪人的一种方法,置于刑法当中并具有特定强制性。也正是罚金刑的刑罚属性使其不同于行政罚款或其他金钱损害赔偿等,并且其惩罚性或严厉性程度相较而言更重。其次,罚金刑由人民法院作出,即"人民法院是适用罚金刑的唯一机关,其他任何机关或者个人都无权对公民适用罚金刑"。[2]这也是其刑罚性所延伸出来的。而且,人民法院是依照刑法对罚金刑的明确规定进行的判处,这就意味着依法是前提。最后也是最为重要的就是,罚金刑具有特定的剥夺金钱的刑罚内容,这是与生命刑、自由刑以及资格刑完全不同的特征,并且罚金刑以剥夺犯罪人自己所有的一定财产作为处罚犯罪人的方式,意图体现刑罚对犯罪人的惩罚进而使其不再犯罪。因此,罚金刑也同管制刑一样无需关押,且较管制刑而言不受人身的限制,也没有较长刑期的约束,待缴纳被罚金钱之后刑罚即执行完毕。

罚金刑长期存在于刑罚体系当中,各国理论界对罚金刑的认识也逐渐深入,在理性分析罚金刑的优缺点之后形成了相互对峙的正反两面学说。一方面是基于罚金刑蕴含的优点主张将

---

[1] 曲新久等:《刑法学》(第6版),中国政法大学出版社2016年版,第97页;张明楷:《刑法学》(第5版·上),法律出版社2016年版,第534页。基本上我国刑法学著作中关于罚金刑的定义都一样。

[2] 陈兴良主编:《刑种通论》(第2版),中国人民大学出版社2007年版,第308页。

其加以重视，另一方面则基于罚金刑表现出的缺点主张将其废止。对罚金刑加以肯定的学者们认为罚金刑的经济性、可分性、针对性、回转性以及开放性等有利之处能够有效地处置特定犯罪。其中经济性是罚金刑凸显的特征，其本身以财产中的金钱为刑罚剥夺内容，能够有效地减少国家为执行而付出的费用，尤其是与生命刑、自由刑相比较，国家对罚金刑的执行无需设置过多的配套措施，且在一定程度上增加了国家的收入，进而既体现出刑罚对犯罪的惩罚，又表明其积极经济性特征。可分性是建立在罚金刑特定剥夺金钱的基础之上的，金钱本身是可以计量的，罚金刑自然也就可分，这种可分性"不仅为根据已然犯罪的社会危害性的严重性程度正确地裁量刑罚提供了可能性，又为根据未然犯罪的人身危险性的大小实现刑罚个别化创造了条件"。[1]因此，罚金刑不仅满足了罪刑相适应原则的要求，也为裁量和执行带来了便利。针对性是罚金刑作为独立刑种在对象上的特定选择，其具体是"惩治单位犯罪、经济犯罪等类型犯罪有效的刑罚方法，较之单独适用自由刑等刑罚方法而言，更具有有效性和可能性"，[2]单位本身不过是法律所拟制的"人"，其不具有实际人身权益如生命和自由，因此对单位犯罪予以罚金刑处罚再合适不过；经济犯罪本身就与金钱财产紧密相关，对犯罪人处以非财产刑刑罚尚不足以阻断其再犯，反而会给其留下犯罪资本和空间，因此罚金刑相对而言不仅是有效惩罚经济类犯罪的刑罚方法，还能或多或少地发挥出刑罚特殊预防的效果。回转性是在罚金刑出现错误的情形下能够有效

---

[1] 参见陈兴良主编：《刑种通论》（第2版），中国人民大学出版社2007年版，第315页。

[2] 马登民、徐安住：《财产刑研究》，中国检察出版社2004年版，第231页。

第三章 我国现行刑罚种类设置

纠正的属性，即易于纠错，其本身只是对金钱的处罚，即便误判也只需要将之前剥夺的罚金予以返还并附以利息即可，操作简便且行为人不受其他不利影响，可以说是彻底的回转或完全的纠正，可以有效避免与人身相关的刑罚种类的回转弊端。开放性是罚金刑非监禁特征的表现，无需关押自然也就不会受到交叉感染，并且不会出现复归与适应社会的问题。因此，罚金刑在处置特定犯罪时有其不可抹杀的优势，同时也是符合刑罚轻缓化发展趋势的刑种设置，因此其是刑罚体系中不可或缺的刑种。

而对罚金刑加以否定的学者们则认为，罚金刑难以实现平等、导致罪刑不当、弱化刑罚威慑以及易于刺激再犯等不利之处使其较难恰当地回应犯罪。罚金刑本身无法脱离与金钱的关联，是作为强制犯罪人缴纳特定数额金钱的刑罚种类，但是在同罪同数额处罚的平等形式下，相同金额却由财富状况不同的犯罪人来缴纳会导致实质的不平等，于富人而言一定的罚金无关紧要，于穷人而言则至关重要，这就造成了罚金刑的不平等对待问题。罚金刑导致罪刑不当，即罚不当罪，虽然罚金刑的具体数额有一定规则可依照，但是在实际判处时却不只是机械地套公式，在很多时候还会考虑到犯罪人能否支付，进而就有可能形成与罪不当的罚金处罚，这也造成了其与罪刑相适原则的背离。罚金刑刑罚不可避免地给人一种"以钱赎罪"的主观印象，即在社会公共看来只要缴纳金钱就不受束缚了，尤其是在单独处以罚金刑的时候更有可能形成这种观念，这从本质上来说是对刑罚威慑力的弱化或者降低，也不利于刑罚严厉性和权威性的呈现。罚金刑还易于刺激犯罪人重新犯罪，对于无力支付罚金的犯罪人而言则可能刺激其走向偏激再犯罪道路；对于初次即采用盗窃、诈骗等手段犯罪的犯罪人而言，罚金的缴纳也可能诱发他们再犯。因此，部分学者基于罚金刑蕴含的不足之处主张应当将其从刑罚体系中予以剔除。

尽管罚金刑的存废问题至今仍处于持续争论之中，但是其被置于多数国家的刑罚体系之内的现状也是不可否认的。罚金刑利大于弊的观点自然也就成了主流。即使如此，设置有罚金刑的国家也意识到罚金刑正面临诸多现实问题，因此完善罚金刑的内容规定是各国的一致认识。同时，基于不同的罚金刑规定会形成不同的刑罚处罚效用，我国在刑法中也对罚金刑作出了与本国国情、理论观念以及实际政策相符合的立法规制。因此，我们在分析罚金刑问题之前必然要对其内容规定加以阐述，如此方能对其进行较为深入的剖析。

（一）我国对罚金刑的规制

罚金刑作为我国刑罚种类的一种居于现行刑罚体系内，最早源自于第一部刑法典。而事实上，在我国首部刑法典确立之前的起草讨论过程中，学界对是否设置罚金刑刑种就出现过纷争，最终多数意见认可罚金刑在对轻微犯罪与经济类犯罪等的积极效用并结合各国普遍设置的情况，罚金刑作为附加刑的一种具体刑种被规定在刑法当中且一直沿用至今。同时，我国刑法本身经过了数次修正，其中自然涉及了刑罚种类内容的调整，进而形成了现行刑罚体系整体。具体到当下，我国对罚金刑的规制也作出了较为清晰的内容规定。

1. 原则性内容规定

从我国现行刑种的设置出发，涉及罚金刑的规定既包括总则中的内容又涵盖分则各罪名中的具体分布配置。我国刑法总则对罚金刑的量刑标准、缴纳与减免等执行内容做出了规定。

第三章 我国现行刑罚种类设置

在量刑标准方面,《刑法》第52条[1]规定罚金刑之具体数额的确定是依照"犯罪情节"的标准进行衡判的。犯罪情节就是犯罪人实施犯罪出现的情状,典型的如由于犯罪导致的损失大小、犯罪所得金额等,不同的犯罪通常会存在各自不同的犯罪情节,有时也会蕴含相同的犯罪情节;相同的犯罪一般存在着相同的犯罪情节,有时也会蕴含不同的犯罪情节。由此可见,犯罪情节具有较大程度的变动性。因而,我国刑法对罚金刑的量刑标准的规定本质上是罪刑相适应原则作用的产物。并且,由于罚金刑是刑罚种类的一种,其处罚始终依靠对犯罪情节的考量,既包括在判断是否需要适用罚金刑时要考虑犯罪情节,也包括在确定罚金数额时对其加以考虑。在缴纳执行方面,《刑法》第53条[2]较为清楚地规定了罚金刑缴纳与执行的相关内容,其中明确犯罪人可分几次进行缴纳,全面、周到地对犯罪人的财产状况及支付能力等加以考虑,避免了一次性强制所引起的消极影响。而且,在面对未能全部缴清的时候,刑法还赋予了人民法院追缴的权力并且只要发现即可随时执行,这也是以罚金刑特殊属性为前提的结果。不仅如此,受刑罚人道化作用,在给予执行机关强制执行权的同时国家也对犯罪人给予了特定情形下的刑罚宽容。除此之外,由于罚金刑是附加刑,因此自然应附属于主刑适用,而且还存在多个罚金刑或者其他附加刑的情形。针对与罚金刑相关的数罪并罚内容,《刑法》第69条第3款规定:"数罪中有判处附加刑的,附加刑仍须执行,其中附加

---

[1]《刑法》第52条规定:"判处罚金,应当根据犯罪情节决定罚金数额。"
[2]《刑法》第53条规定:"罚金在判决指定的期限内一次或者分期缴纳。期满不缴纳的,强制缴纳。对于不能全部缴纳罚金的,人民法院在任何时候发现被执行人有可以执行的财产,应当随时追缴。由于遭遇不能抗拒的灾祸等原因缴纳确有困难的,经人民法院裁定,可以延期缴纳、酌情减少或者免除。"

刑种类相同的，合并执行，种类不同的，分别执行。"[1]换言之即无论主刑为何类具体刑种，附加刑都不能予以抵消且不受主刑影响而必须共同执行，出现相同的数个罚金刑刑罚则合并起来且无上限规定。这是与其他有刑罚期限限制的刑种所不同的规定。因此，罚金刑在我国即使只作为附加刑也依然能发挥出其刑罚惩罚和威慑效用。以上为我国刑法总则中关于罚金刑内容的规定，相对于其他刑种而言，其涉及的总则条文不多，但是一切刑种的完整内容还包括分则中的具体规定，罚金刑当然也不例外。

2. 适用范围规定

我国刑法分则也将罚金刑配置于各罪名的具体法定刑之内，其不仅规定有罚金刑能够适用的具体范围，还确立了不同的刑罚方式和罚金数额计算规则。在具体适用的范围上，罚金刑被置于我国十大类罪中的七大类中，占据犯罪总类的70%，从类罪配置的角度来看，罚金刑涉及范围较为广泛。而且，基于不同客体类罪的属性差异所配置的罚金刑刑罚也各不相同，即在其覆盖的七大类罪中占的比例高低不一、有所差别。纵观我国现行《刑法》立法规定的内容，罚金刑的分布或多或少地打破了自由刑的绝对统治地位并适当地调整了整体刑罚体系在刑种方面的结构。关于罚金刑在类罪中的适用范围经过归纳总结可得出如下数据：

各类罪	条文总数	含罚金刑条文数	所占比例
危害国家安全罪	12	0	0%

---

[1]《刑法》第69条。

续表

各类罪	条文总数	含罚金刑条文数	所占比例
危害公共安全罪	35	12	34.3%
破坏社会主义市场经济秩序罪	101	94	93.1%
侵犯公民人身权利、民主权利罪	37	11	29.7%
侵犯财产罪	15	12	80%
妨害社会管理秩序罪	99	63	63.6%
危害国防利益罪	14	4	28.6%
贪污贿赂罪	17	11	64.7%
渎职罪	25	0	0%
军人违反职责罪	32	0	0%
总十类罪	387	207	53.5%

由此我们可以清楚地看到，如今罚金刑以超过半数的比例处在罪名的法定刑内，尤其是罚金刑，被置于附加刑这一相对较低的地位，其分布比例却超过了身为主刑的管制刑。并且较1979年《刑法》中的罚金刑的分布来说，其由八大类罪中的三大类分布扩展至十大类罪中的七大类，具体罪名分布则由192个条文中的20多个条文（约占10.5%）上升到了387个条文中的200多个条文。这一方面体现了我国正朝着轻刑化道路作出立法规定，另一方面则展现了我国罚金刑范围的扩大。在得到大范围扩展的情况下，罚金刑被集中规定在破坏社会主义市场经济秩序罪、侵犯财产罪以及贪污贿赂罪和妨害社会管理秩序罪这四大类罪之中。其中，破坏社会主义市场经济秩序罪的设置更是高达93.1%，这明显是与罚金刑的财产性与经济性属性相符的配置。而危害国家安全罪、渎职罪与军人违反职责罪中

则并没有将罚金刑作为其包含的任何一个罪名的法定刑内容，这也是考虑到罚金刑轻刑性质的结果。相较于管制刑在危害国家安全罪等重罪中的设置，罚金刑的分布能够很好地做到其本身属性与类罪客体的一致，避免重罪轻刑等不足的出现。

3. 适用方式规定

罚金刑的大范围分布需要以特定的方式规定在不同罪名的法定刑中，罚金刑的刑罚设置方式与其他法定刑有所区别。其又可被阐述为罚金刑的适用方式，即"罚金刑和犯罪的对应关系，以及罚金刑和其他刑罚的组合关系"，[1]其在我国被可归纳为单科、选科、并科与复合制四种。单科也称单处，意为单独适用罚金刑并且只能适用罚金刑这一刑种，这种方式基本被规定在有单位犯罪或法人犯罪的罪名法定刑当中，由于单位犯罪或法人犯罪具有特殊性，因而对单位或法人在刑罚设置上只能作出单科罚金刑的规定。如《刑法》第332条第2款规定："单位犯前款罪的，对单位判处罚金……"[2]这就意味着单位的刑罚处罚只有罚金刑。选科也称选处，意为以选择性刑罚与主刑刑种并列规定在罪名法定刑中的方式，由于罚金刑可单独可附加适用的特性，对一些罪名配以选择性的处罚方式规定其法定刑罚内容，也就意味着给司法适用提供选择性依据。如《刑法》第314条规定："隐藏、转移、变卖、故意毁损已被司法机关查封、扣押、冻结的财产，情节严重的，处三年以下有期徒刑、

---

[1] 马登民、徐安住：《财产刑研究》，中国检察出版社2004年版，第332页。

[2] 《刑法》第332条规定："违反国境卫生检疫规定，引起检疫传染病传播或者有传播严重危险的，处三年以下有期徒刑或者拘役，并处或者单处罚金。单位犯前款罪的，对单位判处罚金，并对其直接负责的主管人员和其他直接责任人员，依照前款的规定处罚。"

拘役或者罚金。"[1]并科即并处，是将罚金刑与主刑刑种并列且必须附加于主刑适用的方式，换言之即为依照罪名法定刑中的并处规定，一旦处以该罪名就必须适用罚金刑。如《刑法》第359条第1款规定："引诱、容留、介绍他人卖淫的，处五年以下有期徒刑、拘役或者管制，并处罚金；情节严重的，处五年以上有期徒刑，并处罚金。"[2]复合制意味着同一罪名的法定刑中既有单科也有并科的规定，即在单处与并处之间可以选择性适用。如《刑法》第312条第1款规定："明知是犯罪所得及其产生的收益而予以窝藏、转移、收购、代为销售或者以其他方法掩饰、隐瞒的，处三年以下有期徒刑、拘役或者管制，并处或者单处罚金；情节严重的，处三年以上七年以下有期徒刑，并处罚金。"[3]在这四种罚金刑适用方式中，我国刑法分则中规定得最多的是并科方式，这在一定程度上加强了刑罚惩罚的力度并提升了刑罚的实际威慑力。

4. 数额计算规定

另外，罚金刑作为剥夺金钱的刑罚种类，如何给司法适用提供金钱数额的确定依据是立法设置内容中不可或缺的部分。在罚金刑的金额计算规则上，我国存在特定数额区间罚金制、比例罚金制、倍数罚金制、复合罚金制以及概括罚金制等五种确定罚金数额的特定规则。特定数额区间罚金制是在罪名法定刑中规定处罚一定区间即上限与下限罚金数额的形式，具体罚金刑的金钱数额有选择性但是必须在特定区间之内。如《刑法》第197条规定："使用伪造、变造的国库券或者国家发行的其他有价证券，进行诈骗活动，数额较大的，处五年以下有期徒刑或者拘役，并处

---

[1]《刑法》第314条。
[2]《刑法》第359条。
[3]《刑法》第312条。

二万元以上二十万元以下罚金……"[1]显然，其就是特定数额区间罚金规定。比例罚金制是罚金的具体数额与犯罪数额呈一定比例的计算规则，具体金钱数额是按照犯罪数额比例确定的。如《刑法》第160条第1款规定："在招股说明书、认股书、公司、企业债券募集办法中隐瞒重要事实或者编造重大虚假内容，发行股票或者公司、企业债券，数额巨大、后果严重或者有其他严重情节的，处五年以下有期徒刑或者拘役，并处或者单处非法募集资金金额百分之一以上百分之五以下罚金。"[2]倍数罚金制是同比例罚金制类似的数额计算规则，唯一差别在于倍数罚金制是按照犯罪数额的一定倍数来确定的。如《刑法》第202条规定："以暴力、威胁方法拒不缴纳税款的，处三年以下有期徒刑或者拘役，并处拒缴税款一倍以上五倍以下罚金……"[3]复合罚金制是在同一罪名法定刑中既规定着一定比例也规定着特定倍数的罚金数额计算方式。概括罚金制则是没有较为明确的罚金数额计算内容，只概括性地规定着处以罚金，难免表现出很大的抽象性。因此，我国刑法分则所规定的罚金刑数额内容，存在着相对具体的判处规则以提供罚金刑的刑罚依据，也包括纯粹的抽象判处罚金的内容。

总体而言，我国在设置罚金刑种时不仅将其置于附加刑内列入现行刑罚体系当中，还作出了与罚金刑刑罚必然相关的原则性内容规定。同时，我国还在罚金刑和分则各类罪名的对应分布中，规定了其可以适用的范围、适用的方式以及数额计算规则等内容，进而从立法角度为罚金刑的适用配以明确的内容。尽管目前罚金刑的规定在我国刑法不断修正过程中得到了较好

---

[1]《刑法》第197条。
[2]《刑法》第160条。
[3]《刑法》第202条。

的调整和改进，但是，由于诸多因素（如刑罚目的不同、刑事政策的发展、刑法社会保护机能的转变、立法技术以及适用中暴露的问题等）影响，罚金刑刑种的设置内容规定仍然存在着一些不足之处。

（二）存在的问题

罚金刑这一刑罚种类虽然在我国自第一部刑法典起就作为重要刑种被保留至今，但是，历时已久反而使其更易呈现出缺陷。而且，我国刑法对罚金刑的规定较为概括，尤其是总则中的内容更是多为原则性内容。不过，针对这种抽象性规定的具体运用，我国通过《最高人民法院关于适用财产刑若干问题的规定》对其加以了细化，进一步明确了罚金刑的相关内容规定，使其得以具体化。例如，上述规定将罚金刑单科的适用情形用列举式作出了更为详细的规定，[1]对概括罚金制的不明确数额也设定了底线，[2]并确定了罚金缴纳期限[3]。可见，我国对罚金刑的规制较为全面。尽管如此，就罚金刑的发展而言，我国当下的罚金刑规定内容仍是不够合理也不够恰当的，其主要体现在罚金刑在我国整体刑罚体系内的刑种地位和设置中呈现出的问题

---

[1]《最高人民法院关于适用财产刑若干问题的规定》第4条规定："犯罪情节较轻，适用单处罚金不致再危害社会并具有下列情形之一的，可以依法单处罚金：（一）偶犯或者初犯；（二）自首或者有立功表现的；（三）犯罪时不满十八周岁的；（四）犯罪预备、中止或者未遂的；（五）被胁迫参加犯罪的；（六）全部退赃并有悔罪表现的；（七）其他可以依法单处罚金的情形。"

[2]《最高人民法院关于适用财产刑若干问题的规定》第2条规定："人民法院应当根据犯罪情节，如违法所得数额、造成损失的大小等，并综合考虑犯罪分子缴纳罚金的能力，依法判处罚金。刑法没有明确规定罚金数额标准的，罚金的最低数额不能少于一千元。对未成年人犯罪应当从轻或者减轻判处罚金，但罚金的最低数额不能少于五百元。"

[3]《最高人民法院关于适用财产刑若干问题的规定》第5条规定："刑法第五十三条规定的'判决指定的期限'应当在判决书中予以确定；'判决指定的期限'应为从判决发生法律效力第二日起最长不超过三个月。"

等方面,具体为罚金刑的地位、设置内容(包括适用范围、适用方式以及数额计算等)方面。

1. 刑罚地位

我国将罚金刑置于附加刑刑种之内,这意味着其不如主刑刑种那般具有主导属性,尽管附加刑既能单独适用也能附加适用,并且也给予了罚金刑单科的适用空间,但在司法适用中却难以起到主要作用,即罚金刑单独适用的情形较主刑而言还是很少的。尤其是在刑罚轻缓化大趋势与国外罚金刑主刑化刑种设置的现实基础上。同时,结合刑罚目的论、刑事政策论以及刑法社会机能论的理论发展,我国罚金刑刑种的地位显得较低,换言之即不利于发挥罚金刑的积极效用。

刑罚轻缓化要求刑罚逐渐由严厉向轻缓转变,这一方面体现在刑罚体系整体的趋轻上,另一方面则体现在刑罚种类的宽缓上,而刑罚种类是刑罚体系中的基本内容,其往往以主刑刑种作为主要部分反映刑罚体系的刑罚轻重程度且主刑受到的重视较附加刑也更多。我国主刑只包括了生命刑和自由刑两大类,反观财产刑和资格刑则归在附加刑之内,显然难以展现刑罚的轻缓,尤其是罚金刑这一财产刑中的具体刑种已在国外大多数国家中居于主刑地位。与此同时,从理论层面出发,刑罚目的论在我国主要以以一般预防和特殊预防为内容的预防刑论为中心,其重在强调通过刑罚实现对犯罪的预防,罚金刑的附加性和财产属性使得其大多依靠在主刑刑罚威慑力范围之内,进而易于被犯罪人所忽视或者刺激犯罪人再犯罪,因此无法使犯罪人醒悟也未能警示社会公众反而不利于预防犯罪。并且,罚金刑本身是否能够达到犯罪的预防效果也是受到质疑的。刑事政策论在我国已形成了较好的宽严刑事政策理论,由其指导下的"宽严相济"刑事政策作为我国重要刑事政策之一已经得到了一定程度的贯彻实施，但这对我国整体刑罚体系的作用很有限，未能改变刑罚种类的设置结构。一方面，主刑与附加刑固定结构在我国长期如此；另一方面，其也是以严为主的宽严刑罚体系的体现，这表明，惩罚力度较轻的罚金刑无法处于主要地位。另外，我国刑法社会机能以社会保护机能为主，换言之即主要保护整体社会免受侵害，因此与现有主刑刑种相比，罚金刑的刑罚力度或威慑明显不足以展现出保护社会的机能，而只能居于次要的附加刑之内。因此，罚金刑的附加刑地位是我国刑罚适应本国发展和现行刑罚体系的基本特征所形成的必然产物，其地位较低自然也就毋庸置疑了。

我国罚金刑的地位较低使得刑罚偏重化倾向更为明显且难以有效地实现罚金刑刑罚作用。重刑刑罚体系自我国刑罚产生并形成体系起就存在至今，虽然在刑罚人道和宽缓趋势的发展进程中，我国刑罚体系已经对其中的重刑化内容作出了或多或少的轻刑化调整，但是整体以严为主依然是现行刑罚体系的特征。尽管罚金刑在我国现行刑罚体系中受到了一定程度的重视，尤其是在刑法分则配置中的所占比例不断扩大，不过从本质上来看，其并不是轻刑的实质转变，反而由于特定的适用方式导致刑罚更为趋重，典型的为并科方式的罚金刑在主刑之外的附加适用就是对犯罪人刑罚增多并且力度也加大的体现。因此，我国将罚金刑置于附加刑的地位实则呈现出了对刑罚的加重，不利于罚金刑自身的发展以及较难展现其应有的重要地位。与此同时，罚金刑的次要地位还导致其本身效用难以发挥。主刑和附加刑作为刑罚种类下的类别应当平等，不过国内外往往都对主刑更为注重，附加刑至多起到补充作用。尤其是对于我国而言，虽然附加刑可单独作为处罚犯罪人的刑罚，实际上却很少在司法实践中对其予以单独的适用。因此，罚金刑作为附加刑中的具体刑种也避免不了附加的补充属性。因而，罚金刑的刑罚惩罚效力大多在同主刑一并适用时被主刑的较大威慑所掩盖，导致其不易于被犯罪人所感知，自然难以做到特殊预防，进而对社会公众也无法产生一般预防的效果。这就意味着罚金刑既未能体现刑罚的惩罚报应也不能达到预防犯罪，使其作为刑罚所具有的一定积极效用在应对犯罪时无法发挥出来，也就难免会造成罚金刑虚设的尴尬局面。因此，如今对罚金刑附加地位的质疑声日益高涨。

无论是基于我国特定刑罚体系的主刑和附加刑的现实结构设置，还是罚金刑附加地位导致的不利影响，在我国，罚金刑的地位仍相对较低。由于罚金刑地位较低，是将罚金刑提升到我国主刑当中，还是采用主刑与附加刑并置的形式便成了罚金刑刑种设置不可回避的问题。至于应如何调整和完善我国罚金刑在刑罚体系中的设置笔者将在本书最后一章中予以详细阐述。

2. 内容设置

我国对罚金刑的具体设置集中在分则的各罪名法定刑的内容配置之内，即从罪名法定刑的设定能够看出罚金刑的适用范围、适用方式与数额确定等内容，由此产生的问题也较为集中。首先，就罚金刑的整体适用范围而言，虽然已有相对广泛的分布，但是仍然存在一些不恰当的地方。罚金刑通常被认为是针对经济类犯罪与财产类犯罪的特殊刑罚种类，这两类犯罪的共同点是"利"，因而，罚金刑主要被置于贪利性犯罪当中成了刑种区别设置的立法惯例。目前，我国罚金刑在罪名中的分布也大多遵循此规则，但是却不够全面，换言之即罚金刑尚未被规定在某些贪利性犯罪的法定刑内，例如挪用资金罪等。这便是罚金刑适用范围设置不当之一。同时，罚金刑作为典型的轻刑刑种，应当主要针对社会危害性较轻的犯罪和主观恶性与人身危险性较小的犯罪人,但是,罚金刑在我国当下分配设置的内容中却大多是被置于故意犯罪的法定刑内,过失犯罪中的罚金刑刑罚则很少。显然,故意犯罪比过失犯罪在性质上要更为严重。因此,如此规定会导致罚金刑与自身属性相背离且导致罪刑不相适应。这便是罚金刑适用范围设置不当之二。另外,由于罚金刑的适用范围对罪而不对人,因而只要是实施了包含罚金刑在内的犯罪就按照法定刑处罚,且对于未成年人也不例外。这其实并非恰当。尽管未成年人具备从轻或减轻的法定情节,但毕竟不具有独立的金钱来源,即便受罚金刑刑罚也无法施加于自己,反倒会使得罚金刑在未成年人的适用上显得意义不大。这便是罚金刑适用范围设置不当之三。考虑到这三点不恰当之处,罚金刑在适用范围的规定方面还需要提高合理性和科学性。

在我国罚金刑的金钱数额确定上,最为突出的是概括罚金制的数额确定与罪刑法定原则相悖。罪刑法定原则内容中所派生出的子原则之一即明确性原则,要求法规应当明确且具体,并能够给予司法适用以清晰的刑罚内容。概括罚金制的抽象性内容显然不符合明确性要求,换言之即单纯法定刑中的"处以罚金"无法确定具体数额。罚金数额本质上是与自由刑刑期的长短相等同的刑罚设定内容,没有刑罚期限的法定刑除了无期徒刑之外是不确定的法定刑规定,尤其是对于有期徒刑而言更是需要在不同类罪的不同罪名中配以上下限相差有别的刑期,否则将毫无意义。"没有量度限制的刑罚,这对于国民的自由来说是一个重大的威胁,因为在这种情况下,只要行为人的行为违反刑法,其刑罚的裁量就是不确定的,被告人就处于一种任人处置的地位,其一切权利与自由都化为乌有。"[1]同时,明确

---

[1] 李洁:《论罪刑法定的实现》,清华大学出版社2006年版,第77页。

性原则的内容"不仅要求行为的构成要件或可罚性前提在法律上具有明确性,而且要求明确行为的法律后果(刑罚)。易言之,明确性要求不仅覆盖定罪领域,也适用于量刑领域。过宽的量刑范围同样有违明确性要求"。[1]这就意味着我国特定数额区间罚金制的数额确定规则由于金钱数额区间的跨度过大而缺乏相对明确的法定金额,给司法适用留下的选择空间较宽,进而易于导致自由裁判的随意性结果或者是不公正的处理,当然,我们也不可否认特定数额制至少规定了一定的金钱处罚限定范围,有其相对确定性。不过,限定数额却并不科学,过高的罚金数额即便按其处罚也较为严厉并难以执行,这就导致罚金刑刑罚发生了异化,其目的已超出刑罚惩罚而转向了对非法所得的剥夺。另外,比例与倍数以及复合罚金制也同样存在数额设定过高的问题,其没有规定最高限制,按照一定比例或倍数计算得出的金钱数额会虚高且不具有适度性。况且,比例或倍数的基准有不同的规定,如违法所得、销售金额、偷缴或逃缴税额以及虚报金额等,如何掌握各个基准与实际犯罪危害程度的关系也是一个不可忽视的重要问题。同时,不同基准确定后的罚金数额在与主刑一并适用时,二者的轻重程度往往难以对应或保持平衡。这意味着罚金刑虽被规定于刑罚当中,但却缺乏刑罚自身的限制,比例或倍数的金额基准规则尚未完全考虑到同主刑(尤其是自由刑)限度的关联,进而易于加大刑罚负担并且形成主刑和附加刑之间的不对称,即主刑较轻而罚金刑数额较大的不协调。因此,我国对罚金刑数额的规定尚存不恰当的内容,需要对其作出更进一步的完善。

在我国罚金刑的相异适用方式上,学界普遍认为是以并科

---

[1] 劳东燕:《刑法基础的理论展开》,北京大学出版社2008年版,第142页。

为主、选科和复合制作为辅助，同时单位只可以适用单科的方式。基于罚金刑适用方式除了关联刑种在分则中的设置，更为突出的是与具体刑罚配置中的"必并科"即必须并处罚金刑相联系，而这种配置不仅仅是罚金刑的适用方式，更是财产刑整体在我国刑罚配置中的当然形式，因此，本书将其作为一个单独的重要部分在第四章刑罚配置问题中进行详细的剖析。

基于我国对罚金刑刑罚种类的具体规定还存在地位较低与设置内容不当的诸多问题，因而在坚持将其作为我国现行刑罚体系中的重要刑种的基础上，我们不得不重视对其现有内容规定进行调整和改进。也正是因为罚金刑是轻刑化的重要体现以及其针对特定犯罪能够产生一定的积极效用，所以继续保留并加大对罚金刑的设置是我国刑罚体系发展的必然之选。同时，罚金刑本身也是符合综合刑罚目的与宽和刑事政策需求的特定刑罚种类，而且其也与刑法社会机能的社会保护和人权保障机能内容相符合。因此，在厘清了我国罚金刑的具体问题之后，解决其现有问题便是完善我国刑罚体系的重要一步。另外，除却罚金刑，我国还规定了一种颇具政治色彩的附加刑即剥夺政治权利刑，虽然其同罚金刑一样都被置于附加刑之内，但在性质、内涵以及具体规定上则相差有别。因此，在将我国刑罚体系作为研究对象的前提之下，我们不能忽视对剥夺政治权利刑的阐释。尤其是资格刑已逐渐成为重要的刑种类型而被各国纳入刑罚体系当中，我国的剥夺政治权利刑就更加理所当然地应被理论界重点关注和着重分析。

五、剥夺政治权利刑的问题

资格刑是一种历史积淀深厚的刑罚种类，其通常是"对犯罪人一定权利和资格予以剥夺的刑罚总称"。[1]与生命刑、自由刑和财产刑对身体、自由与物质予以剥夺所带来的痛苦和损失不同的是，资格刑主要是造成权利或资格的丧失，换言之即无法正常享有应有权利或具备特定资格。我国刑罚体系中已列有资格刑，分别为剥夺政治权利刑和驱逐出境刑，由于后者主要针对外国人且并未被列入主刑或附加刑种类之中，因而最为典型的资格刑是剥夺政治权利刑。剥夺政治权利是"剥夺犯罪人参加国家管理和政治活动权利的刑罚方法"。[2]其以一定的权利或资格作为刑罚剥夺的内容，因此，从性质上来看，其自然归属于资格刑。随着刑罚不断向前发展，资格刑越来越受到重视，其非监禁的刑罚属性使其成了未来应然的以监禁替代措施（非监禁刑）为主导的刑罚体系所不可或缺的刑种内容。尤其是在当下，在国外资格刑的具体刑种已经逐渐成熟和我国资格刑慢慢延伸的良好形势下，资格刑成了刑罚体系中刑种设置立法研究的重要部分。

剥夺政治权利刑作为我国资格刑在刑罚种类上的典型刑罚，其不仅蕴含着一般刑罚特征，还具有与众不同的特征。首先是剥夺政治权利的刑罚性，与刑罚体系以外的剥夺权利或资格的处罚在性质上有所区别，而且，其刑罚内容具有非物质性和多样性。非物质性是指剥夺政治权利刑罚"主要是给犯罪分子带来一定的精神痛苦，而不直接涉及现实的物质性损害"，[3]即使有关物质也是间接的由一定权利所带来的具备期待性的物质性

---

[1] 马克昌主编：《外国刑法学总论（大陆法系）》，中国人民大学出版社2009年版，第440页。

[2] 高铭暄、马克昌主编：《刑法学》（第5版），北京大学出版社、高等教育出版社2011年版，第243页。

[3] 参见陈兴良主编：《刑种通论》（第2版），中国人民大学出版社2007年版，第380页。

利益；多样性则是指剥夺政治权利刑蕴含的政治权利的丰富多样，这是我国的其他类别刑种所尚未规定的刑罚内容。因而此为剥夺政治权利刑的独特属性。其次，剥夺政治权利刑同罚金刑和管制刑一样具有非监禁性特征，即不以关押为必需的刑罚。最后，剥夺政治权利刑也具有轻缓性、人道性以及经济性，这是其作为轻刑的必然体现。因此，剥夺政治权利刑以其自身的独特内容被长期置于我国刑罚体系当中。

不过，随着剥夺政治权利刑在我国刑罚中的适用，学者们也对其进行了深入的研究和分析，而且在考虑到刑罚目的观的转变、刑事政策论的调整以及刑法社会机能的发展的基础之上，逐渐出现了其是该存还是该废的理论争论。主张保留剥夺政治权利刑的存续论者以其具备的优点作为核心，认为其能够展现刑罚的否定性评价、实现犯罪的预防以及维护国家的信誉等积极效用。刑罚这种否定性评价是通过剥夺政治权利刑作出的对犯罪行为以及个体犯罪人的否定，这是作为刑罚所固有的效果；实现犯罪的预防主要体现在剥夺政治权利刑的特殊预防，即对犯罪人的一定权利加以剥夺，以使其在行使特定权利时受到限制，实际上是剥夺了其再次犯罪的机会或可能，进而能够有效地防止再犯或重新犯罪；维护国家的信誉是基于剥夺政治权利包含的特殊权利，其中犯罪人大多涉及担任公职或领导职务等资格，因此对此种权利的剥夺或多或少地保障着国家工作人员的廉洁性与整体信誉。因而，剥夺政治权利刑作为一种独特的刑罚需要被保留在刑罚体系中。然而，主张取消剥夺政治权利刑的废止论者则不以为然。其认为，剥夺政治权利刑具有刑罚过剩性、刑罚力度较弱及难以遏制犯罪等局限性。剥夺政治权利刑作为附加刑往往以附加的方式与其他主刑刑罚共处，而主刑的适用已经使犯罪人不具有特定的权利或资格，因此剥夺政治权利刑就显得多余进而导致刑罚的过剩；剥夺政治权利刑本身的刑罚力度相较于生命刑和自由刑而言较弱，犯罪人所感知到的刑罚不太明显，换言之即立法设置剥夺政治权利刑时期望对犯罪人产生的刑罚惩罚效果无法展现，反而在适用中呈现出了较小的刑罚惩罚力度；剥夺政治权利刑的过剩和刑罚力度较弱使得刑罚威慑效应难以发挥出来，也就更难达到对犯罪的遏制和预防，尽管其在特殊预防方面能够产生一定的效果，但无法避免已经犯罪的人运用其他方式再犯以及未能让社会公众感受到其刑罚作用，也难以实现一般预防目的。因而，将剥夺政治权利刑这一刑种予以废止对刑罚体系的影响其实并不大。在存废争论激烈展开之后，理性地看待剥夺政治权利很有必要。无论是存还是废，实际上都是建立在剥夺政治权利刑利弊的比较基础之上，作为刑罚都有利有弊，考虑到其与别的刑种不同的特征和弊端的可避免性以及刑罚发展的客观需要，将剥夺政治权利刑予以保留并作为刑罚种类的重要内容方才是较为合理且合适的选择。

我国刑法经历了一个不断修正的过程，剥夺政治权利刑的规制也受到一定的影响，但其一直被置于各阶段的刑罚体系当中。这一方面是我国刑罚体系在资格刑类别刑种的体现，保证了生命刑、自由刑、财产刑和资格刑四大类刑罚的全面统一；另一方面则是基于剥夺政治权利刑的轻刑属性同世界轻刑化发展以及我国刑罚理论和现实刑罚政策相符合的必然要求。因此，我国在始终坚持保留剥夺政治权利刑的基础上对其进行了规制，目前已形成了大致周全的刑罚内容。

（一）我国对剥夺政治权利刑的规制

剥夺政治权利刑自我国1979年《刑法》起便作为附加刑的一种被置于刑罚体系之内。事实上，早期，"我国规定的剥夺政

第三章　我国现行刑罚种类设置

治权利存在过两种情况：一是作为专政措施的剥夺政治权利，就是对敌对阶级分子，不管犯罪与否，一律剥夺其政治权利；二是作为刑罚方法的剥夺政治权利，只能对犯罪分子适用"。[1] 如今，前者在我国早已被取消，仅将剥夺政治权利作为刑罚处罚方法规定在现行《刑法》当中。在现行刑罚种类设置中，剥夺政治权利刑被置于附加刑之内，在我国居于次要地位，但是，剥夺政治权利刑并未因其地位而导致其不受重视，反倒是同主刑刑罚种类一样作出了较为明确且细致的设定。

从我国现行刑罚体系中设置的刑罚种类出发，目前，刑法对剥夺政治权利刑的规定较其他附加刑在总则中的内容要丰富许多，占据的条文数较多，而且还被具体分布在分则的各大类罪名的不同个罪法定刑之内。其中，我国刑法总则对剥夺政治权利刑的权利内容、期限长短、刑期计算和执行以及特定适用对象等作出了较为简明、清晰的内容规定，概称为总则性规定；在分则中主要对剥夺政治权利刑的适用范围和适用方式等方面加以规定，概称为分则性规定。基于总则性规定具有的一般指导意义，是分则性规定的前提性依据，因此在梳理我国对剥夺政治权利刑的规制时首先要对总则性规定予以阐述。

1. 总则性规定

我国刑法总则对剥夺政治权利刑规定了具体权利限制和刑期限定以及大概适用等内容。剥夺政治权利刑与其他刑罚种类的不同之处在于其所剥夺的权利。在权利内容规定方面，《刑法》第54条规定："剥夺政治权利是剥夺下列权利：（一）选举权和被选举权；（二）言论、出版、集会、结社、游行、示威自由的权利；（三）担任国家机关职务的权利；（四）担任国有公

---

[1] 陈兴良主编：《刑种通论》（第2版），中国人民大学出版社2007年版，第396页。

司、企业、事业单位和人民团体领导职务的权利。"[1]前两项内容事实上是我国宪法规定的公民所享有的基本权利中的部分权利，在此即同宪法中的内容相符合，二者均具有一定的政治属性但又不仅限于政治范畴。将选举权和被选举权作为第一项权利内容是较为合理的，这不仅是世界各国在资格刑内容中的普遍规定，还能通过对这种权利的剥夺起到防止犯罪人再次利用此权利进行犯罪的预防效用以及维护正当的选举秩序。至于第二项中的六大自由权利的内容，虽存在着不合理性，但从政治权利角度出发，其也旨在强调防止犯罪的再发生或降低犯罪的可能性，将特定犯罪控制在尽可能小的范围内。除此之外，剥夺政治权利刑的权利内容还包括后两项掌握一定权力、担任国家行政职务的权利，其中既包括重要职务也包括一般职务，区别只在是否被置于国家机关之中。这意味着我国对国家权力和特定职务的重视，力求保障国家的整体信誉和维持公务人员的良好形象。同样，一旦受剥夺政治权利刑处罚，也就再也不可能再享有此种权利，这对已然具备特定权力的人和希望拥有特定权力的人来说无不是很大的警示，进而又能得以实现设置其意欲达到的一般预防目的。因此，剥夺政治权利刑通过列明具体权利内容的形式，在符合明确性原则的同时有益于展示出其特殊的积极效用。

在剥夺政治权利刑的刑罚期限方面，除却一般性刑期之外，刑法还对特定主刑适用下的刑期作出了规定。对于剥夺政治权利刑的一般性刑期，《刑法》第55条[2]的内容规定意味着剥夺

---

[1]《刑法》第54条。
[2]《刑法》第55条规定："剥夺政治权利的期限，除本法第五十七条规定外，为一年以上五年以下。判处管制附加剥夺政治权利的，剥夺政治权利的期限与管制的期限相等，同时执行。"

政治权利刑单独适用的刑期为 1 年~5 年；附加主刑适用时，除与管制刑等同刑期的附加适用，其他附加适用普遍也为 1 年~5 年刑期。不过，考虑到剥夺政治权利刑的特殊适用，《刑法》第 57 条规定："对于被判处死刑、无期徒刑的犯罪分子，应当剥夺政治权利终身。在死刑缓期执行减为有期徒刑或者无期徒刑减为有期徒刑的时候，应当把附加剥夺政治权利的期限改为三年以上十年以下。"[1]继而，在附加于死刑和无期徒刑刑罚适用时，司法机关可适用特别刑期规定。自此，剥夺政治权利刑的刑期规定就存在五种情况：一是独立适用的刑期限定在 1 年~5 年之间；二是附加于管制刑适用的刑期与管制刑期等同，限定在 3 个月至 2 年之间；三是附加于拘役刑或者有期徒刑适用时刑期与其单独适用一致，也是 1 年~5 年之间；四是附加于死刑或者无期徒刑适用时，其没有具体刑期限制且限制犯罪人一生；五是死缓或者是无期徒刑减到有期徒刑再对其予以适用时，限定的刑期为 3 年~10 年之间。这种差异性规定是针对剥夺政治权利刑自身和各个主刑所作出的区别对待，加之刑罚期限的相对限定方式，既考虑到刑罚种类在应对相差各异的犯罪现象时，将其所呈现出的社会危害性轻重程度和犯罪人人身危险性或主观恶性大小予以不同的衡量，又给司法适用提供了可供选择性的刑期依据，并且特定区间化的期限设置也与国外关于资格刑刑罚期限的规定保持着一致。因此，我国对剥夺政治权利刑的刑罚期限设置已具有较为全面的内容规定。

既然存在着相对具体的刑期设定，那么在剥夺政治权利刑的刑期计算和执行方面便也同样存在具体规定。如《刑法》第

---

[1]《刑法》第 57 条。

58条[1]就明确了剥夺政治权利刑附加主刑适用时的刑期计算起点和执行中的内容,尽管其是在主刑执行完或假释之日起方才计算自身的刑罚期限,但是其刑罚效力却是扩展至主刑期间,从实质上是对剥夺政治权利刑期的延长和效力的延伸,这在一定程度上加大了其刑罚惩罚力。而刑法虽然没有对其单独适用作出规定,但可从刑期计算的通用规则得知,剥夺政治权利刑同其他刑种一样从判决执行之日开始计算刑罚期限。同时,关于剥夺政治权利刑的执行在要求犯罪人遵守法律法规以外,还要求必须严格按照其规定的具体权利内容执行,换言之即其设定的权利不仅是其自身刑种具有的独特内容,也为其执行提供了具体依据,进而无需再对执行费心规定。因此,剥夺政治权利刑有着自己的刑期计算和执行内容,这是其区别于其他刑罚种类的特殊规定。

另外,在剥夺政治权利刑的特定适用对象方面,《刑法》第56条规定:"对于危害国家安全的犯罪分子应当附加剥夺政治权利;对于故意杀人、强奸、放火、爆炸、投毒、抢劫等严重破坏社会秩序的犯罪分子,可以附加剥夺政治权利。独立适用剥夺政治权利的,依照本法分则的规定。"[2]我国对于附加刑刑种是独立还是附加适用通常规定在分则中的具体罪名内,而对剥夺政治权利刑则特意在总则中作出了特定对象的适用规定。由此规定可知,两类犯罪分子被重点强调适用于剥夺政治权利刑:一类是应当附加适用的强制性规定,另一类是可以附加适用的

---

[1]《刑法》第58条规定:"附加剥夺政治权利的刑期,从徒刑、拘役执行完毕之日或者从假释之日起计算;剥夺政治权利的效力当然施用于主刑执行期间。被剥夺政治权利的犯罪分子,在执行期间,应当遵守法律、行政法规和国务院公安部门有关监督管理的规定,服从监督;不得行使本法第五十四条规定的各项权利。"

[2]《刑法》第56条。

选择性规定。"应当"自然是只要符合要求就必须适用而不容犹豫;"可以"则是在符合要求时存在可适用或可不适用的选择空间。不过,对于"可以"附加适用而言,考虑到其作为特殊内容被重点规定在总则中,因此即便是具有可选择性内容也能稍体现出予以适用的倾向,至少是在面对这类严重破坏社会秩序的犯罪时存在适用剥夺政治权利刑的可能。除了这一规定之外,剥夺政治权利刑的大部分适用对象还在不同个罪法定刑中予以展现。

以上即是我国对剥夺政治权利刑刑种的总则性规定,基本属于一般或原则上的整体指导性刑罚内容,实质是给予分则规定以一定的参照。至于剥夺政治权利刑在各大类罪名的个罪法定刑中如何规定则主要体现在我国分则的具体内容当中。

2. 分则性规定

与其他刑罚种类一样,我国刑法分则也将剥夺政治权利刑配置于各类罪名之内,其不仅规定了剥夺政治权利刑在类罪中的适用范围,还给其设置了一定的刑罚适用方式。在剥夺政治权利刑具体适用的范围方面,其仅被置于我国十大类罪中的五大类,因此从总体类罪配置的角度,相比于其他刑种的分布,剥夺政治权利所涉及的范围实则是较窄的。同时,剥夺政治权利刑在不同客体类罪的配置上也有所差别,即在其覆盖的五大类罪中占的比例也各不相同。剥夺政治权利刑作为我国典型的资格刑刑种,又具备轻刑属性,理应被广泛设置于刑法分则各罪名的法定刑当中。不过,纵观我国现行《刑法》分则立法规定的内容,包含此刑种的罪名条文实际上很少,但不能因此忽视其在现行刑罚体系中占据一定地位。因此,在对刑法分则规定进行归纳总结之后,我们具体考察关于剥夺政治权利刑在类罪中的适用范围可清晰地得出以下数据:

各类罪	条文总数	含剥夺政治权利刑条文数	占剥夺政治权利刑比例	占本章比例（总比例）
危害国家安全罪	12	7	24.1%	58.3%
危害公共安全罪	35	4	13.8%	11.4%
破坏社会主义市场经济秩序罪	101	0	0%	0%
侵犯公民人身权利、民主权利罪	37	4	13.8%	10.8%
侵犯财产罪	15	0	0%	0%
妨害社会管理秩序罪	99	11	38.0%	11.1%
危害国防利益罪	14	3	10.3%	21.4%
贪污贿赂罪	17	0	0%	0%
渎职罪	25	0	0%	0%
军人违反职责罪	32	0	0%	0%
总十类罪	387	29		7.5%

由此表格我们可以清楚地看到，剥夺政治权利刑仅以 7.5% 的低比例分布于总十类罪中，配置率显然低于其他刑种，并且其涉及面也不广泛，只囊括危害国家安全罪，危害公共安全罪，妨害社会管理秩序罪，危害国防利益罪以及侵犯公民人身权利、民主权利罪五类。而且，剥夺政治权利刑一共只有 29 个条文，从这五类罪的分配占剥夺政治权利刑比例来看，其主要集中在危害国家安全罪（24.1%）与妨害社会管理秩序罪（38%）两类类罪中，因而呈现出剥夺政治权利刑是重在保障国家安全和维护社会秩序的刑罚种类，由此还体现出了其具有一定的政治性刑罚色彩。同时，在贪污贿赂罪、渎职罪和军人违反职责罪这三类蕴含着利用特定权利或担任职务进行犯罪的罪名中，却

没有设置剥夺政治权利刑,这难免与剥夺政治权利刑本身对资格或权利予以剥夺的特性相背离,并且零比例的配置也表明这一刑罚种类在设置方面的不均衡。当然,这同最早设置剥夺政治权利刑的初衷是相符合的。如今,我国在刑法规定中也重点强调对国家和社会法益的保护,往往通过刑罚加强对此类犯罪的处罚力度。因此,剥夺政治权利刑的适用范围才会呈现出以上特定的分布。也正是由于这样的分则配置,一方面能体现出我国将剥夺政治权利刑置于应对严重犯罪的必要法定刑之中,另一方面更是体现出其本身的重要性存在。因此,剥夺政治权利刑的适用范围虽有些许不当,但却是反映了我国设置此刑种内容的需要。

除却适用范围的规定以外,我国刑法分则还对其适用方式作出了具体规定。在适用方式方面,其存在选科和并科的两种方式。现行刑法总则已经对特定适用对象作出了"应当"附加适用的规定,这里的"应当"实际上就是必须并科的适用方式;而"可以"附加的规定则在确定一个主刑之后选科的适用方式,不过这里的选科是建立在附加适用的基础之上的。剥夺政治权利刑还能够以单独的选科加以适用,即与主刑共同并列作为选择性的刑罚种类。并科方式则主要依赖于总则规定的能够将死刑或无期徒刑刑罚包含在法定刑中的罪名内容,而在分则中则没有明确的并处规定,这就意味着只要可能被处以特定主刑就要并处剥夺政治权利刑。并且,对"可以"附加剥夺政治权利刑适用的罪名来说,在选择确定之后实质上也是以并科的方式呈现的。因此,剥夺政治权利刑的选科和并科方式最终形成的结果就是其对犯罪人的单独处罚或附加并罚,有且仅有此两种。其中,单独处罚只针对实施较轻犯罪或具有较轻情节的严重犯罪的犯罪人,而附加并罚则主要针对实施性质严重犯罪的犯罪人，典型的为触犯危害国家安全罪就势必附以剥夺政治权利刑等。同时，"刑法分则对剥夺政治权利的规定，绝大多数是排列在三年以下有期徒刑、拘役、管制后面，形成与前三种主刑并列的选择性刑种，只有少数是排列在五年以下有期徒刑、拘役、管制后面，作为选科刑种"。[1]在立法设置剥夺政治权利刑时，我国依然保持了其轻刑的属性，大多将其规定在独立于主刑适用的罪名法定刑中。不过考虑到必须附加适用的情形，其被置于严重犯罪的刑罚中，在较重主刑基础之上的适用又加大了刑罚的力度，因而体现出了剥夺政治权利刑的强烈刑罚否定作用与深重的政治性刑罚处罚必要。

通过我国对剥夺政治权利刑内容规定的阐述，可知其以附加刑的地位居于现行刑罚体系当中，具有特定的刑罚剥夺内容、不同的刑罚期限设定以及明确的适用范围与特殊对象的适用方式。其不仅为整体刑罚体系的丰富和发展构筑了重要刑种内容，还给司法实践的适用提供了较为清晰的法定依据。但是，剥夺政治权利刑在我国适用已久，随着我国刑罚立法的不断发展，与其相关的刑罚理论和现实立法技术逐渐深化，加之应对层出不穷的客观犯罪现象的实然需要，剥夺政治权利刑适用中所存在的问题也日益凸显出来，其中最为直接的反映就是其在设置上的弊端。

（二）存在的问题

相对于罚金刑的规定而言，同样作为附加刑之一的剥夺政治权利刑具有更为细致的内容规定，不过无论是总则还是分则都仍然有着或多或少的概括性或原则性倾向。作为囊括各大类犯罪和刑罚的刑法规范，寄予其绝对的明确之期望实则是过分

---

[1] 邓文莉：《刑罚配置论纲》，中国人民公安大学出版社2009年版，第295页。

的强求，也是难以实现的。其尚不能像某一行为细则那样每一个细节都规定得尽善尽美，因而这基本上是刑法和刑罚所不可避免的缺陷，而剥夺政治权利刑也不例外。同时，我国设置的剥夺政治权利刑刑种本身就具有一定程度的不足，而且由其延伸的资格刑内容规定也呈现出了一些问题。这不仅直接关系到刑罚种类的设置，还关系到我国整体刑罚体系的结构，因此，在全面认识刑罚体系之前，我们需要对其存在的问题予以剖析。

1. 刑法内容[1]

对我国剥夺政治权利刑的具体规定进行过阐述之后，我们可以发现其设置本身就蕴含着一些不合适的地方。剥夺政治权利是具有鲜明特色的刑罚种类之一，从其名称上就能显而易见，此种资格刑是对"政治权利"的剥夺，一方面兼具浓厚的政治色彩，另一方面则是缺乏明确的针对性，适用也过于机械化。

（1）适用罪名的政治性。剥夺政治权利刑这一刑种本身就与政治密切相连，其最早是我国应对阶级斗争而形成的产物。因此，剥夺政治权利适用的罪名必然关联着国家管理与政治活动，这在其分布范围中能够清楚地看到，因而难免在一定程度上具有浓重的政治性色彩。而且，这种政治性与刑罚联系在一起就自然变得更为严厉，使得剥夺政治权利本身成了政治上的一种严厉的刑罚，其自身便会加重对权利剥夺的严厉性。这从实质上将政治化观念纳入了刑罚，不利于刑罚自身的独立构建。同时，仅限于政治权利或资格的内容，是对其自身能够予以适用罪名的限缩，也限制了剥夺政治权利刑的发展。随着法治社会的不断推进，剥夺政治权利在适用罪名中已逐渐难以满足应对犯罪的需要，其毕竟是特殊时期的产物，不能一劳永逸。

---

[1] 参见向准、乌画："我国财产刑扩张下的资格刑发展"，载《华侨大学学报（哲学社会科学版）》2016年第1期，第93~94页。

（2）适用对象的针对性。剥夺政治权利在适用对象上缺乏一定的针对性或者说不尽合理。尤其是对被判处死刑或者无期徒刑的犯罪人而言，实际上是没有什么太大意义的。这主要是考虑到犯罪人本应受死刑或无期徒刑的刑罚处罚：一方面，由于死刑刑罚已经彻底剥夺了犯罪人的生命，使其不具备享有政治权利的基本为人权利，自然也就无剥夺政治权利刑可言；无期徒刑的刑罚与剥夺政治权利的内容大多具有冲突性，换言之即受此处罚就已经不具备行使特定政治权利的条件，那么剥夺政治权利刑对此类犯罪人的作用也就不大。另一方面，即便是受死刑或无期徒刑刑罚处罚的犯罪人，也存在与剥夺政治权利刑不相关或不必要的犯罪内容，即不考虑犯罪性质而一律强制适用剥夺政治权利刑是不合理的，而且主刑与附加刑本应在刑罚体系中处于平等地位，进而由主刑来决定适用附加刑也是不合理的规定。另外，对于严重破坏社会秩序的犯罪人也可适用剥夺政治权利的规定过于模糊，即如何判定严重破坏社会秩序的犯罪以及这类型的犯罪是否附以剥夺政治权利刑没有明确的标准，就会导致司法实践中的不一致结果。然而，这类可以适用剥夺政治权利刑的犯罪并不具有特殊针对性，不具备特殊身份或特定资格的一般人往往实施此类犯罪较多，且此类犯罪大多以侵犯公民人身、财产或危害公共安全的犯罪为主，对其处以剥夺政治权利刑既不能达到特殊预防也不足以实现一般预防，甚至无法体现出剥夺政治权利刑的惩罚性痛苦。因此，如此规定实则起不到刑罚作用，而且附加于主刑适用还会加重刑罚处罚并浪费刑罚资源。

同时，剥夺政治权利刑的适用对象或范围内容，前文已通过具体数据清晰地呈现出来。"对国家工作人员一些利用公职实施犯罪的没有剥夺政治权利的规定，相反，对一些侮辱罪、诽谤罪、招摇撞骗罪等则规定要剥夺政治权利，失去了剥夺政治权利的针对性。"〔1〕换言之即符合剥夺政治权利刑性质或属性的应当适用的罪名没有作出规定，而与之不符的则规定了许多，典型的为贪污贿赂罪和渎职罪中未涉及剥夺政治权利刑，对此类罪加以适用剥夺政治权利刑能从根源上剥夺再犯的条件或可能，进而自然会比其他刑种更具特别预防作用。因此，现有内容难以体现剥夺政治权利刑的针对性规定。除此之外，单位是否能够成为剥夺政治权利的犯罪主体的规定也是十分模糊的，其基本只适用于自然人犯罪。在社会经济高速发展的今天，法人或单位犯罪现象愈加明显，其逐渐成了犯罪主体的重要组成部分，因此理应针对其资格在刑罚中作出或多或少的规制。而且在我国实践当中往往运用多种行政措施对法人或单位处以限制或剥夺资格类的处罚，其在本质上是与资格刑相一致的，有些例如吊销营业执照这种直接取消法人现实存在可能的行政处罚，即便与罚金刑相比对法人或单位都更为严厉。因此，不仅剥夺政治权利刑在单位犯罪中缺少针对性规定，甚至资格刑刑罚整体应对单位犯罪时都尚有不足。

（3）适用方式的规定性。目前，各国在资格刑的适用方式规定上存在部分剥夺和全部剥夺两种情况。我国现行《刑法》采用的是全部剥夺的方式，这就意味着一旦对犯罪人处以资格刑，就将剥夺其规定所包含的全部权利内容。之所以这么说，是因为我国将剥夺政治权利刑中所列举的权利内容作为一个有机整体，四项权利不可分割且互相关联。然而，这种方式在适用上显得太过于机械化，缺乏个别化的考量，并不具有合理性。权利或资格本身在不同的时间和不同的条件对不同的人本就不

---

〔1〕 李荣："试论我国资格刑的缺陷与完善"，载《河北法学》2007年第7期，第68页。

一样,即因时因地因人而异,这就会形成剥夺的权利或资格对于一些犯罪人而言不痛不痒,进而容易导致"刑罚过剩",有悖于罪刑相适应原则的内在要求、不利于刑罚个别化的具体适用,而且削弱资格刑的效用,也难以实现刑罚目的。

除却我国设置剥夺政治权利刑所呈现出的问题以外,在资格刑逐渐扩展和国外各类具体资格刑种类的发展成熟趋势之下,由剥夺政治权利刑引申而来的我国刑罚体系中整体资格刑的问题也成了不可忽视的内容,其中资格刑种类单一化就是最为典型和突出的刑种问题。

2. 种类设置[1]

剥夺政治权利刑是我国资格刑的典型刑种,其不只是一个独立刑种的呈现,更是以此展示出资格刑在我国刑法中特点的具体刑种内容设置。诚知,我国现行《刑法》中只有剥夺政治权利和驱逐出境两种资格刑。相较于国外,我国设置的剥夺政治权利刑也只是对"政治权利"的剥夺,并不包括对其他权利的限制;而驱逐出境刑由于特定的适用对象而不具有完全的普遍意义。这样一来,资格刑在我国的刑法内容设置上难免会显得没有受到重视且内容规定有些单薄。

从资格刑的本质上来说,其以"资格"的限制或剥夺对犯罪人处以刑罚。对于"资格"而言,除却涉及政治权利的资格以外,资格本身所涵盖的内容是十分广泛的,比如从事特定活动与职业资格,具体有"生产经营权、财务管理权、行医权、从事教育权、驾驶机动车(船)权"[2]等。而我国在刑罚种类

---

[1] 向准、乌画:"我国财产刑扩张下的资格刑发展",载《华侨大学学报(哲学社会科学版)》2016年第1期,第93页。

[2] 胡学相:"我国资格刑的不足与完善",载《华南理工大学学报(社会科学版)》2015年第5期,第57页。

第三章 我国现行刑罚种类设置

中只有简单的两种,因而资格刑的种类显得过于单一或简单。同时,在涉及"资格"本身或利用"资格"的相关犯罪中没有附以资格刑的法定刑内容基础之上,纯粹的剥夺政治权利刑也不足以发挥资格刑对再犯的预防效应。因此,在关注资格刑对犯罪的针对性重要作用方面,丰富其具体刑种内容是我国在刑罚体系中设置资格刑的必然选择,否则,仅靠当下的相关规定不仅无法发挥现有刑种的刑罚效用,也不利于资格刑在我国的进一步延伸,因此就会影响整体刑罚体系的发展。

考虑到我国对剥夺政治权利刑刑罚种类的具体规定还存在规定内容不合适与种类单一化等问题的存在,加之其是我国刑罚种类中资格刑的典型,因此在继续保留其居于我国现行刑罚体系中的重要刑种地位的前提下,势必需要我们正视其已经出现的问题。而且剥夺政治权利刑也同罚金刑一样是刑罚轻缓化在我国刑罚体系中的重要体现,其还能够对特定犯罪发挥特殊效用,因而对剥夺政治权利刑内容的调整不仅是资格刑在我国深入发展的必然要求,更是促进和丰富我国刑罚体系的当然之选。同时,剥夺政治权利刑自身也是与我国刑罚目的和现实刑事政策相一致的刑罚种类,况且其还能积极展现出刑法的社会机能。可见,在对我国剥夺政治权利刑的具体问题作出分析之后,一方面会呈现出其不足之处,另一方面还体现出我国设置资格刑中的弊端,进而在关注现有剥夺政治权利刑问题外,还强调对资格刑的重视。

综上即是我国现有刑罚种类设置问题的阐述,所列明刑种的研究都建立在现行刑法的规定基础之上,包括各刑种在总则和分则的不同内容。由此出现的问题总体上来说既有总则中抽象性或概括性的规定,也有分则中不恰当或不合理的规定。具体到不同刑种的问题则因为刑种间的特殊性而有所区别。基于刑罚种类是刑罚体系的基本制度性范畴之一，那么厘清刑种所存在的问题就为刑罚体系的改进和完善提供了明确的方向和依据。因此，我国各刑种问题的分析在其自身的修订和整体刑罚体系的发展两方面均产生了一定的积极意义。

本章小结

本章实际上是从立法论角度，对我国现行刑罚体系中的刑种设置上的问题加以梳理的。其中，并未将我国立法规定的所有具体刑罚种类都进行研究，而是在生命刑、自由刑、财产刑和资格刑大类别中选取了具有代表性的刑种予以详细的分析。这种选择性研究一方面是考虑到全部刑种均予以阐释的冗杂性，另一方面则是结合理论与现实中重点且突出的刑种问题，进而形成了本章结构。虽在刑种上不具有全面性，但却突出了重要的刑种，并且对各类刑种也作出了周全的剖析。同时，各刑种所呈现出的问题反映出的是我国理论观念层面的不清晰或不确定。首先，在生命刑方面，我国是目前少数保留死刑的国家之一，尽管其有存在的特定缘由和积极效用，但是其问题的出现在很大程度上是过度报应和预防目的的体现、严厉刑事政策的要求和刑法社会保护机能的反映。过度的报应形成死刑的对等处置，特殊预防的提倡成为死刑刑罚的依据，刑事政策严的偏向以及强调社会保护优先的刑法社会机能，使得死刑长期处在我国刑罚体系的主刑当中。其次，在自由刑方面，区别对待剥夺型自由刑和限制型自由刑刑种，分别阐述短期自由刑的拘役刑刑种与管制刑刑种，二者虽为自由刑中的不同刑罚种类，但在同类自由刑属性基础之上却由于各自独特的内容而有所差别。不过，其所出现的问题却是十分明显的。短期自由刑问题的存在：一是因为没有协调好报应与预防之间的关系，进而难以做

第三章 我国现行刑罚种类设置

到报应性惩罚也不足以完全实现预防犯罪目的;二是相对其他轻刑刑种,其从宽严刑事政策角度而言,尚未体现出宽严恰当的尺度,换言之短期自由刑的规定既不属宽缓或严厉也不属宽严适宜的内容;三是其未能完全展现刑法社会机能。因而,如今的短期自由刑在我国刑罚体系中的设置还不全面或不恰当。管制刑问题的存在也是过于重视对犯罪的预防目的而轻视刑罚的惩罚,使得犯罪人认知刑罚的感觉较差而难以发挥特殊预防效用且对社会公众也不足以产生一般预防效用。另外,其不但与我国现实刑事政策中的适度严厉刑罚内容不相符合,也无法实现刑法通过刑罚保护社会的自身机能。再次,在财产刑方面,罚金刑作为世界各国刑罚体系中共同存在的刑罚种类,自然是因为其能实现国家刑罚目的,但我国罚金刑设置中的诸多问题之所以会存在是由于其形式上依循刑罚目的,实质内容规定则尚未能够达到刑罚报应和预防的目的,即其所起的刑罚作用甚微而无法实现刑罚目的。并且,罚金刑也没有处理好刑罚宽与严的设置,从而与我国倡导的"宽严相济"刑事政策不相适应。因此,罚金刑的刑罚效用难以发挥也就难以体现刑法社会机能。最后,在资格刑方面,剥夺政治权利刑问题的出现在强调预防目的之下没能恰当的兼顾刑罚报应,要么以单独适用无法展示报应,要么以附加适用显示过重的报应刑罚,难以形成报应和预防的平衡,自然也就影响到了刑事政策与刑法社会机能的展开。因此,我们可以清楚地看到,我国现行刑罚种类设置所存在的诸多问题,均离不开刑罚目的、刑事政策与刑法社会机能的作用,所以其根源始终依赖于刑罚体系的基本理论范畴,因此以此为基础形成的刑罚种类内容方才是恰当的。

当然,对我国现行刑罚种类设置中问题的提出并不是旨在否定其存在的价值,任何一个刑种本身都具有特定的积极效用,倘若将各个具体刑种内容加以调整，必然能使得整体刑罚体系显得更为合理、科学。因此，本章在现行刑种设置上的问题分析主要是为后文的完善奠定基础，从而能够提出更具针对性的建议。

第四章
我国现行刑罚配置反思

我国现行刑罚体系不仅包括刑罚种类，另一个重要部分是刑罚配置，刑罚种类和刑罚配置二者之间是相互影响、相互作用的。没有刑罚种类的刑罚配置是空白的法定刑罚内容；没有刑罚配置的刑罚种类也不过是单纯的刑种评介，难以针对犯罪实施刑罚处罚。因此，二者缺少任何一个都不能够形成完整的刑法立法依据，自然也就更不用说将刑法运用于司法量刑实践过程当中了。因此，刑罚配置在刑罚种类基础之上直接决定着不同类罪中各个罪名的法定刑情况，并且其是刑法立法中必不可缺的一部分。

由于刑罚配置本身因时、因地及受各国立法机构主导，因此自然会产生不同的刑罚配置模式。"所谓刑罚配置模式，是指刑法对具体罪行配置刑罚所采取的方法和式样。"[1]因此，稍有不同的刑罚配置模式会形成相差有别的刑罚立法内容，换言之即对犯罪予以刑事处罚的依据存在差异。从宏观角度而言，目前刑罚配置模式可被分为两种，即直接模式和间接模式。刑罚配置的直接立法模式主要指刑法在总则中规定能够作为刑罚的具体种类，而后对不同罪名在刑法分则中具体配置不同的刑罚

---

〔1〕 邓文莉：《刑罚配置论纲》，中国人民公安大学出版社2009年版，第25页。

种类和刑罚量度的方式。这意味着通过刑法分则的规定能够直接作出刑罚处置，无需再受制于总则的内容，即只看分则的规定就能够确定可选择或可适用的刑种和刑量，因而能够较为简单、便捷地作出司法裁判。目前，世界上的大多数国家颁布实施的刑法典都是采取直接立法模式。我们还可依照刑罚上下限规定对其作出进一步的两分：一种是针对不同犯罪的不同情况分别设置刑罚的上限或下限以及刑罚上下限并存的配置模式，即各罪对应的法定刑内容有的设置了一定的刑罚上限，有的设置了一定的刑罚下限，刑法总则则规定了下限或上限，还有就是所规定的法定刑中直接明确地包含着刑罚上限和下限的内容。另一种则是在法定刑中只设置了刑罚上限，而对于刑罚的下限则在刑法总则中加以规定。例如《法国新刑法典》第221-1条规定："故意致他人死亡之行为成立故意杀人罪。故意杀人罪处30年徒刑。"[1]这种只有上限的规定会呈现出法定刑内容绝对确定的刑罚形式。与直接立法模式相比，刑罚配置的间接立法模式则是在刑法总则中先对犯罪进行不同等级的分类并配置与各等级相对应的刑罚量度，而后直接在刑法分则中规定不同类型的各个犯罪所应属的等级的方式。其并没有对具体罪名直接配置所能适用的刑罚，而是通过确定犯罪的等级再依照总则规定的对应刑罚予以处置，实质上是一种由总则决定犯罪人最后刑罚的模式，即只看分则的规定无法确定能够采用的刑种和刑量。这一刑罚配置模式虽不如直接立法模式那样简便，但也在一些国家内的刑法典中得到了采用，典型的为《美国模范刑法典》

---

[1]《法国新刑法典》，罗结珍译，中国法制出版社2003年版。

第四章 我国现行刑罚配置反思

对犯罪进行分类并设置了一级、二级、三级等罪刑等级。[1]虽然间接立法模式不如直接立法模式那样操作简便,但是其能避免直接立法模式在整体上出现的不协调问题,能够保证罪与罪之间不冲突以及整体的罪刑均衡。不过,其自身也需要进行轻重罪与分级间的考量,如何确定所述罪和级也不是十分容易的。因此,无论是刑罚配置的直接模式还是间接模式,均具有各自的局限性而不尽完美。结合我国现行刑法规定的内容可知,刑法总则中规定着主刑与附加刑的刑种内容,分则中对不同罪名配置具体的法定刑,我国在刑罚配置上采取的是直接立法模式,并且属于其中的设置有上限或下限以及二者并存的具体种类,进而便于司法实践操作。

从微观角度而言,刑罚配置模式还可被分为绝对确定与相对确定的两种,其主要在具体罪名的法定刑当中体现出来。刑罚配置的绝对确定模式是在各罪名的法定刑中只设置有单一的具体刑种和固定的具体刑度之方式,其最突出的特点就是罪与刑的完全确定,有利于对犯罪作出对应性刑罚处置,与罪刑法定相符合且能够在很大程度上避免自由裁量引起的刑罚不公正问题。不过,绝对确定模式下法定刑毫无选择余地,一旦行为

---

[1]《美国模范刑法典》将犯罪分为重罪、轻罪、微罪和违法行为四等,其中重罪、轻罪和微罪统称犯罪,其基本法定刑种都是监禁刑,而违法行为的法定刑种则只有罚金。重罪又分为三级,即一级重罪、二级重罪和三级重罪。除故意杀人作为一级重罪中的特殊情况可以适用死刑外,所有的重罪都可以判处监禁刑;其中,又根据是否具有加重情节,分为普通监禁和加重监禁。一级重罪的普通监禁刑期下限为1年~10年,上限为终身监禁,加重监禁刑期下限为5年~10年,上限为终身监禁;二级重罪的普通监禁刑期下限为1年~3年,上限为10年,加重监禁刑期下限为1年~5年,上限为10年~20年;三级重罪的普通监禁刑期下限为1年~2年,上限为5年,加重监禁刑期下限为1年~3年,上限为5年~10年;轻罪的普通监禁刑期上限为30天,加重监禁刑期下限为6个月,上限为2年。美国的刑法典基本都是如此分罪分级规定具体适用的刑罚内容。

被界定为对应的罪名就必须适用该绝对确定的刑罚，难免会在处置同罪不同情形时失去罪刑均衡。刑罚配置的相对确定模式则是在各罪名的法定刑中设置有可供选择的刑种或者刑度的方式。"这种方式配置的法定刑，为司法上的具体裁量留有余地，能够适应具体罪行的不同情况，实现实质意义上的罪刑均衡和罪刑等价；能够适应惩治和预防犯罪的需要，在一定限度内选择合适的刑种和刑度；有利于贯彻和实现刑罚的个别化。"[1]可见，相对确定的刑罚配置模式具有一定的灵活性，较绝对确定模式的机械化适用更能体现出刑罚在不同罪和不同人之间的区别对待。因此，在我国的刑法规定中，既存在绝对确定的法定刑也包含相对确定的法定刑刑罚内容，可谓是根据不同性质的犯罪设置不同的法定刑。

总体而言，纵观我国现行刑罚配置内容，不管是宏观直接模式本身易于导致刑罚错综复杂的局面，还是微观绝对和相对确定模式所形成的尴尬适用境地，都表明刑罚配置已经存在着诸多的问题。就目前来看，比较突出的问题集中在刑罚惩罚力度的普遍偏重、绝对确定的死刑、终身监禁刑的设置、不同种类自由刑间的并罚、并科财产刑以及资格刑分化等六个方面内容。

一、刑罚惩罚力度的普遍偏重问题

诚如前文所述，不同的刑罚配置会形成重刑与轻刑间相差有别的刑罚效果。重刑的存在直接反映着刑罚惩罚力度的轻重程度，而我国刑罚所呈现出的重刑色彩在分析现行刑罚体系的基本特征和刑种设置的问题中均有所涉及，因此这里所谈到的

---

[1] 邓文莉：《刑罚配置论纲》，中国人民公安大学出版社2009年版，第39页。

第四章 我国现行刑罚配置反思

刑罚配置的偏重问题自然是建立在已有内容的基础之上的,并且更注重对刑罚具体配置的剖析,尽管会有些许相同,但之前尚属浅尝辄止,在此却是进一步的深入。我国的刑罚配置导致刑罚惩罚力度的普遍偏重既是重刑观作用的结果,也是现行刑法规定的产物。

基于我国刑法分则中对于不同罪名设置的法定刑内容,我们可以清晰地看出刑罚惩罚力度的重刑化倾向。首先,有关死刑罪名的设置尚属多数,其以14.7%的比例覆盖了刑法分则中除渎职罪以外的九大类罪,虽相较于修正前设置的死刑在数量和比例方面均有所下降,但作为极端刑罚,立法者无论对死刑作出怎样的设置都不能改变其本质属性。同时,刑罚轻缓化的大趋势是否定死刑的,因此,死刑的设置能够反映刑罚惩罚力度实则是偏重的。其次,在现行刑罚配置中,以无期徒刑、十年以上有期徒刑作为最高刑的法定刑规定较为普遍,而无期徒刑和十年以上有期徒刑又均属于重刑化的刑罚配置内容。我国刑罚体系表现出了以自由刑为中心的基本特征,无期徒刑在刑法分则中占27.9%且散布于九大类罪内。从由此可知,至少有1/4罪名的法定刑包含无期徒刑,其或者是最高刑或者是可选择刑之一,不管为何都因无期徒刑的重刑种属性而使刑罚惩罚力度较大且使犯罪人感知到较重的刑罚。对于十年以上有期徒刑作为最高刑的罪名规定而言,刑罚分则387个条文中有105个条文都对其有所规定,即将近30%的罪名都配置有十年以上有期徒刑。而且,以十年以上有期徒刑作为最高刑的罪名也都以无期徒刑或死刑作为可选择的刑种,这自然是建立在重刑基础上的刑罚设置,旨在表明刑法以惩罚力度足够重的刑罚内容应对复杂多变的犯罪和处置犯罪人。再次,现行刑罚配置在有期徒刑的设置上呈现出法定刑幅度范围过大或过宽的刑罚适用内容。

刑罚惩罚的力度在一定程度上要通过司法实践中的自由裁量权予以展现，而这种自由裁量则需要相应的立法规定作为依据。这就意味着具体刑罚的轻重归根于立法刑罚配置的法定刑内容，因此刑罚期限跨度较大的法定刑就给予了司法裁判选择重刑的空间。具体到现行刑法规定，普遍存在"三年以上十年以下有期徒刑""五年以上有期徒刑"以及一般的"三年以上七年以下有期徒刑"和"五年以上十年以下有期徒刑"等法定刑设置，其刑期幅度在4年、5年、7年以及10年之间具有可波动的弹性特征，因而在适用时就存在选择重刑的较大可能性。并且，在自由刑的长短刑期区分中以3年为界限，三年以上的有期徒刑的法定刑设置都归属于重刑范畴，"绝大多数犯罪的法定刑都在三年以上有期徒刑，使得刑罚结构整体偏重"，[1]因此这无疑是从立法上突出刑罚惩罚的较强力度以及为司法提供重刑法律依据。最后，刑罚惩罚的延续性内容配置使得犯罪人在受完其应受刑罚之后还承担超过限度的处罚，即在刑罚执行完毕后行为人还因刑罚受多余的否定性评价。典型的为我国现行《刑法》第100条[2]所设置的、为我们所熟知的"前科报告制度"。其明确规定行为人在特定时候必须报告自己曾经受罚的事实。我国在入伍和就业的有关条件设置中基本上都将受过刑事处罚的人排除出去，这就意味着一旦行为人受到过刑罚就会成为特殊人而不符合相应的基本入门要求。从本质上看，这种报告前科的法定内容是刑罚的延续性惩罚，其无异于是增加行为人负担的剩余评价且不利于行为人重新复归社会，因而显然又从另一

---

〔1〕 宋伟卫、丁玉玲：《刑罚结构的设置与调整》，河北大学出版社2014年版，第87页。

〔2〕 《刑法》第100条规定："依法受过刑事处罚的人，在入伍、就业的时候，应当如实向有关单位报告自己曾受过刑事处罚，不得隐瞒。犯罪的时候不满十八周岁被判处五年有期徒刑以下刑罚的人，免除前款规定的报告义务。"

第四章　我国现行刑罚配置反思

角度加重了惩罚力度，是刑罚的不恰当延伸与惩罚力度偏重的体现。无论是死刑罪名的配置较多、以重刑为最高法定刑的设置、刑期幅度较大还是延续性刑罚惩罚，均反映出我国普遍偏重的刑罚惩罚力度以及整体偏重的刑罚配置内容。

同时，在刑罚配置的不同罪名法定刑中具体刑种间的调整也反映出了刑罚惩罚力度偏重的刑罚内容。尤其是我国在逐渐废止死刑的发展道路上，尽管能够适用死刑刑罚的罪名在逐渐减少，但却以生刑的提高来达到一定程度的替代作用，典型的为《刑法修正案（八）》对死缓设置了限制减刑从而延长了死缓实际执行期限并区别于无期徒刑，提高了有期徒刑在数罪并罚情形时的刑期上限，即最高可达 25 年，以及严格限制无期徒刑的假释来保证其实际执行的刑期较长等加大惩罚力度的改进；《刑法修正案（九）》则在贪污受贿罪中配以终身监禁的法定刑内容，这些修正均在加重刑罚惩罚力度。从实质层面来看，刑法的多次修订并没有对刑罚惩罚力度的轻重程度进行较大的改变，换言之，我国整体刑罚依然呈现出偏重化的趋向。另外，相比于国内外同类犯罪的配刑力度，在保留有死刑设置的国家，其仅限定在与该刑种本质属性对应下的有限罪名，典型的为美国仅对与人身安全相关的犯罪且是其中最为严重的犯罪（如谋杀罪）的法定刑配以死刑。而已经废除了死刑的国家则是将终身监禁刑或无期徒刑的方式配置在严重犯罪的相应法定刑中且也仅置于较为有限的特定范围之内。

因此，就我国现行刑罚配置而言，在历史的重刑化观念的作用和重刑刑罚体系的积淀下，我国刑法规范中始终保持有相对较重的刑罚内容，即不仅以立法的规定设置刑罚惩罚力度偏重的法定刑，也给司法适用的偏重性选择确定相应的依据。对此，我国刑罚配置在整体上就表现出了刑罚惩罚力度的普遍偏重问题,而且受之影响,在不同类罪的法定刑配置中还存在着一些具体问题。

二、绝对确定的死刑问题

绝对确定的刑罚配置一方面是在法定刑中设置单一的刑种,另一方面则是固定的刑罚量度,其本身的绝对性缺陷导致了刑罚适用的机械化,因而在应对犯罪现象的纷繁复杂时难以达到个别化的区别对待。尤其是绝对确定的死刑刑罚既蕴含着法定刑的绝对性又涵盖着死刑刑种的严厉性,如此规定难免会导致刑罚配置的不恰当。死刑的设置实际上存在相对和绝对两种,相对死刑即是将其作为可选择性的刑种;绝对死刑则是与罪名对应配置的唯一法定刑刑种,符合罪名作出处罚时只能选择死刑而别无他法。死刑刑罚配置自然是存在于保留死刑这一刑罚种类的国家当中,如今大多数国家已经直接在立法上将死刑予以废止,死刑的弊端作为共识已被普遍认同,因而即便是含有死刑的刑罚体系,也将其与无期徒刑或十年以上有期徒刑等一起确定在法定刑内。随着罪刑法定由绝对向相对的转变,各国刑法典中不同罪名的法定刑均采用相对刑罚配置方式进行设置,绝对的法定刑极少,就更不用说绝对的死刑刑罚了。反观我国现行刑法对各罪名的刑罚规定,除了存在绝对的法定刑之外,还尚有绝对确定的死刑刑罚配置。

众所周知,我国是坚持保留死刑的国家之一,不过在死刑刑罚的消极作用和轻刑化的影响之下,历次刑法修正案的颁布都包含着对死刑的限制,或是减少能够适用死刑的罪名数量,或是缩小可以适用死刑的范围等。如《刑法修正案(九)》直接删除了"绑架罪"法定刑内的绝对确定的死刑规定,而改之为"处无期徒刑或者死刑";将贪污罪和受贿罪的绝对死刑予以删除，为其增加了可供选择的法定刑刑罚。这不仅意味着对绝对死刑刑罚在一定程度上的否定，还体现了由死到生的刑罚轻缓的转变。但是，我国现行刑法在可以适用死刑的其他罪名之法定刑中还设置着个别绝对确定的死刑刑罚。

类罪	具体罪名	法定刑	具体适用条件
危害公共安全罪	劫持航空器罪	死刑	致人重伤、死亡或者使航空器遭受严重破坏
侵犯公民人身权利、民主权利罪	拐卖妇女、儿童罪	死刑	情节特别严重
妨害社会管理秩序罪	暴动越狱罪	死刑	情节特别严重
	聚众持械劫狱罪	死刑	情节特别严重

上述表格列出的四个罪名就是在其法定刑中以"……处死刑"的方式表述出来的绝对确定的死刑配置。而且，这种设置主要涉及危害公共安全罪、侵犯公民人身权利和民主权利罪以及妨害社会管理秩序罪等范围，均是对社会危害程度很大的严重犯罪加以绝对确定的死刑刑罚配置。其中，在处以绝对死刑的罪状描述内容方面，分为"情节加重"和"结果加重"两种具体规定。"情节加重"就是指死刑适用的前提是"犯罪情节特别严重"，这里的特别严重是在基本犯的罪状基础之上的加重，如拐卖妇女儿童罪的具体适用条件之上再具特别严重的情节；"结果加重"则指死刑的适用以更为严重的结果为前提，换言之即犯罪结果的加重，如劫持航空器的具体适用条件即是加重的结果。不过，此二者的具体罪状表述有所差别，前者只以"情节特别严重"为内容，尚不足以直接对应适用，还需要作出衡量或评判；后者则明确特定结果，典型的为"致人重伤、死亡

或者使航空器遭受严重破坏"[1]的表述,能够给适用提供更为详细且客观的参照标准,即将犯罪结果与罪名规定内容相对应便能予以刑罚处置。但是,正是由于规定着情节加重的绝对死刑的罪名没有明确、具体的情形,反倒在一定程度上缓解了死刑必然适用的尴尬处境,其给了司法适用或多或少的主观判断空间并提供了不强制适用死刑的可能性,这是对死刑的一种限制方式。

具体到我国刑法规定的劫持航空器罪的条文内容,绝对死刑的适用以"致人重伤、死亡"或者是"航空器遭受严重破坏"两种结果之一的发生为前提条件,即只要出现其中任何一个客观结果就可满足适用条件。这一规定直接将人的伤亡与航空器损坏的严重程度相等同,着实是有欠妥当的。与此同时,其他三个罪名配置的绝对死刑都是建立在"情节特别严重"的基础之上的,这是典型的概括性刑罚规定,具有较大的抽象性,其本身有悖于罪刑法定中的明确性原则要求,再加上置于绝对确定的死刑罪名当中,更凸显出了刑罚的随意性,抑或是立法的放任。概括式规定的确存在缓和死刑的必然适用,但也不可否认其将涉及重要生命权利的刑罚完全依赖于司法实践环节的考量确实很不恰当也不合理,毕竟,司法适用是需要按照立法规定才能作出相应的裁判的。因而,如此概括或抽象的内容至少在实践中会导致同类犯罪相异刑罚的非公正结果,且反映出立法上将死刑的威慑和预防效果作用于此类犯罪的所有情形。所以,绝对确定的死刑刑罚就是我国在应对特定犯罪中出现的严重结果和严重情节的法定刑具体配置内容。当然,我国之所以采用绝对确定的死刑刑罚配置方式,其一方面旨在从立法上

---

[1]《刑法》中"劫持航空器罪"的罪状表述。

确定对特别严重犯罪的法定刑罚处罚内容,为司法适用提供明确的处置依据;另一方面则旨在发挥死刑的较强威慑和一定的预防效用。因此,个罪法定刑中的绝对确定的死刑刑罚是与我国预防刑刑罚目的、从严刑事政策以及尽力保护社会的刑法机能相符合的刑罚配置。

然而,从刑罚整体上来看,尽管目前我国只规定了四个绝对确定的死刑罪名,但考虑到死刑和绝对确定的不合理性,如此小数量的配置依然存在着较大的弊端。最为明显的就是其对罪刑相适应以及刑罚个别化原则所蕴含的内在要求的违背。任何犯罪都具有不同的具体情形,即便是属于同一罪名下的不同行为人也会存在有所差别的犯罪手段或方式,因此在作出具体刑罚时就需要进行综合考虑,充分认识犯罪事实和犯罪人的差异,最大限度地达到罪与刑之间的一致并符合个别化的刑罚处置。正是由于绝对确定的死刑已经为实际适用规定了明确的法定刑内容,"而且可以说,它是法定刑配置模式中最具明确性的一种。但是,由于这种法定刑的刑种刑度确定唯一,刚性太强而缺乏灵活性,不具备在特定情况下变通的可能性和选择伸缩的余地,致使法官难以做到量刑适当,不利于贯彻刑罚个别化原则,在有的情况下难以收到良好的刑罚效果,甚至会出现对犯罪人的处罚显失公平的现象"。[1]据此,绝对确定的死刑已然不具有存在的正当性依据。而且,绝对确定的死刑配置在本质上仍是重刑观作用的产物,是刑罚偏重的法定刑设置,过分强调死刑能够对犯罪人及社会公众产生绝对的威慑预防效应,只不过此种效果至今都没有得到完全科学的实证性证明。同时,其也是对罪行差异的忽视,不符合综合刑罚目的的宗旨和实质

---

〔1〕 张建军:"论我国法定刑立法的改进与完善——以明确性原则为视角",载《武汉大学学报(哲学社会科学版)》2014年第2期,第56页。

宽缓刑罚的要求。尤其是我国一直贯彻执行的严格限制和逐渐减少死刑的具体刑事政策，更是重在将死刑限定在极为严重的犯罪和别无他法的情形之内，那么在法定刑中配置死刑就不适宜作出不具弹性的绝对确定的规定方式。所以，绝对确定的死刑刑罚配置虽能在一定程度上满足我国在主客观方面应对特定犯罪的需要，但也难以避免过重的刑罚内容和适用的僵化。

在国际废除死刑的大趋势之下，相比于各国已经不采用绝对确定的死刑方式，我国现行刑罚配置中存在的绝对确定的死刑问题显得更为突出，其缺陷不仅仅是死刑刑种的固有不足，还兼具绝对确定的法定刑配置模式的弊端，进而使得刑罚配置不够恰当，自然也会导致整体刑罚体系不尽科学。

三、终身监禁的设置问题

终身监禁刑是源于域外国家刑罚体系的刑种配置，起初其并非替代死刑的刑罚种类，而是与死刑刑种共存并仅次于死刑被置于刑罚体系之内的。而后随着刑罚轻缓和人道观念的发展和作用，大多数国家在废除死刑的同时均将终身监禁作为重要的替代刑种。从性质上来看，终身监禁刑是剥夺犯罪人终身自由，属于自由刑类别中最为严厉的一种。从字面含义来看，终身监禁刑与我国无期徒刑相类似。但是，二者仍然是完全不同的刑种。最为突出是终身监禁刑是明确将"终身"作为期限的，而无期徒刑则是不确定的自由刑期限，尤其是无期徒刑在我国现行刑法规定中存在着正常减刑或假释和限制减刑或假释的法定内容，因此即便是被判处无期徒刑实际上也不会耗尽余生。不过，终身监禁刑也经历了一个从绝对到非绝对的发展过程，换言之即如今西方国家刑罚体系中的终身监禁刑包括绝对终身监禁与相对终身监禁两类具体刑罚内容。这种绝对和相对之间的差异取决于是否可减刑或假释。"不得减刑、假释的终身监禁是指对犯罪之人一旦被裁定适用终身监禁,不会因各种原因对其减刑、假释,在监狱中终其一生,这种规定针对罪行极其严重的罪犯,极其严酷;可以减刑、假释的终身监禁是指被裁定适用终身监禁的罪犯,因表现良好等原因经过严格的审核程序会被减刑、假释,不会在监狱中度过一生,在一定程度上有利于罪犯的教育、改造。"[1]而且,终身监禁刑的绝对性还蕴含着同绝对确定的死刑配置方式一样的意义,因此,终身监禁刑相较于无期徒刑而言无疑更为全面和严厉。

我国的刑罚体系中并不存在终身监禁刑,但在具体刑罚配置中却对个别罪名的法定刑规定有可判处终身监禁的刑罚处罚内容,这意味着其已然成为我国处置犯罪的刑罚措施。而且,基于无期徒刑在性质上与终身监禁刑属于同类别刑种,其也可以说是终身监禁刑的中国化。因此,我国既有无期徒刑也有绝对的终身监禁措施。基于我国的无期徒刑系建立在死刑逐渐减少的基础之上这一事实,并且存在减刑和假释的空间,因而其毋庸置疑地存在于现行的刑罚体系之内。尽管无期徒刑在刑种类别上仍然属于重刑刑种,但是其与死刑适用相比并不具有过度的严厉性。而反观我国在罪名中设置的绝对的终身监禁刑罚措施,其与无期徒刑存在着本质的区别。

(一)我国对终身监禁的规定

事实上,我国刑罚理论界在研究刑罚体系的刑种和刑罚配置方面,已经对终身监禁刑做出了较为深入的分析,但始终没有在刑法典中得以体现。终身监禁在应对复杂多变的犯罪现象方面也具有其特殊的积极效用。无论社会如何发展,犯罪均是

---

[1] 马晓霞:"浅析刑法修正案(九)之'终身监禁'",载《法制与社会》2015年第36期,第253页。

一种正常的社会现象且不可能被彻底消除,而且一些十分严重的犯罪也是客观存在于社会当中的,因此就必然需要与罪行相当的刑罚加以规制,尤其是在死刑被逐渐废除的趋势下,以终身监禁刑的严厉程度自然能够替代死刑。同时,死刑的限制和废止已然是不可逆转的国际性刑罚潮流,终身监禁刑成为刑罚体系内愈加重要的刑种是此趋势的必然产物。目前,大多数国家都设置有终身监禁。我国《刑法修正案(九)》在贪污贿赂类罪中增加了一款内容,将终身监禁作为法定刑中的刑罚措施配置于我国刑法典之内。这被认为是我国为引入终身监禁刑而迈出的重要一步。我国《刑法》第383条第4款列明:"犯第一款罪,有第三项规定情形被判处死刑缓期执行的,人民法院根据犯罪情节等情况可以同时决定在其死刑缓期执行二年期满依法减为无期徒刑后,终身监禁,不得减刑、假释。"[1]基于受贿罪的刑罚处罚是按照贪污罪的规定作出的,终身监禁也同样应被适用于受贿罪。此规定所做出的调整最为突出的是删除了这两个罪的绝对确定的死刑适用,因而终身监禁的纳入在一定程度上发挥了替代死刑的刑罚作用,不过终身监禁也不能毫无限制地随意适用。

由终身监禁配置的法定内容我们可以看出其得以适用需要满足特定的条件。首先,终身监禁只在贪污罪和贿赂罪两种罪名中能够适用,这便绝对限定了其可适用的范围。而且,即便是与罪名相符合的犯罪行为也不一定被判处终身监禁,还有一个重要的前提条件是"被判处死刑缓期执行"。考虑到终身监禁的刑罚严厉属性,我国对其加以设置是建立在犯罪情节特别严重的基础之上的,进而需要以相当的刑罚加以处置。因此,终

---

[1]《刑法》第383条。

身监禁其实可以说是依附于死缓而存在的具体刑罚内容。其次，终身监禁以"犯罪情节等情况"作为适用的实质条件。除却前提条件的限制，法定刑中配置的终身监禁当然要与罪行相适应，我国以犯罪情节等情况的考量作为参照依据。对于此依据应包括哪些具体情况，有学者解释道："可以包括犯罪手段、犯罪对象、犯罪的后果、犯罪事件、地点，以及犯罪人死缓考验期中的表现、是否认真遵守监规、接受教育改造，是否有悔过表现，是否有一般立功表现等内容。"[1]其中不仅囊括了实施犯罪时的情况还有刑罚执行期间的情况。但是，本书认为，这种解释并不恰当。单从法条规定的表面字义来看，"犯罪情节等情况"与犯罪情节存在必然的关联，换言之即同犯罪所涉及的事实紧密相连。这就意味着"法院是根据犯罪情节来决定而不是依据考验期间的执行情节来决定是否在考验期减为无期徒刑后不得再减刑和假释，予以终身监禁"。[2]因此，这里就不能将该解释后半段的刑罚执行期间或服刑期间的表现作为"犯罪情节等情况"的内容。除却其本身的字面含义，还有一个重要的方面就是法定刑内容中明确规定了作出终身监禁的时间段，即"同时决定"的适用条件。再次，终身监禁是在作出死缓判决的同时被决定是否适用的。所谓"同时决定"实质上就是强调终身监禁适用与否应和死缓判决一同作出。当然，这并不是说判处死缓就必须辅以终身监禁，而是终身监禁必须同死缓一起并合存在。因而，这是在刑罚执行之前的判决阶段就需加以衡量的，这反倒说明了终身监禁的实质条件内容必须将服刑期间的表现排除在

---

[1] 时延安、王烁、刘传稿：《〈中华人民共和国刑法修正案（九）〉解释与适用》，人民法院出版社2015年版，第355页。

[2] 赵秉志主编：《〈中华人民共和国刑法修正案（九）〉理解与适用》，中国法制出版社2016年版，第330页。

外。不过，即便是与死缓执行同时决定的终身监禁，其是否会被适用于犯罪人还尚未绝对。最后，终身监禁是死缓执行期满之后减为无期徒刑的特殊性限定。我国规定的一般死刑缓期变更执行方式通常有期满后无期徒刑、期满后有期徒刑和死刑立即执行三种方式以及特殊的死缓限制减刑执行方式，[1]其中仅在死刑缓期二年执行期满后变更为无期徒刑时才能适用终身监禁，换言之即变更为其他执行方式均不存在终身监禁的执行空间和可能。基于此，尽管终身监禁是在判处死刑缓期执行时就被附于犯罪人刑罚处罚内容之中的，但其实际执行却离不开死缓变更为无期徒刑的前提，这也意味着终身监禁真正或者说最终得以执行是在死缓执行期满之后。因而，其从另一个角度也鼓励犯罪人在被执行终身监禁以前积极主动地改造并争取重大立功，此时就存在死缓变更为有期徒刑的可能，自然不必再受终身监禁的限制。

通过我国刑法规定的终身监禁刑罚内容所体现出的适用条件，我们显然可以将终身监禁能够适用的对象理解为处在死立执和一般死缓执行之间的犯罪人，即"判处死刑立即执行偏重，单纯判处死刑缓期执行偏轻，适用终身监禁罚当其罪的贪污受贿犯罪人"。[2]因此，对于终身监禁的法律性质，我们可以理解为是一种区别以前规定的新死缓执行方式且归属于死刑之下的

---

[1]《刑法》第50条规定："判处死刑缓期执行的，在死刑缓期执行期间，如果没有故意犯罪，二年期满以后，减为无期徒刑；如果确有重大立功表现，二年期满以后，减为二十五年有期徒刑；如果故意犯罪，情节恶劣的，报请最高人民法院核准后执行死刑；对于故意犯罪未执行死刑的，死刑缓期执行的期间重新计算，并报最高人民法院备案。对被判处死刑缓期执行的累犯以及因故意杀人、强奸、抢劫、绑架、放火、爆炸、投放危险物质或者有组织的暴力性犯罪被判处死刑缓期执行的犯罪分子，人民法院根据犯罪情节等情况可以同时决定对其限制减刑。"

[2] 黄京平："终身监禁的法律定位与司法适用"，载《北京联合大学学报（人文社会科学版）》2015年第4期，第99页。

存在。一方面,终身监禁与死缓同时作出且由犯罪情节等情况而决定,无论是在前提条件方面还是在实质条件方面,其均完全区别于一般死缓执行的三种法律后果,况且其同特殊的死缓限制减刑具有相似性,自然应为死缓执行方式的一种。另一方面,终身监禁不仅依赖于死缓,还关联无期徒刑,即其从被决定到被执行首先需要以死缓作为判决决定的前提,之后则需将死缓变更为无期徒刑以作为刑罚执行的基础,因而其自然应是死缓执行的新方式。从本质上而言,我国对贪污受贿罪配置终身监禁能够衔接当下死刑立即执行和死刑缓期执行的严厉程度,死刑立即执行过于严厉而死刑缓期执行往往易于转为惩罚力度不足的较长期限的自由刑,而死缓配以终身监禁则能或多或少地起到弥补作用。同时,如此规定既能体现刑罚的严厉又能展现刑罚的宽缓。其中,严厉主要是对于本身应判死缓的犯罪人而言,其在执行期满之后得以减为无期徒刑再受终身监禁而不能减刑和假释,相较以前必然加重了刑罚的惩罚力度;宽缓则是对于本身应被判死刑立即执行的犯罪人,由死到生的转变毋庸置疑是刑罚的宽大且足以处置犯罪人,因而终身监禁的刑罚配置对符合贪污罪和受贿罪的严重犯罪行为与犯罪人来说可谓是宽严相济。

终身监禁刑罚措施的配置是我国大力反腐倡廉走向法制化和规范化在刑法中的重点体现,其旨在通过刑罚来惩治和预防贪污贿赂犯罪。不过,由于终身监禁的设置在立法考虑过程中较为仓促,其不可避免地存在着一些问题需要加以明晰。

(二)存在的问题

终身监禁在我国贪污贿赂犯罪的法定刑中的刑罚配置无疑是为司法实践适用提供立法依据,而且在此罪刑罚的基础上提供了一种新的处罚方式,可以说为限制死刑另辟了一条蹊径,具有一定的积极意义。但是，无论是终身监禁在我国的适用条件还是其自身存在的刑罚效用均未能得到明确的界定，换言之即终身监禁的适用条件尚不够恰当且其存在的合理性也受到了质疑。

纵观终身监禁得以适用的条件，从适用前提到实质内容以及其他特定条件都有着不恰当之处。首先，终身监禁必须是犯罪人被判处死刑缓期二期执行的刑罚，即其在刑罚种类上所依赖的具体刑种是死刑。因而其被置于死刑之下，同死刑相伴存在于刑罚处罚当中。这就意味着，一旦死刑被废止，终身监禁也会随之消失，因此，终身监禁受死刑束缚，从而限制了其在我国的独立发展。另一方面，针对死缓是否能够适用，我国至今一直没有十分明确的标准，因此以死缓为前提的终身监禁也自然没有细致的准则可以参照，即其能被适用的具体条件还存在着较大程度的模糊性内容。死缓是死刑的一种执行方式，其主要适用于"应当判处死刑而又不是必须立即执行的犯罪分子"。[1]不过，如何把握这种死刑立即执行和缓期执行之间的尺度在理论和实践中存在着标准不一的理解，而刑法分则关于贪污受贿罪的具体法定刑则仅规定着"数额特别巨大，并使国家和人民利益遭受特别重大损失"的内容。虽提供了数额和后果的依照，但是仍属抽象性内容，至少给予实践操作的空间还较宽或自由裁量权利较大，因此难免会造成参差不齐的适用结果。这也是我国在死刑的刑罚配置方面至今都未能完全解决的问题。其次就是终身监禁的适用是"犯罪情节等情况"致使的刑罚结果，其所能涵盖的与犯罪相关的情况太多，如此规定同样具有概括性。而且，犯罪情节等情况在判断是否能够处以死刑时就

---

〔1〕 参见张明楷：《刑法学》（第5版·上），法律出版社2016年版，第531页。

已经作为参照标准之一。我国相关司法解释具体规定:"贪污、受贿数额特别巨大,犯罪情节特别严重、社会影响特别恶劣、给国家和人民利益造成特别重大损失的,可以判处死刑。"[1]这也同死刑"罪行极其严重"的界定相一致。因此,再以此设置为终身监禁适用的实质条件就有二次评价或重复评价之嫌,换言之即终身监禁的做出经历了两个衡量且都以犯罪情节等情况为参照内容。因此,终身监禁的实质条件本身就不具有明确性,而其又作为重要的刑罚标准来判断死缓能否适用,这显然是不恰当的并易于陷入广泛模糊和多次重复衡判的境地,最终导致死刑立即执行、一般死刑缓期执行与终身监禁死刑缓期执行三者标准界限的混乱和重叠。另外,终身监禁的决定是与死缓同时作出的,但又只在死缓的法律后果为无期徒刑时方才能够执行,存在一定的空隙。这意味着犯罪人在死刑缓期二年执行期间之后未必绝对受终身监禁的限制。这实际上会使终身监禁流于形式而不具执行性,并且更加显示出终身监禁的附属性。所以,就目前我国刑法设置的终身监禁而言,其内容还尚属初步规定。基于终身监禁在刑罚配置上的不足,我们必须要对其自身在刑罚中的存在作进一步的反思,即其存在的合理性和必要性问题。

从我国现行刑罚理论和具体规定的角度来看,终身监禁作为刑罚措施实际上缺乏合理性和必要性依据。在刑罚理论方面,刑罚目的论是影响立法的主导观念,我国已形成的预防刑刑罚体系是应对犯罪和处置犯罪人的法定刑罚内容。其中,终身监禁的设置就是立法者注重其将犯罪人永久隔离于社会的特殊性,进而使其不可能再实施犯罪,只不过它完全否定了犯罪人可教

---

[1]《最高人民法院、最高人民检察院关于办理贪污贿赂刑事案件适用法律若干问题的解释》第4条第1款。

育和被改造的可能性,"不得减刑和假释的终身监禁不符合'人总是可以改造的'的基本理念",[1]并且这与我国刑罚目的论中蕴含的教育和改造内容相背离。同时,太过强调终身监禁的特别预防作用,反而超出了罪刑相适应的刑罚处罚范围,给犯罪人施加了过剩的刑罚负担,或者说为了追求犯罪预防效果的实现而突破了罪责报应的界限。尤其是对于终身监禁所适用的罪名是贪污罪和受贿罪,这两个罪本质上均是不涉及人身的财产性犯罪,其犯罪性质、社会危害性和行为人的人身危险程度等相对侵犯人身型犯罪而言均较低。但我国《刑法》第50条[2]所规定的对特殊严重类型的犯罪尚且设置为"限制减刑",那么对贪污罪和受贿罪的"不得减刑、假释"的终身监禁就无可厚非地体现出了过度的刑罚惩罚性。这实则是不合理的刑罚配置。况且,贪污罪和受贿罪又与特定身份或职业相关联,一旦受到刑罚处罚就不可能再具备相应的资格,因此,刑罚中的任何刑种或具体刑罚措施都会使犯罪人不符合重新触犯此种罪的条件。因此终身监禁在此基础上主张的永远剥夺再犯机会也未能起到较大的实际效果,即其特殊预防作用着实有限且夸大了刑罚的预防目的。与此同时,对贪污受贿罪法定刑中终身监禁的加入并没有以死刑的删除为对价,进而也无法达到一般预防的刑罚目的,毕竟有死刑刑种作为支撑,社会公众所感知到的刑罚力度不会有太大变化,刑罚威慑和警示作用也就难以得到增强。因此,终身监禁的设置实质上并不满足刑罚目的论的要求,与我国意

---

〔1〕 高铭暄、楼伯坤:"死刑替代位阶上无期徒刑的改良",载《现代法学》2010年第6期,第92页。

〔2〕 《刑法》第50条第2款规定:"对被判处死刑缓期执行的累犯以及因故意杀人、强奸、抢劫、绑架、放火、爆炸、投放危险物质或者有组织的暴力性犯罪被判处死刑缓期执行的犯罪分子,人民法院根据犯罪情节等情况可以同时决定对其限制减刑。"

第四章　我国现行刑罚配置反思

图实现的刑罚预防目的也未能完全符合。除此之外，终身监禁的刑罚配置也同我国"宽严相济"刑事政策和保护社会的刑法机能不相一致。尽管终身监禁在一定程度上解决了死缓在我国实际执行中出现的较轻刑罚的质疑，加重了死缓的惩罚力度，但将其置于贪污受贿罪的法定刑中，却又显得刑罚过度，至少在价值衡量上人身自由远比财产要更为可贵。再加上我国刑法本身更注重对整体社会的保护，而给社会带来冲击或损害较大的往往是更为严重的人身性或暴力性犯罪，因此在财产犯罪上设置终身监禁并不能与社会保护机能的内涵相对应，换言之即终身监禁的严厉性和罪行严重程度不对等，因而呈现出了刑罚处罚内容的不合理。所以，在我国现行刑罚配置中终身监禁的设置在刑罚理论上不具有合理性依据。

在现实刑罚规定方面，无期徒刑刑种在性质上与终身监禁具有很大的类似性，即二者同样归属于长期自由刑且均具有严厉的刑罚惩罚性。不同的则是无期徒刑在我国存在可减刑、假释的规定，特殊情形不得假释，而终身监禁是置于死缓之下的不得减刑和假释的刑罚措施，一旦符合规定，犯罪人就会绝对确定地受不得减刑和假释的制约，而无期徒刑则会被变更为有期徒刑。这种严厉性使得终身监禁得以存在于法定刑当中。但是，我国设置的终身监禁又不像国外那样将其作为具体刑罚种类那样赋予独立的刑种地位，其只是作为刑罚处罚措施附于死刑刑种之内。尽管刑罚理论研究认为应借鉴终身监禁刑种来替代死刑，但在保留死刑和坚持刑罚体系结构等综合考虑之后，我国目前尚不具有使终身监禁成为单独刑种的条件，并且无期徒刑的长期存在也使得性质相似的终身监禁刑种设置显得不是十分必要或缺少存在空间，这就意味着如果将终身监禁作为刑种就会在一定程度上体现出对无期徒刑的重复。因而，我国将终身监禁设置在个罪之内作为刑罚措施,不过,如此规定并没有解决由其带来的诸多适用尴尬的问题。同时,不得减刑和假释的终身监禁在实质上也能部分反映出不减刑、假释的无期徒刑的内容,即无期徒刑刑罚本身因减刑和假释而可以存在能减刑和假释与不能减刑和假释两种情况。因此,对于我国刑罚配置而言,是否可以通过不可减刑和假释的无期徒刑来包含如今配置的终身监禁是很值得考虑的。

终身监禁在法定刑规定中适用条件的不恰当和模糊性内容以及其在理论与现实方面的不合理和不必要存在的问题难免会给刑罚自身和适用都带来或多或少的问题,进而影响刑罚体系不断向前发展。因此,我们在对我国现行刑罚体系进行研究时就必须重视终身监禁的设置,如何恰当、合理和有效地解决其出现的问题是构建全面、科学的刑罚体系所不可回避的问题。

四、不同种类自由刑的并罚问题

自由刑作为刑罚种类的一个大类别,往往包括具有各自特征的具体刑种。在我国现行刑罚体系中,关于管制、拘役和有期徒刑之间如何合理、恰当地作出数罪并罚的规定一直都处在理论分析阶段,换言之即"对于行为人的数罪中有分别被判处有期徒刑、拘役、管制的情形时应当如何并罚的问题,没有明文的法律规定"。[1]这就意味着我国通过《刑法修正案(九)》的修正,首次在立法上将解决此问题的方法以新增第2款的方式规定在刑法典中,不仅丰富了数罪并罚的法定内容,更为重要的是,给不同种类自由刑之间的并罚设置了明确的处理规则,进而使司法适用有据可依且易于操作。

---

[1] 张明楷:"数罪并罚的新问题——〈刑法修正案(九)〉第4条的适用",载《法学评论》2016年第2期,第1页。

(一) 具体规定

我国刑法在应对数罪并罚情形时，通常采用综合性原则，即以限制加重原则为核心且结合吸收原则与并科原则。针对不同的刑种有不同的限制，即"吸收原则是一种相对吸收的原则，只适用于死刑和无期徒刑；限制加重原则适用于同种的除死刑、无期徒刑以外的主刑；并科原则是一种相对并科的原则，只适用于主刑和附加刑并存的情况"。[1]因而，如今通过再一次修订，新设的不同种类自由刑的并罚规则突破了原有的限制。从我国《刑法》第69条[2]的规定来看，在处置有期徒刑与拘役的并罚时，采用吸收原则——最终作出的刑罚以最重的刑罚确定（即有期徒刑）——打破了吸收原则只在死刑和无期徒刑中的遵循规则；有期徒刑或拘役与管制并罚时，则确立为并科原则——数罪对应的刑罚无论轻重一起执行，即待前者执行完毕以后继续执行管制刑——改变了只在主刑和附加刑间的运用规则。这种分别采用不同并罚原则的规定方式在一定程度上能够避免纯粹运用一个原则解决不同刑种在数罪并罚上的片面性问题。现实中出现的数罪并罚情况常常有所差别，尤其是对不同种类自由刑的并罚更是较为复杂。自由刑种类间的搭配方式和各自的刑罚期限都存在差异，因此单一的并罚原则或吸收或并科都不足以被很好地适用于实际，换言之即会导致不合理的执行刑罚。

同时，考虑到管制的限制自由与有期徒刑和拘役的剥夺自由的差别属性，前者蕴含的特殊刑罚目的和行刑社会化处遇也

---

[1] 余芳："考量我国刑法中的数罪并罚原则"，载《云南大学学报（法学版）》2006年第1期，第35页。

[2] 《刑法》第69条第2款规定："数罪中有判处有期徒刑和拘役的，执行有期徒刑。数罪中有判处有期徒刑和管制，或者拘役和管制的，有期徒刑、拘役执行完毕后，管制仍须执行。"

是后者无法替代的。在刑罚目的方面，有期徒刑和拘役作为监禁刑主要以报应性惩罚、严厉性威慑预防和剥夺性特殊预防为对待犯罪人的刑罚目的，不仅运用剥夺自由的方式给予犯罪人相应的刑罚惩罚，还以此隔离犯罪人、防止再犯并威慑社会公众；管制作为非监禁刑本身就旨在运用预防性措施对犯罪人加以教育改造，虽有一定的报应性措施但却不是重点，其更重要的是被寄予了预防犯罪的刑罚目的，因而刑罚目的的倾向性差异使得吸收管制刑不尽合适。在行刑社会化方面，管制具有天然的社会化执行特征，并且，我国还配以社区矫正等特别处遇措施，这都是有期徒刑或拘役所不具有的。因此，管制刑与有期徒刑或拘役之间尚不能形成吸收关系，或者说，有期徒刑或拘役不足以容纳管制，否则强制将其加以囊括只会使管制刑难以发挥自身的刑罚效果。可见，异种自由刑的不同并罚原则有其存在的特定意义，在践行罪刑法定原则和推动法治进程中发挥着积极作用，尤其是在我国逐渐严密法网的犯罪化道路上，其为今后司法适用中出现的更多异种自由刑并罚提供了可参照的立法依据。

（二）存在的问题

尽管我国新增的规定直接、清晰地确定了有期徒刑、拘役和管制三种不同自由刑种类的并罚原则，然而，其却会导致实际刑罚的不均衡或不恰当的结果。新增的异种自由刑并罚内容，单独区分为两个原则并没有什么较大的不恰当之处，有期徒刑和拘役的并罚原则体现重刑对轻刑的吸收，有期徒刑或拘役与管制的并罚原则体现数罪并罚的形式和实质的要求且能较好地体现报应与预防犯罪的刑罚目的。但是，综观这两个原则我们就会发现两个重要的问题：一是吸收原则后的刑罚存在轻于并科原则后的刑罚的可能；二是导致同一规定中同刑罚类别属性

第四章 我国现行刑罚配置反思

的吸收原则和并科原则的相互矛盾或冲突。

首先,在刑罚力度上,根据吸收原则的规定,有期徒刑和拘役二者并罚理所当然地会形成最终以有期徒刑作为执行刑罚的刑罚结果;根据并科原则的规定则会形成有期徒刑和管制并处或者是拘役和管制并处的刑罚结果。那么,我们从确定后的单一有期徒刑和其与管制的并处的形式上就能够看出后者的刑罚惩罚更重。[1]而单一的有期徒刑较拘役和管制并处而言,在考虑拘役和管制的综合刑罚作用上,其刑罚力度也相对强些,因而致使吸收下的刑罚比并科的实际刑罚轻。只不过数罪中被判处有期徒刑和拘役的犯罪显然要比判处有期徒刑或拘役和管制的犯罪更具社会危害性,而与罪行对应的刑罚反而较轻,这显然会导致罪刑不相适应或者说罪刑不均衡,进而会产生刑罚的不公。换言之即二者比较之下,前者有轻纵处置犯罪的可能而后者则有严厉处置犯罪的嫌疑。这种刑罚处罚轻重程度的不对应是现行刑罚配置规定不同种类自由刑并罚规定所导致的结果。另外,此规则指导下的司法适用还存在故意的规避问题,即对两个罪本来应处一个有期徒刑和一个拘役,但考虑到并罚后执行有期徒刑与实际罪行的不对称而作出两个有期徒刑或两个拘役从而适用限制加重的并罚原则加重执行刑罚,这更是对数罪并罚内涵中"一罪一罚"的罪刑相符的悖离。

与此同时,这样的规定也反映出了异种自由刑并罚原则的碰撞。在有期徒刑和拘役并罚上采用吸收原则,就意味着我国在实质上认同了重刑对轻刑加以吸收适用的一般规则。有期徒刑和拘役在刑罚惩罚程度均比管制刑要重,且按照刑罚体系中

---

[1] 例如,两罪被分别处以有期徒刑6个月和拘役6个月,最终执行6个月有期徒刑;两罪分别被判处有期徒刑6个月和管制6个月,最终先将6个月有期徒刑执行完毕后再执行6个月管制。显而易见,后者比前者的实际刑罚偏重。

的刑种由轻到重的排序管制也处于第一位,那么面对有期徒刑或拘役和管制的数罪并罚就应与重刑吸收轻刑的原则保持一致,然而在并罚原则中却作出了一并处罚的并科设置,这显然会导致并罚规则的前后矛盾和逻辑相悖或者说不协调。并且,"在客观上造成了一种不合理的现象:管制轻于拘役,但拘役可以为有期徒刑所吸收,管制却不能为有期徒刑所吸收"。[1]不可否认,并科原则较好地遵循了数罪并罚中"一罪一罚"与罚当其罪的特定内涵要求,但也由此反映出了对有期徒刑和拘役设定的吸收原则尚不足以符合数罪并罚的实质,因而,分别置以不同的并罚原则没能保持数罪并罚的内在统一性。当然,完全一致的并罚原则也有其固有的弊端。那么,如何使异种自由刑并罚规则得以合理、有效地存在是一个值得进一步研究的问题,也是我国逐渐改进刑罚配置和调整刑罚体系内容所不可回避的问题。

在对我国刑法中不同种类自由刑的并罚的合理性予以肯定的同时,我们也看到了其规定中存在的不足之处。其中最为突出的问题就是由并罚规则引起的罪刑不相适应和其内在矛盾。因此,在反思我国现行刑罚配置时,不同种类自由刑的并罚是其重要内容之一,并且,其出现的问题也需要运用综合的方法加以解决,具体措施笔者将在本书完善部分进行阐述。

五、并科财产刑问题

诚如前文在对罚金刑问题的阐述时已经提及的四种适用方式,即单科、选科、并科和复合制,基于罚金刑归属于财产刑,其实际上也是我国财产刑的刑罚配置方式。我国财产刑不仅包

---

[1] 赵秉志主编:《〈中华人民共和国刑法修正案(九)〉理解与适用》,中国法制出版社2016年版,第362页。

括罚金刑还包括没收财产刑,二者在适用方式上是基本相同的,只是在具体设置的数量上存在差别。不过,在将财产刑作为刑种大类别来研究的前提下,我们自然需要综合罚金刑和没收财产刑的各自规定,进而从整体出发来看待并科财产刑问题。我国在财产刑方面的并科刑罚配置如同任何事物一样并非绝对完美,因此,在厘清问题之前我们需要明确其现有的规定。

(一)并科财产刑的规定

并科财产刑是指在财产刑的具体适用上作为与主刑一并的方式运用于具体刑罚处罚之中。其中包括必并科和可并科两种形式:必并科是必须将财产刑与主刑刑种一并作为处置犯罪人的刑罚,通常以"并处"表述;可并科则是选择性并处,即存在并处的选择空间,通常以"可以并处"表述。我国现行刑法在分则中对财产刑的设置较多地以必并科和选并科两种刑罚配置方式加以规定,因此并科就自然而然地成了财产刑的主要配置方式。之所以如此说,一方面在于我国目前存在的并科财产刑的规定已经分布于刑法分则十大类犯罪中的八类,其被设置的范围较为广泛;另一方面则在于财产刑的适用方式除了并科以外还有其他方式,但并科却在现行规定中占主导地位。这点我们可以从以下归纳总结出的数据中清晰地看到:

各类罪	条文总数	财产刑数	并科数			占财产刑数比例			占本章总比例
			可并	必并	总数	可并比	必并比	总数比	
危害国家安全罪	12	12	12	00	12	100%	0	100%	100%
危害公共安全罪	35	12	0	12	12	0	100	100	34.
破坏社会主义市场经济秩序罪	101	95	48	47	95	50.5%	49.5%	100%	94.1%
侵犯公民人身权利、民主权利罪	37	11	2	8	10	18.2%	72.7%	90.9%	27.0%

续表

各类罪	条文总数	财产刑数	并科数			占财产刑数比例			占本章总比例
			可并	必并	总数	可并比	必并比	总数比	
侵犯财产罪	15	12	7	4	11	58.3%	33.3%	91.7%	73.3%
妨害社会管理秩序罪	99	63	21	38	59	33.3%	60.3%	93.7%	59.6%
危害国防利益罪	14	4	1	2	3	25.0%	50.0%	75.0%	21.4%
贪污贿赂罪	17	11	1	10	11	9.1%	90.9%	100%	64.7%
渎职罪	25	0	0	0	0	0	0	0	0
军人违反职责罪	32	0	0	0	0	0	0	0	0
总十类罪	387	220	92	121	213	41.8%	55%	96.8%	55.0%

这里首先要说明的是表格中列出的财产刑以并科方式设置在法定刑中的数量实际上是包括只规定并处和可能形成并处两部分的，即是必并科和可并科的综合数。由于我国在设置财产刑时还存在复合制的配置方式，复合制中就自然包含着并科的可能性和特定空间，这就为财产刑的可并科提供了法定依据，并且我国在可并科的法定刑条款中往往对其较为严重的进阶情形还设置了必并科的刑罚，即一般情形时可并科适用财产刑，而在较为严重或十分严重的情况下则为必并科，这种设置在可并科中占到五成以上甚至更多。因而我们有必要将复合制规定内的并科纳入整体财产刑并科之内研究。从总体上来看，在220个设置有财产刑的刑法分则条文中，能够处以并科的法定刑数达到213个之多，占据96.8%。这意味着并科适用方式是我国立法者设置财产刑的首选。其中必并科占到55%，且可并科的比例中还包括有必并科，因而必并科的比例实际上比现有比例还高，因此必并科就毋庸置疑地成了财产刑中最为主要的适用方式。不仅如此，并科财产刑的设置在各类罪中的比例也较高，财产刑并科总数占所有分则条文数的55.0%，这是一个相当高

的比例，甚至比某些刑种在十大类罪中的刑罚配置比例都要高。而后，具体到各大类罪的分布，危害国家安全罪的所有罪名都是运用可并科的方式且附加没收财产进行适用的，占整章的100%；危害公共安全罪中但凡设置财产刑刑罚均是采用必并科的方式予以适用，占本章配置财产刑的100%；其他类罪中的并科财产刑的比例在配置有财产刑罪名中均超过3/4，而占各章的比例大多数也超过半数。但是，最后两章都没有配以财产刑，因此并科适用方式自然为零，这种刑罚配置或多或少地存在着两极分化的不均衡和不合理之处，但依然突出了并科的配置方式。另外，财产刑的可并科方式大多以复合制的形式被规定在具体罪名的法定刑之内。因此，我国对财产刑的刑罚配置呈现出以必并科为主、复合制为辅的基本特征，总体上以并科为中心。同时，除去财产型犯罪或贪利性犯罪，我国规定的并科财产刑通常被置于较为严重犯罪的法定刑当中，从对较轻犯罪转变到对较重犯罪的处置。

事实上，我国在配置财产刑时主要采用并科的方式以应对各种犯罪并不是随意的刑罚规制，其也是多种因素共同作用的结果。首先，在我国的刑罚体系中，财产刑均被置于附加刑之列，因而这种特定的地位导致财产刑并科适用方式的必然会存在。虽然附加刑可独立也可附加适用，但其很少独立适用，反倒是充分展现出了附加刑的补充性或附属特性，并且附加适用也已经成为我国以财产刑处置犯罪的惯性思维。因此，财产刑作为附加刑就理所当然地被配置在了主刑之后。即便是规定有并处和单处的复合内容，在司法实践中也会考虑到犯罪性质、情形以及财产刑刑罚效用等而选择并处的适用方式。加之犯罪情况错综复杂，立法者对是否适用特定的主刑难以给出绝对的界限，相对附加刑独立适用的可能性就更小了。因而，财产刑的并科是由其附加刑地位决定的。其次,并科方式也是我国对严重性和贪利性犯罪加以处置的特殊刑罚需要。严重性犯罪具有一定程度的社会危害性,基于"一罪一罚"与"一罪一主刑"的规则,单一的主刑在选择刑种时也会存在尚不足以完全体现罪行与刑罚处罚相对称的情况,即或轻或重,因此财产刑的并科便成了必要的选择;贪利性犯罪则具有特定的贪财牟利性质,与财产密切相关且犯罪所得较大,纯粹的财产刑未能完全体现出刑罚惩罚的力度,因而同主刑并科的适用方式能较好地予以处置,至少能在一定程度上实现罪刑均衡。最后,我国刑罚目的以预防为主,强调对犯罪的预防和防治重新犯罪,并科财产刑的设置既能剥夺犯罪人的再犯资本又能在主刑基础之上增强一般预防,且其与我国现行偏重化的诸多其他刑罚内容相一致,同刑罚体系整体设置相符合。因此,并科财产刑在我国仍然有其存在的空间。

尽管并科财产刑在我国刑罚配置中蕴含特定意义,且合适量度内的并科不仅是恰当的刑罚处罚方式,还是世界各国设置财产刑的重要方式,因而并科方式也并非一无是处,至少能够体现一定的刑罚惩罚和特定的刑罚预防。但是,我国在刑罚配置中以并科(尤其是必并科)为主的财产刑适用方式却是存在不足的。

(二) 存在的问题

财产刑的并科方式在对待极为严重的财产型犯罪上确实会产生一定的积极效应,但我国现行并科主导下的财产刑分布所存在的问题也是十分明显的,具体包括并科方式自身的弊端和由其产生出的诸多问题。

并科依赖于主刑刑种的特定方式将会直接导致刑罚的过度。并科即是在适用上需要与主刑一并作为对犯罪人的刑罚处罚,

第四章　我国现行刑罚配置反思

其中，可并科给司法裁量留有适当的自由选择权。而必并科则是一种绝对确定的刑罚配置方式，在相对较重的主刑基础之上毫无选择地增加附加刑刑罚，无疑会增加刑罚惩罚内容、增强刑罚惩罚力度，进而导致刑罚的过度化处罚。同时，绝对确定的必并科太过于机械化以至于不具有弹性，难以对触犯相同罪名、不同犯罪情形的犯罪人作出合理的刑罚个别化处理，且容易造成刑罚大于犯罪的局面。加之并科财产刑的配置范围分布得极为广泛，由此可适用的并科刑罚也得到了扩大，即存在大量适用并科财产刑的刑罚依据使其不可避免地被适用，这从适用范围方面反映出了并科方式下的较重刑罚设置内容。而且，我国普遍将并科财产刑置于严重犯罪和故意犯罪之中，其罪名本身就配以主刑中的较重刑种，再加上附加刑便更显得刑罚过剩。除此之外，在较轻犯罪中也涉及有并科财产刑，不过由于这种配置并未囊括所有轻罪，从而导致异罪之间的不协调，易于形成刑罚的不公。因此，并科财产刑的配置方式不仅违背罪与刑相适应的原则，还或多或少地使我国刑罚体系整体趋于严厉和偏向重刑化。

并科配置不利于财产刑目的的实现和刑罚作用的充分发挥。纵使我国财产刑被列入了附加刑，但也有其独立适用的属性，即其可以单独作为刑罚处罚内容来处置犯罪人，这便意味着财产刑依然是具有惩罚与预防效用的单独刑罚，或者说其是刑事责任实现方式的一种，[1]因此，即便是并科也应有其特定刑罚作用的体现，换言之即并科财产刑是与主刑共同反映同一刑事责任的刑罚。我国设置财产刑的初衷是展现出其特定刑罚种类的积极效用，不过在具体刑罚配置中以并科主导的适用方式变

---

[1] 李洁：《罪与刑立法规定模式》，北京大学出版社2008年版，第102页。

相忽视了其本身刑罚作用。一般而言，财产刑本身具有特定的轻刑属性，尤其是罚金刑更是刑罚轻缓化的重要刑罚内容，在国外是以其作为主刑的重要一种来替代短期自由刑的，因而其本身是集报应和预防目的为一体的刑罚，即其既具备报应目的中的刑罚惩罚性，又具备预防目的中的刑罚预防性。但是，在刑罚配置中却呈现出了将财产刑的并科作为一种手段来加以威慑或强化自由刑的现行规定，典型的为法定刑内必并科的财产刑往往与十年以上有期徒刑、无期徒刑或死刑等相伴配置，这种配置方式显然难以体现出财产刑刑罚的特别需要，其不仅未能体现财产刑刑种在应对犯罪上的独特性，也不足以反映其蕴含的刑罚目的，换言之即财产刑的报应性惩罚和预防性教育改造都被主刑遮盖，进而无法在刑罚目的指导下达到积极的刑罚效果。从本质上来看，并科财产刑尤其是必并科方式虽建立在应然刑罚目的的基础之上，但却不足以实现既定的刑罚目的，从而导致与刑罚目的相符合的刑罚作用自然也未能产生。因此，并科财产刑的刑罚配置难以达到其刑罚目的和发挥刑罚作用。

不仅如此，并科财产刑还会致使大量刑罚"空判"的出现。受刑罚轻缓化影响，我国已不断扩大财产刑在各罪名中的适用，这可以说是我国在向轻刑化转变中的重要内容，而且为了使财产刑得到广泛适用，以必并科为中心的并科成了财产刑的主要适用方式。不过，这种提高财产刑的适用率与其所带来的低执行率之间就会形成差距鲜明的对比。尤其是处置一些贪利性犯罪人，"很大一部分是由于经济状况困难、受生活所迫而走上犯罪道路。这类犯罪人往往连基本的生活需要都难以得到保障，更勿论有任何个人财产可供执行。同时根据法律规定，犯罪人从事犯罪所得、用于犯罪的财物工具均应被没收。因而这类罚金刑案件自始就属于执行不能"。[1]那么,"空判"现象的存在自是在情理之中,不过这势必难以实现财产刑刑罚目的,甚至会对我国刑罚的法律权威产生直接影响。因此,立法设置只考虑有法可依是远远不够的,对并科财产刑需要做全面考虑。

基于以上并科财产刑在我国现行刑罚配置中所引起的问题,我们可以看出这些问题的根源还是刑罚理念和立法规制的不周全。当然,本书并非完全否定并科财产刑的适用方式,而是强调对财产刑采用并科为主的法定刑规定的不恰当或不合理。从刑罚体系整体的角度而言,此方式难以满足科学刑罚体系的构建与发展的要求。因此,在以完善我国刑罚体系为前提的基础上有效解决并科财产刑问题具有重要意义。

六、资格刑分化问题

在我国现行刑罚体系中,除了剥夺政治权利刑和驱逐出境刑以外,没有设置其他符合资格刑条件的具体刑罚种类。由于驱逐出境只针对外国人适用而只具有特殊性不具一般性,并且其没有像剥夺政治权利刑那样被明确列在附加刑之内,因此本书并未对驱逐出境加以深究。纵观我国现行《刑法》的规定,其中亦包含着对资格刑内容的丰富。虽然现行《刑法》在刑种设置中只规定有剥夺政治权利刑一种资格刑,但随着资格刑在世界各国刑法中的逐渐发展,我国也对资格刑予以重视,在最近的两个刑法修正案中,立法者都作出了具有资格刑性质的刑罚内容规定,即存在于刑法中的准资格刑刑罚措施。除此之外,在我国刑罚体系以外,还存在着大量的、同属资格刑性质的非

---

[1] 广东省佛山市中级人民法院、北京师范大学刑事法律科学研究院:"关于财产刑执行的调研报告",载朱和庆、赵秉志主编:《财产刑执行的调查与研究》(1),人民法院出版社2007年版,第18页。

刑罚处罚措施,因而从资格刑本质上处罚特定资格或权利的角度来看,目前存在资格刑内容的分化问题,即应当归属于资格刑的刑罚被分别置于刑法之内和之外。因此,可以说,真正的资格刑在我国包括三个部分:一是法定刑罚体系中的资格刑刑种;二是法定刑中的准资格刑刑罚措施;三是刑罚体系外的准资格刑行政处罚措施,前者作为典型的资格刑存在,后二者则被视为准资格刑。

在此,笔者对我国刑罚体系内长期存在的资格刑刑种不再赘述。单一的刑种早已受到质疑,不过在刑法同社会发展一起与时俱进的过程中,资格刑内容也在新时代得到了一定程度的转变,其中最为突出的是法定刑中的准资格刑刑罚措施。资格刑内容在我国刑法中的发展是以《刑法修正案(八)》纳入"禁止令"为起点的,其作为限制一定资格或权利的刑罚附加于管制与缓刑之中,这一规定被认为是我国资格刑改进的重要一步。而后,《刑法修正案(九)》又直接增加了"职业禁止"规定,基于"禁止从事相关职业"的具体规定,其相较于"禁止令"更为独立且能够明显地体现出资格刑的内容,进而推动了资格刑在我国刑法中继续改革。这种修订使得兼具资格刑性质的剥夺或限制性刑罚措施具有了积极意义。"一方面,将国外资格刑中剥夺职业类内容扩展到我国刑法当中,尽管未能以资格刑种类的身份,但也是对资格刑内容的吸收和汲取;另一方面,增加职业禁止的规定也是我国逐渐践行预防刑的立法承接,将应然选择直接转变为实然规制,充分展现我国立法规范发展的同时切实符合现实的需要。"[1]不过,由于我国资格刑的有关内容主要限制的是自然人的权利而不涉及单位或法人,难免有

---

[1] 向准、鸟画:"我国财产刑扩张下的资格刑发展",载《华侨大学学报(哲学社会科学版)》2016年第1期,第95页。

所遗憾且资格刑本身对单位或法人的刑罚作用更为明显和有效,这着实存在漏洞。再加之资格刑刑罚方式在实践适用中也会出现刑罚不能的尴尬局面,因此,尽管资格刑内容在我国逐渐发展,但也不足以完全改变其在刑罚体系中的地位和充分发挥其在应对犯罪中的刑罚积极效用,至少依然存在立法规制与司法适用以及行刑中的不协调问题。

与此同时,我国较为特殊的刑法与行政法二分并存的结构导致某些处罚方式的类似,尤其是具有资格刑性质的行政处罚成了刑罚体系外的准资格刑措施,换言之即刑罚体系外的准资格刑行政处罚措施。同样作为准资格刑,这种类资格刑的行政处罚与新增的"禁止令"及"职业禁止"的最大区别就在于刑法规制的界限。后者被置于刑法当中而前者处于刑法之外,无论是从处罚依据还是从处罚程度等都重要和严厉得多。但是,除了刑罚本身的应然严厉性,在资格刑和具有资格刑性质的准资格刑措施之间,准资格刑的惩罚力度更重于资格刑,典型的为对法人或单位的行政处罚远远高于刑罚。具体到准资格刑行政处罚措施,我们从我国目前行政法律规范中可以归纳总结出以下几类:第一类是禁止担任公职或特定职业。公职即国家机关或公务部门以及特定部门中的公共职务,具有代表国家或部门的特定身份或资格;特定职业则是需要具备特殊技能或资格才能从事的职业。对公职或特定职业的剥夺或禁止旨在防止再次利用特定权利或资格做出违法行为甚至犯罪行为。例如,《法官法》第13条规定:"下列人员不得担任法官:(一)因犯罪受过刑事处罚的;(二)被开除公职的。……"[1]这意味着对法官资格的剥夺。除此之外还有警察法、检察官法、公务员法等

---

[1] 《法官法》第13条。

也有类似剥夺公职的规定,还有一些律师法、教师法、证券法、公司法等特定职业的限制。第二类是禁止从事特定活动,即对特定活动权利的剥夺。例如,《道路交通安全法》第91条[1]就对饮酒或醉酒后驾驶机动车予以拘留、罚款、暂扣或吊销驾驶证以及有期限或终身不得再获取驾驶证的处罚,这种内容规定在其他行政类法律法规中。第三类则是对荣誉的剥夺,如《中国人民解放军军官军衔条例》第28条第1款和第2款规定:"军官犯罪,被依法判处剥夺政治权利或者三年以上有期徒刑的,由法院判决剥夺其军衔。退役军官犯罪的,依照前款规定剥夺其军衔。"[2]这意味着我国对军人获得荣誉资格的否定或剥夺。以上准资格刑处罚方式从本质而言均是资格刑整体所包含的内容,即"无资格刑之名、行资格刑之实"。[3]而且,其所涉及的内容实际上都与刑罚有所关联,但凡受过刑罚处罚几乎都不再享有一定资格,然而这种由刑罚直接导致的结果却被置于非刑罚法律规范当中,实则是对刑罚后果的割离。同时,在准资格刑处罚措施中还包括对法人或单位的大量处罚,最为严

---

[1]《道路交通安全法》第91条规定:"饮酒后驾驶机动车的,处暂扣六个月机动车驾驶证,并处一千元以上二千元以下罚款。因饮酒后驾驶机动车被处罚,再次饮酒后驾驶机动车的,处十日以下拘留,并处一千元以上二千元以下罚款,吊销机动车驾驶证。醉酒驾驶机动车的,由公安机关交通管理部门约束至酒醒,吊销机动车驾驶证,依法追究刑事责任;五年内不得重新取得机动车驾驶证。饮酒后驾驶营运机动车的,处十五日拘留,并处五千元罚款,吊销机动车驾驶证,五年内不得重新取得机动车驾驶证。醉酒驾驶营运机动车的,由公安机关交通管理部门约束至酒醒,吊销机动车驾驶证,依法追究刑事责任;十年内不得重新取得机动车驾驶证,重新取得机动车驾驶证后,不得驾驶营运机动车。饮酒后或者醉酒驾驶机动车发生重大交通事故,构成犯罪的,依法追究刑事责任,并由公安机关交通管理部门吊销机动车驾驶证,终生不得重新取得机动车驾驶证。"

[2]《中国人民解放军军官军衔条例》第28条。

[3] 李荣:"我国刑罚体系外资格刑的整合",载《法学论坛》2007年第2期,第67页。

重的结果是吊销营业执照，这意味着直接导致法人的消亡，反观刑法中对单位或法人的处罚也只是单一的罚金刑，比较二者行政处罚对法人的影响显然更大。因此，从准资格刑处罚措施的类别和内容来看，我国刑法规定的资格刑刑罚不仅内容不够全面且惩罚不够到位，进而难以合理、恰当地表现出真正意义上的资格刑。所以，资格刑在我国已然形成被分割的局面。

可以说，资格刑的分化一方面与刑罚配置有所关联，另一方面则与我国法律规范体系和内容密切相关。刑罚配置导致资格刑在刑罚体系内存在刑种和法定刑刑罚措施相区别的内容，本应被列入刑种的资格刑处罚措施却未被置于其中；特定的法律体系决定了特殊的规范内容，刑法和行政法二分格局存在已久，要想以其中任何一个涵盖其他都不可能也不现实，但是却能在惩罚程度上做出区分，即刑法作为最后法和最为严厉的法律理所当然需要严于行政类法律规范，因此典型资格刑就应当全面且严于准资格刑行政处罚措施，否则就会牵连出行政处罚的惩罚力度高于刑罚处罚，就如同罚金刑与罚款一样都是对金钱的剥夺但程度不一。因此，基于我国当前法律体系，资格刑分化的问题不可避免地存在，那么在重新认识这一问题时就需要运用综合的方式予以看待，毕竟它也并非是不可解开的死结。只不过资格刑的分化不利于其自身在刑罚体系中的发展，也不利于其积极作用的发挥，因而必须加以重视。至于如何解决这一问题笔者将在本书最后的完善部分详细阐释。

本章小结

通过对我国现行刑罚配置中特定内容的描述和反思，我们可以清晰地看到刑罚配置还存在较多且较重要的问题，具体可被归纳为两大方面：一方面，刑罚配置整体呈现出了刑罚程度偏重问题；另一方面，不同刑罚方式的不恰当设置问题。

刑罚程度偏重是从整体视角看待刑罚配置的结果，也是各个不同刑罚综合配置的产物。首先，绝对确定的死刑以其固有死刑刑种的严厉性惩罚和绝对确定方式的机械性适用将刑罚程度上升到极致，换言之即毫无选择余地地运用死刑在有限刑罚效果基础上更能反映出刑罚惩罚力度的偏重。而且，这种刑罚配置不仅难以实现我国预防刑罚目的，也体现不了刑罚报应目的，且其过于严苛的设置与我国"宽严相济"刑事政策不相符合并有悖于刑法社会机能内容，因而绝对确定的死刑是一种不恰当的刑罚配置方式。其次，终身监禁作为一种新的尝试被纳入我国的刑罚体系，既是对国外刑罚体系内容的本土化借鉴，又丰富了我国应对严重犯罪的刑罚处置措施。然而，只在贪污受贿罪的法定刑中设置终身监禁的处罚，相对其他暴力性、人身性严重犯罪较为明显地体现出我国重刑威慑的预防刑要求，但是否充分考虑到刑罚个别化的则成了问题。并且，这种特殊的刑罚配置也使得报应与预防不相协调，从而导致刑罚过剩，有悖于罪行均衡而难以展示刑法社会机能中的人权保障机能，其也未必能达到保护社会的机能。当然，其与我国目前以严为主的"宽严相济"刑事政策相一致，但其本身并非是恰当的刑事政策观。因此，终身监禁的设置尚属刑法仓促修正的产物，其刑罚配置规定还有许多不足。再次，不同种类自由刑的并罚设置明确了处理异种自由刑时的法定规则，但却打破了不同规则下刑罚结果的平衡和规则内的统一，进而易于导致重罪轻刑或轻罪重刑的刑罚不公局面。如此便无法实现刑罚惩罚或预防犯罪的任一目的，背离了"宽严相济"刑事政策内容。因而，不同种类自由刑的并罚问题也亟须得到重视。此外，财产刑的并科适用方式作为我国配置财产刑的绝对主导方式存在已久，

第四章 我国现行刑罚配置反思

尽管立法考虑时寄予了加大对财产刑的适用范围和不可回避地予以适用的主观目的,但却在实际规定中出现了不加区别地广泛分布与适用中导致刑罚过度和空判等问题,这不仅没有体现设置财产刑的刑罚目的,也不足以发挥其特定的刑罚积极作用,由此致使整体刑罚的偏重而难以做到宽严相济。最后,资格刑的分化是我国法律体系下的特定结果,具有资格刑性质而不归属于刑法资格刑的准资格刑处罚措施已然比资格刑更为周全,然而,资格刑却不能充分发挥出其自身在惩治和预防犯罪的刑罚目的,尤其是其刑罚内容规定的漏洞和不当,反而使其不如准资格刑措施效用明显。不过,从资格刑整体的角度而言,刑罚体系内的资格刑完全能够通过一定程度的整合来做出改变,否则继续如此设置必然无法展现资格刑自身蕴含的应对各种犯罪的效用,也无法满足刑罚轻缓化发展的要求和刑法社会机能的呈现。因此,各具体问题的结合难免使得刑罚整体偏向于重刑化趋势,那么要改变偏重的刑罚就需要对各问题加以解决。

与此同时我们可以看出,我国现行刑罚配置中所出现的问题均在一定程度上与刑罚目的导向、刑事政策指导和刑法社会机能作用存在或多或少的偏差,从而导致刑罚体系的构建和形成不尽全面和合理。因此,应然的刑罚理念是刑罚配置甚至是刑罚体系发展中不可或缺的重要基础。总的来说,本章实际上是从立法论意义上,对我国现行刑法中刑罚配置上的问题点进行的详细梳理,不仅明晰了现行刑罚配置内的问题也指出了导致其问题存在的理论根源,进而便于为后文我国刑罚体系的完善建议奠定基础。

第五章
完善我国刑罚体系的理念

任何国家刑罚体系的构建和发展都是建立在与其相对应的刑罚理念基础之上的，因此，全面、透彻地看待已经形成的刑罚体系并对其加以科学、合理及有效地调整就需要一定的理念根基。在前文关于刑罚体系基本理论范畴的阐述中，笔者已经明确了刑罚体系的三个基本理论，即刑罚目的论、刑事政策论与刑法社会机能论，三者作为与刑罚相关的独立理念各自发挥着自己的内在作用，同时三者结合起来又能起到影响刑罚内容的整体效果，因而对刑罚体系加以完善必然要以此为先导。尤其是在厘清我国现行刑罚体系中存在的刑种设置和刑罚配置问题之后，我们清晰地了解了刑罚体系在产生和调整过程中所呈现的刑罚理念误差，因此如何改变我国现有刑罚体系内容进而使之更好地适用于处置犯罪就需更新相关理论和观念，依照应然的刑罚目的观、刑事政策观和刑法社会机能观方能做出恰当的实然刑罚体系规制。基于本书第一章已经对这三个基本理论进行了较为全面且详细的表述，但并未深入研究是否应当将之作为我国刑罚体系完善的理念根基，故而笔者在此将作重点分析。

一、应然的刑罚目的观

应然的刑罚目的观即是在众说纷纭的刑罚目的论中最为合

第五章 完善我国刑罚体系的理念

理、恰当且应当的目的理念。刑罚目的与刑罚体系的关系已毋庸置疑,而何种刑罚目的才能引导出科学的刑罚体系却有所争议。单一的报应目的易于导致刑罚体系的重刑化设置和刑罚过度,纯粹的预防目的则不利于刑罚体系的轻重刑罚考量且难以实现刑罚效果,这种一边倒的刑罚目的观有其不可避免的弊端。因而,本书认为,报应与预防相结合的二元刑罚目的观才是应然的刑罚目的观,在此基础之上选择以报应为主、预防为辅的目的观更为合适。

报应与预防本身不发生冲突,而是辩证统一的存在,"报应与功利都是刑罚赖以生存的根据",[1]而二者的并存实际上缘于社会人的相对自由意志,即几乎所有的犯罪行为均是犯罪人通过自由意志做出的选择,因而能够通过刑罚对其回以报应和加以预防。不过,即使报应与预防是相互兼容的,也不意味着二者在我国刑罚目的论中处于同等地位,因此作为应然的二元刑罚目的观,就应当以报应为主、预防为辅。之所以如此,一方面基于我国积淀深厚的刑罚报应观念早已成为主导,其在短时间内或者说很长一段时间内都不可能得到转变,并且预防目的尚未扎根,不足以成为中心刑罚目的;另一方面则是"报应是刑罚的最基本的特征,刑罚因为已然的犯罪而发动,报应刑的基本内涵是追求公平正义,而公平正义是最大多数人都能够接受的,但如果刑罚仅仅是为了报应而报应,那么这样的刑罚必然过于僵硬且缺乏必要的功利性,而社会乃至个人做每一件事情都具有功利性,可以说没有不带功利性的意志行为,因此除了中心内容是报应目的外,刑罚还必须有预防犯罪的功利目的"。[2]所

---

[1] 林山田:《刑法通论》(增订6版·下册),台湾大学法律系1998年版,第696页。

[2] 徐久生:《刑罚目的及其实现》,中国方正出版社2011年版,第72页。

以，以报应为主、预防为辅的二元刑罚目的当是我国的应然刑罚目的观。

具体到报应为主，即以报应刑罚目的作为调整刑罚体系内容的主要导向或居于首要地位，有其特定的依据。首先，报应体现的是刑罚的公正，而公平正义是刑罚法规制定和实际适用的基础理念，不蕴含公正目的的刑罚则是对行为人权利的侵犯和对国家权力的放纵，尤其是作为最严厉的刑罚更是需要公平正义的处置不同的犯罪。其次，非极端的报应观是与刑罚属性相一致的刑罚目的，刑罚本质属性是蕴含着报应的刑事处罚规定，刑罚的严厉程度应当同犯罪人罪行的轻重保持均衡，一定限度内的报应思想是促进刑罚发展的积极主观目的，也是刑罚设置的基准理念。最后，报应观也是贯穿立法与司法活动的主要刑罚目的，制定与犯罪相符的刑罚毋庸置疑，在司法实践中达到罪刑相适的处断也是其首要追求的目的，无论理论界如何批判报应刑的各种弊端都不得不承认以报应为刑罚目的所达到的刑罚效果。因而，以公正为前提的报应是刑罚目的的基准目的，不过唯一的报应目的也未能周全地引导出刑罚体系的恰当性内容。因此，需要刑罚的预防目的作为补充。以预防为辅则强调预防刑罚目的的导向，其中又区分为主要是注重特殊预防的刑罚目的，尽力保证一般预防目的的实现。刑罚毕竟是针对犯罪人作出的，显然更易于对其个体产生较为强烈的影响，却难以对社会公众形成广泛的刑罚作用，因而即便是预防也是旨在特殊预防。特殊预防为辅也是基于其特定价值而使其能够在刑罚目的论中居于次要地位，这种价值一是针对犯罪人的个别化考虑有利于恰如其分地达到实质的公平与正义；二是注重社会秩序的维护，追求公正之下的效益，有效地弥补了报应目的的不足。之所以说预防目的只能作为补充，最为主要的是在公

第五章 完善我国刑罚体系的理念

正与效益价值的衡量上，公正是核心和基础，换言之即刑罚可以牺牲一定的效益但绝不能放弃对公正的实现，只有在公正的前提下才可进一步追求特定的刑罚效益。而后预防的刑罚目的是源于防卫社会的考虑，毕竟刑罚本身在预防犯罪上有所不足且社会综合治理的措施才是整体上对犯罪加以预防的科学方法，进而刑罚的预防目的也自然居于次位。尤其是一般预防更是被认为是立法者寄予刑罚的主观愿望，可遇而不可求，甚至被否定为刑罚目的，主要在于一般预防立于社会治安之上，除却罪刑相适与罚当其罪的刑罚处置以外还需要考量刑罚的威慑效应，从而易于导致刑罚轻重不对称。但是，一般预防的有限作用也是值得肯定的，至少其并非对所有尚未或将会犯罪的人均无效，[1]反倒能对意识薄弱、不稳定分子以及危险较小的人等有所警示。因此，以报应为主、预防为辅的刑罚目的观宜作为我国刑罚规制的理念。

同时，客观存在的犯罪现象决定着刑罚对其予以报应性处置的必然，即刑罚对待已然犯罪的优先报应目的。犯罪本身是一种存在于社会当中的正常现象，由于社会矛盾的发生和变化，犯罪现象也随之转变，而社会整体是处于矛盾当中并伴随矛盾不断发展的，进而就直接导致了犯罪现象这一客观必然结果。"犯罪作为必然性现象决定了其本身是不可避免且合乎逻辑规则地存在着的，那么犯罪自然是无法被消灭或不可能彻底消亡的。"[2]因而，刑罚作为处置犯罪的方法或措施也成了必然性内容，并且依照犯罪的不同情形作出相差有别的处罚内容，这也是刑罚

---

[1] 参见［挪威］约翰尼斯·安德聂斯：《刑罚与预防犯罪》，钟大能译，曹智安校，法律出版社1983年版，第30页。

[2] 向准："刑法学之外的犯罪学属性界分"，载《华北电力大学学报（社会科学版）》2016年第2期，第45页。

最终以已经发生的犯罪为前提作出报应性规制的依据。换言之即犯罪现象一直存在，与其对应的刑罚需建立在处置犯罪的基础之上，因此，报应公正成了解决已然犯罪的主旨和首要目的，次而考虑社会的预防。另外，在刑罚进化过程中，残酷刑种的不断消亡就是在绝对报应刑罚目的之后进行理性反思的结果，各国逐渐看到了这种极端刑罚处罚方式虽能起到惩罚的作用但效果十分有限，至少不足以遏制未然或将然的犯罪，因此，以预防目的作为补充成了报应目的主导下不可缺少的刑罚目的。

当然，基于刑罚目的观的不同会形成不同的刑罚体系内容。在刑罚目的观方面，可以说，我国经历了绝对的报应到相应的预防的刑罚理念发展，如今虽也注重刑罚的报应却更偏向于运用刑罚来预防犯罪，由此形成的刑罚体系内容也以预防刑为主。因此，我国现行刑罚体系也是刑罚目的观作用的产物。由此，在对现行刑罚体系提出措施解决已存问题之前我们势必需要以恰当的刑罚目的观为指导，进而方能构建出完善的刑罚体系以更好地应对犯罪。除此之外，与刑罚目的相关的刑事政策理念也直接影响着刑罚体系的内容，因此，应然的刑事政策观必然也是对刑罚体系加以完善的理念根基。

二、应然的刑事政策观

从刑事政策论的视角看待刑罚体系，其在大体上无非是宽与严的两种刑罚理念导致相差有别的两种刑罚体系。众所周知，严厉的刑罚不仅因其自身的严厉性内容而有所不足，其还蕴含着适用和执行的偏差等诸多问题，因此其不可避免地会导致犯罪的高潮，进而难以从根本上防止犯罪。并且，严刑观在我国经历了极端的"严打"实践过后已经在理论界和司法界受到很大程度的否定，但却不否认一定限度内刑罚严厉惩罚的必要性作用。完全放宽和轻缓的刑事政策观实际上未对我国产生广泛的影响，基于单一的宽缓刑罚内容也不足以支撑刑罚体系的整体而未能在我国受用。因此，宽严相适或有度的刑事政策理念才是恰当和应然的刑事政策观，这从刑事政策理念的产生和已经出现的变化中有迹可循。

纵观刑事政策理念的历史发展过程，其以"有效防止犯罪活动的发生为主旨"，[1]结合不同社会大背景和所处阶段而有不同刑事政策的理念，早期存在的以极其严厉的刑罚规制犯罪和处置犯罪人，单纯的严苛刑罚目的产出残酷刑罚内容的同时也牵引出绝对严厉的刑事政策观，即"仅是强调以死刑为中心的暴刑手段进行威慑来达到防止犯罪的目的"。[2]到近代时期，刑罚宽缓和合理化思想的启蒙使刑事政策理念随之发生转变，严厉残酷的刑罚受到质疑，理性的个体至上或合理主义的刑罚观注重对犯罪人自身的处遇，进而形成了理性的刑事政策观，反对非理性、不人道的刑罚内容以及禁止罪行擅断，尤其是逐渐积淀的教育刑或目的刑观使得刑事政策观突破刑罚处置的界限而扩展至社会防治措施，因而刑事政策理念已从纯粹的严刑观转向一定的宽缓刑观。如今现代刑事政策理念在整体法治观的基础上继续发展，更加明晰了刑罚对犯罪的有限作用而强调非监禁刑罚的重要性，旨在形成相对开放的刑罚规制，其实质是较大程度的宽缓刑事政策观，换言之即运用较小的刑罚加之较大的社会处遇方式来防治犯罪的理念。因此，由不同时期的刑事政策理念可知，无论国内外，刑事政策观都是由严向宽不断

---

〔1〕 参见［日］川出敏裕、金光旭：《刑事政策》，钱叶六等译，中国政法大学出版社 2016 年版，第 1 页。

〔2〕 ［日］大谷实：《刑事政策学》（新版），黎宏译，中国人民大学出版社 2009 年版，第 7 页。

更新。

目前，我国形成的"宽严相济"刑事政策从初衷而言，实属宽严相宜的刑事政策理念作用下的产物。不过，就我国刑事政策视阈上的以严为主的"宽严"刑罚体系来看，偏向于重刑化的刑事政策观仍然占据首位，换言之即宽严相济中更为强调严，其中仍然具有较深的刑罚严厉观念。基于此，我国现行刑罚体系中的诸多内容都受之影响而有所不当，至于由其具体产生的问题在前文已作出详细叙述，故而不再赘述。所以，坚持宽严有度的刑事政策观不仅是符合刑事政策观念发展趋势的必然之选，其也将是我国完善刑罚体系的又一理念根基。

具体到宽严相济刑事政策观的价值追求，既包含公正和效率的内容，又有自由和秩序的内容，其中，公正价值主要是相对而非绝对的公正，效率价值则强调社会整体的发展效率；自由价值注重对人权的保障，秩序价值则旨在防范和控制犯罪的发生。这四种价值本应是宽严相济刑事政策观共同追求的基本价值，但是，价值的均衡和周全不过是理想化的存在，在现实社会中，价值的冲突是客观存在的事实，因而如何选择便十分重要了。在刑罚内容的规制方面，最为突出的价值权衡在于公正与效率、自由与秩序这两对价值内容的选择，应然的宽严相济刑事政策观在考虑刑罚的宽与严内容方面坚持以公正为优先兼顾效率、以自由为优先兼顾秩序，换言之即在保证相对公正基础之上尽力达成较高社会发展效率、在保障人权基础之上最大限度地防控犯罪以维护整体秩序。纯粹的宽纵观所形成的刑罚体系运用于实践难以实现刑罚的公正也无益于促成效率，且不足以稳定秩序甚至损害被害人或亲属人权；过分的严厉观所构筑的刑罚体系在适用中打破了公正的界限、滥用刑罚权而侵害犯罪人人权，进而不可能在实质上提高效率和维护秩序。

第五章 完善我国刑罚体系的理念

同时，宽严相济刑事政策观也是与罪刑法定原则、刑法谦抑性原则以及人道主义矫正思想等相符合的理念。罪刑法定原则不仅仅是以法定刑法规定为前提的指导性原则，其在刑事立法方面还延伸为刑罚法规内容的明确、正当以及合适性规定。宽严相济刑事政策观就是旨在以确定宽严有度的刑罚为核心的理念，在保证基本的有法可依之外注重恰当刑罚的设置，即形式上与罪刑法定相符且实质上达到罪刑内容符合民主和人权的要求。刑法谦抑性原则的主旨是："刑法应依据一定的规则控制处罚范围与处罚程度，即凡是适用其他法律足以抑止某种违法行为、足以保护合法权益时，就不要将其规定为犯罪；凡是适用较轻的制裁方法足以抑止某种犯罪行为、足以保护合法权益时，就不要规定较重的制裁方法。因此，要适当控制刑法的处罚范围和处罚程度。刑事立法上应当从行为的性质、代替刑罚的手段、处罚规定对有利行为的影响、处罚的公正性、处罚的目的与效果等方面考虑将某种行为作为犯罪处理的必要性。"[1]这意味着刑法在应对犯罪的最后性、补充性和宽容性以及不得已，因此对于设置刑罚的要求就既需考虑可处的范围又需衡量惩罚的程度，因而刑罚轻缓化就理所当然地成了践行刑法谦抑性的重要内容，[2]由此反映在刑事政策的理念上则是宽严有度的刑罚观，并且其不仅关联刑事立法也是刑事整体司法过程中应当一致贯彻的刑事政策观念。除此之外，宽严相济刑事政策观也是人道主义矫正思想的综合，坚持刑罚人道主义的观念不用多说，其自是应然刑事政策观蕴含的理念，而在人道主义基

---

[1] 张明楷："论刑法的谦抑性"，载《法商研究（中南政法学院学报）》1995年第4期，第55页。

[2] 参见储槐植、何群："刑法谦抑性实践理性辨析"，载《苏州大学学报（哲学社会科学版）》2016年第3期，第62页。

础之上矫正思想的融入使得单纯废止残酷刑罚的刑事政策观念逐渐丰富，在严厉刑罚观中纳入宽缓的矫正，转变单一刑事政策观在刑罚方面的理念，进而形成宽严相济的刑事政策观。因此，从与刑罚关联的基础原则的角度来看，宽严相济是符合相应原则而当属应然的刑事政策理念。

综上，片面的宽或严的刑事政策观均不符合基本的价值追求和基础的原则内容，因而宽严相济的刑事政策观才是全面、合理的刑罚理念。尽管从我国已经贯彻的刑事政策和现有刑罚体系内容来看，其也反映出了一定程度的宽严相济刑事政策观，但却是存在偏严化的刑事政策观念，尚未形成宽与严之间相宜和有度的理念。也正因如此，其所导致的诸多刑罚设置问题较为明显地存在于刑罚体系之内。因此，只有以恰当的宽严相济刑事政策观作为我国刑罚体系完善的理念根基，方能解决现有问题并进一步构建科学的刑罚体系。

三、应然的刑法社会机能观

诚如前文所知，刑法社会机能包含社会保护和基本权利保障两种机能，虽其意为刑法自身具有的功能或效用，但社会保护和人权保障在被冠以机能之前各自蕴含着不同的刑罚理念。在我国，权利意识逐渐在国家形成主导观念并在社会公众内心中得以提升，尤其是对于刑法规范，社会公众早已脱离不知、不懂、不明的感知时期，如今更多的是要求在以刑事法律维护自身权益的同时保障基本的权利。

社会保护和基本权利保障是协调统一的博弈体，既相互补充又相互碰撞，不过其一度导致只可存其一的极端观念，而在法制向法治社会不断发展的过程中，理论界又重新认识到了二者结合的重要性，但却在孰优先的理念上各有不同。不可否认，

第五章　完善我国刑罚体系的理念

社会保护机能优先，即以社会保护为主、基本权利保障为辅的刑法社会机能观具有特定的积极作用——维护社会秩序的稳定。社会秩序直接关系着整体社会，倘若社会秩序遭到破坏而造成无序的局面，社会公众的权利和利益也自然难以享有，抑或是整个大环境都不稳定也就不可能再顾及个体的权益，这意味着对社会秩序的保护可以为权益的保障提供良好、稳定的背景。相反，基本权利保障机能优先换言之即以基本权利保障为主、社会保护为辅的刑法社会机能观，也同样具备其有益价值——保障基本的权利。基本权利无论何时、何地、何境都应不受限制，纵使是在不稳定的社会当中个体的基本权利也受尊重，况且基本权利未能得到保障也会反作用于社会而导致社会秩序的破坏。因此，社会保护和基本权利保障互相作用，而二者之所以会冲突系缘于社会整体主义和个人主义的摩擦，尤其是对于刑法而言，其既需维护社会秩序又要保障基本权利，那么就不得不对二者进行衡量。我国现行《刑法》明确规定着其以"惩罚犯罪，保护人民"[1]为任务，旨在强调通过刑罚对犯罪加以惩罚，加之我国以国家和社会的安全和利益为前提，因而刑法反映出了刑事立法者社会保护优先的观念。尽管在刑法多次修订之后，基本权利保障理念得到了一定程度的贯穿，但是我国运用刑法和刑罚在面对复杂多变的犯罪现象上始终秉持着维护社会的主观目的。此外，在作出刑罚立法规定时，考虑到保障基本权利的需要，扩大了轻刑化的内容和可适用性配置等。

从自身出发，刑罚经历了不断的进化发展，从最初残酷野蛮的刑罚处罚方法逐渐向人道轻缓刑罚的方向转变。这一过程是在理性认识到刑罚不当且效用有限以及过度对待犯罪人的基

---

[1]《刑法》第1条规定："为了惩罚犯罪，保护人民，根据宪法，结合我国同犯罪作斗争的具体经验及实际情况，制定本法。"

础之上发生的变化,其本质是要求刑法和刑罚更多地关注行为人的基本权利。尽管犯罪人由于实施了犯罪行为而丧失了一定程度的权利和自由,但这并不影响其所享有的。在法治高度发展的今天,保障基本权利更是被提到首位。另外,从刑罚体系逐渐调整中我们可以看到,应然的刑罚体系必然是以轻刑为主,且重在关注犯罪人和其他社会公众的基本权利是否得到充分有效的保障,因此,保障基本权利便成了应然的刑法社会机能观。

当然,无论何种机能都不能单一地作为指导刑罚体系的理念,尤其是对于社会保护和基本权利保障而言更是需要结合起来共同作用于刑罚内容的规制。因此,基于以上分析,在刑法社会机能观方面,我国需要进一步更新理念,同时辅以社会保护,达到自由与秩序价值的并存。这不仅有利于全面、有效的刑罚体系调整,也能够限制刑罚的不当适用。因此,在基本权利保障优先、社会保护补充的应然刑法社会机能观的引导下,刑罚体系乃至整体刑法都将得到恰当的改进。

本章小结

笔者在本章的论证当中,主要阐释了完善我国刑罚体系的三大应然理念根基,即以报应为主、预防为辅的二元刑罚目的观、宽严均衡的宽严相济刑事政策观以及基本权利保障优先、社会保护补充的刑法社会机能观。应然的刑罚目的观综合了报应和预防的内在积极涵义而对单一刑罚目的观予以否定,同时结合我国积淀深厚的报应刑罚理念和犯罪现象客观存在的必然性事实,进而形成报应观作为主要刑罚目的指导刑罚体系转变的理念;应然的刑事政策观是在总结以往刑事政策理念的历史发展和运用于实践的经验后,加之刑事政策观的基本价值追求和基础原则考量,不偏不倚的宽严相济刑事政策观作为恰当的

第五章　完善我国刑罚体系的理念

理念能够支撑起刑罚内容和刑罚体系的构建；以保障基本权利为主的刑法社会机能观符合刑罚自身进化和刑罚体系整体发展趋势，并且其与法治社会下自由和秩序协调发展的要求相一致，故而成了应然的刑法社会机能观贯彻于刑罚乃至刑法内容的更新当中。因此，以应然的理论观念作为我国实然刑罚体系改进的先导，不仅为刑罚体系的深入研究提供了刑罚基础理念的支持，也必然能够以此为依据使我国现行刑罚体系中的问题得到恰当的解决，从而构筑出科学、合理的刑罚体系内容。

第六章
刑罚体系的域内外比较

刑罚体系存在于世界各国的刑法规范当中,而非我国所特有。虽然刑罚体系是一个统一体,但是,由于不同的国家均着眼于本国国内刑罚与犯罪之间的处置,因此形成了各自相异的刑罚体系内容。归根究底,这种差异的产生最主要是源于各国秉承的理论观念不同,具体则包括对犯罪的理论界定和对刑罚理念的认知。其中,犯罪作为前提直接影响着刑罚的规定,而从犯罪概念的本质出发,域内外的"犯罪"完全不相同,我国通过定性和定量的方式确定犯罪的范围,即"在界定犯罪概念时,既对行为的性质进行考察,又对行为中所包含的'数量'进行评价,是否达到一定的数量对决定某些行为是否构成犯罪具有重要意义"。[1]由此,就会对行为先进行量的选择而形成较窄且粗疏的犯罪圈,这在一定程度上限制着犯罪行为的界定。域外国家大多采用定性的方式界定犯罪,即"只对行为性质进行考察,不作任何量的分析,犯罪构成中不含数量成分"。[2]同时,从刑罚理念来看,域外已经形成了轻刑观和刑罚矫正处遇观念,在刑罚设置上也体现出了相应的内容。尽管域内外关于犯罪与刑罚的理念和规定存在差异,但在经历了刑罚自身的逐

---

〔1〕 储槐植:《刑事一体化论要》,北京大学出版社2007年版,第115页。
〔2〕 储槐植:《刑事一体化论要》,北京大学出版社2007年版,第113页。

渐发展和各国刑罚体系内容的不断调整后,均意图走向完善刑罚体系的道路,因此相互的借鉴便成了必然之选。借鉴自是以现有刑罚为基础,虽然域外国家的具体刑罚体系内容也非绝对恰当,但相较于我国现行刑罚体系而言则尚有一些可供借鉴的合理性刑罚规定。

域外各国的刑罚体系与我国一样,也以刑罚种类和刑罚配置为基本范畴,既有具体刑罚种类的设置,也包含刑罚配置的内容。域外国家刑罚体系的规定并非完全相同,但整体规制上却有些类似。其中,在刑种配置方面,主要呈现出死刑的废止、自由刑的非监禁性、财产刑主刑化以及资格刑多样化的内容;在刑罚配置方面,表现为刑罚力度的限制和具体配置方式的规定,即绝对确定模式的弱化、终身监禁刑种化、异种自由刑并罚规则、财产刑独立化与资格刑整合化等。这基本上都是与我国现有刑罚体系出现的刑种与刑罚配置问题所对应的内容,而且其相对来说尚属较为恰当的刑罚规定,以此作为我国的借鉴蕴含积极意义,至少能够为解决现有刑罚问题提供一定的参考。因此,本书将对域外刑罚体系的内容进行详细阐述以为我国刑罚体系的完善奠定基础。

一、刑种设置方面的比较分析

域外刑种在总体上也可被分为生命刑、自由刑、财产刑和资格刑,不过在这四大类别中的具体刑种规定稍有不同。较为明显的是对刑种的字面表述相差有别,但即便如此从刑种本质属性而言域内外却是相一致的,即生命刑就指死刑;自由刑包含剥夺和限制自由两种;财产刑主要是罚金刑以及资格刑的多形式等。综合各国规定的具体内容,我们可以从中归纳出刑罚种类设置的类型化特征。

(一) 死刑的废止

众所周知,死刑这一刑种自国家产生和刑法规范存在伊始就伴随而生,已历经上千年之久,尤其是奴隶制时期和封建时期更是把死刑置于最为重要的刑罚种类的地位。直到欧洲启蒙运动的发展,民主、自由与平等人权的思想观念得到大力宣传,死刑在一时之间成了众矢之的。"1764年,贝卡里亚在其出版的《论犯罪与刑罚》一书中,以社会契约论为基础,指出了国家权力的有限性以及个人生命的神圣性,并论证了死刑的不公正性和弊端,首次提出了国家没有权力适用死刑。"[1]这使死刑存废问题成了刑罚理论与司法实践关注的焦点,也正是在理论上的激烈争论并结合法制向法治社会的不断发展,寻求符合正当合理有效的刑罚成了世界各国的共同目标。从此便开启了由限制到相对废止再到绝对废止死刑之路。

对死刑的质疑直接导致其在刑罚体系内的地位逐渐削弱,较为直接和明显的即是彻底取消死刑。据记载,最先主张对死刑加以限制或废止并付诸实践的国家当属1786年的突斯展尼,其如今已非独立的国家而属意大利西部地区,其首先在国内废止了死刑这一刑种。第二年,德国的皇帝约瑟夫二世宣布由他统治下的奥地利也将死刑予以废除。[2]在之后的二百多年间,国家发生了诸多变迁,死刑刑罚也随之转变,加之死刑观也得到了一定程度的更新,立法者旨在通过死刑遏制犯罪的主观目的和公众希望运用死刑的意愿区别于以往,故而可以说,国家对死刑的限制成了一种潮流。目前,从总体上来看,"在世界上享有独立司法权的198个国家和地区中,仅有48个国家或者地区在过去十

---

[1] 龙腾云:《刑罚进化研究》,法律出版社2014年版,第217页。
[2] 参见马克昌主编:《刑罚通论》(第2版),武汉大学出版社2001年版,第86页。

年还在适用并执行死刑。通过国家立法废止死刑并在司法实践中彻底不再执行死刑,俨然成为死刑制度的发展趋势"。[1]我们由此可以清楚地看到国家对死刑的限制或废止速度之快和延伸之广。当下,综合各国刑法规定和刑罚体系的内容,有关死刑废止的状况也相差有别,不能一概而论,具体可分为以下三种方式:

第一种是对死刑的绝对废除方式,即完全废止有关死刑的规定,这意味着在刑法和其他涉及处置犯罪的刑事法律规范中均不存在可以适用死刑的罪名或法定刑中再无死刑刑罚。[2]在所有已经废止死刑的国家和地区里,半数以上都已不区分罪名地完全废除死刑的规定。例如,英国"自1999年批准了《欧洲人权公约》第六议定书以及《公民权利与政治权利国际公约》第二议定书,以国际条约的形式最后废除了死刑"。[3]西班牙则直接明确地在刑法典中将死刑刑种排除在外。《西班牙刑法典》第32条规定:"根据本法典规定,刑罚可以分为主刑和从刑,包括剥夺自由刑、剥夺其他权利刑和处罚金刑。"[4]其中,剥夺其他权利刑在性质上等同于资格刑,故而不涵盖死刑所剥夺的生命权利。法国、澳大利亚以及新西兰等诸多国家亦是绝对废除死刑。[5]

第二种是对死刑的相对废除方式,即部分废止有关死刑的

---

〔1〕 赵秉志等编著:《穿越迷雾:死刑问题新观察》,中国法制出版社2009年版,第123页。

〔2〕 参见王松丽:《我国废除死刑的立法研究》,合肥工业大学出版社2012年版,第108页。

〔3〕 参见赵秉志主编:《英美刑法学》(第2版),科学出版社2010年版,第200页。

〔4〕 《西班牙刑法典(截至2015年)》,潘灯译,中国检察出版社2015年版,第15页。

〔5〕 法国自1981年起就废除了犯罪在法律上的规定和事实上的适用;澳大利亚在1984年先对普通犯罪废除死刑,第二年就对所有犯罪废除死刑;新西兰则更早,其在1961年就对普通犯罪废除死刑,而后在1989年对所有犯罪废除死刑。

规定,在对犯罪进行比较和考量死刑刑罚之后,取消轻罪的死刑罪名和刑罚而保留极为严重的犯罪适用死刑的规定。域外国家的这种方式通常表现为两类:一类是在对待普通犯罪和特别犯罪的不同,往往保留特别犯罪的死刑而废止普通犯罪的死刑,如保留叛国罪、社会危害性程度很高的犯罪以及严重军事犯罪等。例如,在美国保留有死刑规定的罪名中,只有满足"一级谋杀"的特定犯罪情形才能够选择死刑。另一类则是分不同时期,即往往规定保留战时处置犯罪的死刑。例如,巴西从1979年以后就施行包含不同时期死刑规定的刑法规范。以此规定死刑的国家还包括阿根廷、秘鲁等。从形式上来看,其依然是将死刑作为刑罚种类的一种,只是具有一定的特殊性而已,因此,可将其理解为对死刑的实质限制性刑种设置。

第三种是司法适用的死刑废止,即对死刑在事实上的废止,这意味着死刑仍然被规定在刑法规范当中,但已未适用死刑多年且将来也不运用死刑刑罚应对犯罪和处置犯罪人。换言之,死刑作为形式的规定因国家的不予适用死刑的目的、刑事政策或者在国际上的承诺而不具实质内容,抑或是"它们在法律中保留并可能作出死刑判决,但在统计时间之前的至少10年里未实际执行过死刑"。[1]如此规定的国家也不在少数。"截至2013年底,在废除死刑的159个国家和地区中,有51个被统计为事实上废除死刑的国家和地区。"[2]具体例如俄罗斯规定有五种能够适用死刑的犯罪,但"其在1996年加入欧洲委员会后宣布对死刑暂缓执行并承诺彻底废除死刑;1999年联邦立法委员会决

---

〔1〕 马克昌、卢建平主编:《外国刑法学总论(大陆法系)》(第2版),中国人民大学出版社2016年版,第376页。

〔2〕 孙世彦:"从联合国报告和决议看废除死刑的国际现状和趋势",载《环球法律评论》2015年第5期,第122页。

定，俄罗斯法院在没有陪审员裁决的前提下无权判处死刑；2009年俄罗斯宪法法院宣布，延长死刑暂缓执行期直至俄联邦会议批准废除死刑"。[1]这显然属于死刑被保留在法律规范当中却不能判处或不予执行的明示规定，因而死刑刑种可以说是名存实亡。这种事实上的死刑废止与第二种相对死刑废止在形式上都对某些罪规定有死刑，但是，从死刑是否能够必然适用的角度来说，第三种的废止效力要高于第二种。换言之即事实上的废止将死刑束之高阁而部分的相对废止却依然保留了适用和执行的空间。不过，从立法论意义上来看，二者均不如绝对的死刑废除那般是对死刑刑种的完全取消。

无论何种废止死刑刑罚的规定，均以对死刑的限制和取消为基础，即便是在保留死刑刑种的国家也始终作出诸多限制性条件来减少死刑的适用。我国虽也在刑罚体系内将死刑列于主刑当中，但在整体死刑观方面已有所转变，并且在现实规定中均对其加以限制。因而，死刑这一刑种不管是在地位还是在适用方面都已然大不如从前。同时，国际上也存在诸多涉及死刑的废除性内容。从1948年最初的《世界人权宣言》起，生命、自由和人身安全的基本权利得到广泛的呼吁。随后，1966年《公民权利和政治权利国际公约》的规定明确要求对死刑附以诸多的限制条件；[2]20世纪80年代，《欧洲人权公约第六议定

---

[1] 宋伟卫、丁玉玲：《刑罚结构的设置与调整》，河北大学出版社2014年版，第27页。

[2] 1966年联合国大会通过的《公民权利和政治权利国际公约》第6条第2、4、5、6款分别规定："在未废除死刑的国家，判处死刑只能是作为对最严重的罪行的惩罚，判处应按照犯罪时有效并且不违反本公约规定和防止及惩治灭绝种族罪公约的法律。这种刑罚，非经合格法庭最后判决，不得执行。""任何被判处死刑的人应有权要求赦免或减刑。对一切判处死刑的案件均得给予大赦、特赦或减刑。""对十八岁以下的人所犯的罪，不得判处死刑；对孕妇不得执行死刑。""本公约的任何缔约国不得援引本条的任何部分来推迟或阻止死刑的废除。"

书》等直接要求成员将和平时期的死刑予以全面废除;再到1997年《联合国关于死刑的决议》进一步号召保留有死刑刑种的国家减少和延缓死刑的适用于执行,这种关于死刑问题的决议一直受联合国人权委员会关注,时至今日仍在敦促各国废止死刑的贯彻。[1]因此,我国作为保留死刑刑种的国家同样需要对死刑问题进行深入的反思,从而促进我国刑罚的时代化和世界性发展。

总体而言,对于死刑来说,其曾作为各个国家刑罚体系的主要刑种存在,即使在今日也在少数国家中占据主位,而且其也随着刑罚的整体发展做出了或多或少的转变。因此"死刑的历史具有世界性,它在每个国家都经过了一个由滥用到慎用、由严苛到轻缓的沿革过程,只不过,在资产阶级革命胜利以后,西方社会对死刑的宥恕度较高,在人权保障的旗帜下,为数不少的国家死刑已经完全退出了历史舞台"。[2]可以说,无论是英美法系还是大陆法系,都有许多国家已取消了死刑刑种的设置,并且废除死刑的速度也较快,即便是尚未完全废除死刑的规定和适用的国家也以十分严格的条件限制死刑。因此,死刑的取消理所当然地成了不可阻挡的发展趋势。所以,在顺应死刑废止的潮流之下,我国死刑刑种的设置也需在立足本国实际情况的基础之上再进行一定程度的调整,从而方能避免问题的出现并与国际规制死刑的大趋势保持一致。

(二) 自由刑的非监禁性

自由刑作为重要的刑罚种类在域外国家的刑罚体系中也占据主导地位。纵观各国刑法典中关于自由刑具体刑种的规定,

---

〔1〕 参见孙世彦:"从联合国报告和决议看废除死刑的国际现状和趋势",载《环球法律评论》2015年第5期,第118~121页。

〔2〕 房清侠:《刑罚变革探索》,法律出版社2013年版,第66页。

第六章 刑罚体系的域内外比较

可以将其分为剥夺自由的刑种和限制自由的刑种两类。其中，剥夺自由的刑种分为终身自由刑与有期自由刑，有期则囊括长期和短期自由刑；限制自由的刑种则主要是非监禁的社会化刑种，包括以劳动为内容的社会服务令等限制自由刑和无需劳动的保护观察等限制自由刑。当然，这些自由刑内容并不意味着各国刑法典都有全面的规定，仍然是不同国家存在稍有差别的自由刑刑种。

对于剥夺自由的刑种而言，各国基本上均设置有终身自由刑，通常以终身监禁、无期禁锢、无期或终身惩役等表述，其往往占据主位并呈现出较强的刑罚严厉性特征，具体表现为终身自由刑大多被置于主刑当中。例如，在《日本刑法典》关于主刑的规定[1]中惩役和禁锢都涵盖终身剥夺自由的刑罚内容，但区别仅在于是否必须劳动，前者必须劳动而后者不是必须，但凡规定有此两种刑种的均是如此。也有的终身自由刑被规定在刑法典中区分轻重自由刑的重罪之自由刑当中，典型的为《法国刑法典》将归属于终身自由刑的无期徒刑和终身拘押归入重罪之自由刑内，特别是终身拘押仅适用于危害国家利益的严重犯罪。可见，终身自由刑的规定和适用建立在对较为严重犯罪加以处置的基础之上，尤其是大多数废除死刑刑种的国家更是将终身自由刑作为替代死刑的刑罚种类而规制以前应当适用死刑的犯罪，这在一定程度上缓解了废除死刑之后单一有期自由刑的刑罚无力。在相对保留有死刑刑种的国家，终身自由刑的设置也同样能够限制和降低死刑的适用且有效衔接死刑和有期自由刑的空隙。不过，基于终身自由刑的严厉性越来越受到

---

[1]《日本刑法典》第9条规定："死刑、惩役、禁锢、罚金、拘留及科料为主刑。没收为附加刑。"[日]牧野英一：《日本刑法通义》，陈承泽译，李克非点校，中国政法大学出版社2003年版，第25页。

理论界的质疑,一些国家已将终身自由刑废除,还有许多国家也对终身自由刑的设置加诸了限制条件。[1]除却终身自由刑的剥夺自由刑种类别外,还存在有期自由刑,而且,有期自由刑是各国刑罚体系中最为常见的刑罚内容,不过对于其期限的长短,各国规定不一。"德国刑法典规定的有期自由刑最长为15年,最短为1个月;而意大利刑法典中的有期自由刑最长为24年,最短为15天;奥地利刑法典中的有期自由刑最长可达20年,最短则仅1天。"[2]有期自由刑自是存在长期和短期之别,关于长期自由刑的刑种内容与我国有期徒刑相类似。但域外有期自由刑设置的最大特点在于短期自由刑的内容规定,其不仅仅在于短期自由刑刑种的规定,更重要的是规定着短期自由刑替代或限制性内容而展示其非监禁性。有些国家在刑法典中对短期自由刑直接规定着独立的刑种。例如,《意大利刑法典》第17条规定:"为违警罪规定的主刑是:(1)拘役;(2)罚款。"[3]这里的拘役刑即是作为单独的短期自由刑,期限为5日至3年。并且,其第25条第2款规定:"对于被判处拘役的人,可以考虑其才能和以前的职业安排从事劳动,包括不是在监狱场所中组织的劳动。"[4]这意味着即便是剥夺一定自由的短期自由刑在实际执行中也包含着社会化处遇措施。《俄罗斯联邦刑事法典》

---

[1] 已经废除终身自由刑的国家有荷兰、墨西哥、哥伦比亚、蒙古、巴西等国;对终身自由刑限制在特别严重犯罪的国家包括英国、俄罗斯、日本等国。

[2] 马克昌、卢建平主编:《外国刑法学总论(大陆法系)》(第2版),中国人民大学出版社2016年版,第380页。

[3] 《最新意大利刑法典》,黄风译注,法律出版社2007年版,第11页。

[4] 《意大利刑法典》第25条规定:"拘役刑的期限为5日至3年,在为此而指定的场所或者专门区域执行,服刑期间必须参加劳动并且实行夜间隔离。对于被判处拘役的人,可以考虑其才能和以前的职业安排从事劳动,包括不是在执行场所中组织的劳动。"引自《最新意大利刑法典》,黄风译注,法律出版社2007年版,第14页。

第六章 刑罚体系的域内外比较

第54条[1]规定了1个月以上6个月以下刑罚期限的拘禁刑刑种，且有替代劳动刑的特殊情形时刑罚期限可减低为1个月以下。诸如此类的独立刑种规定还包括《日本刑法典》中的拘留刑、《瑞士联邦刑法典》中的拘役刑等。另外一些国家则没有直接规定短期自由刑的刑种，而是统一在有期监禁或有期自由刑之中，典型的为英美刑法典。同时，还对短期自由刑赋以可替代、限制与变通执行的内容规定。在替代方面，规定短期自由刑可与罚金、劳役易科。例如《德国刑法典》第47条第2款规定："本法未规定罚金刑和未考虑六个月或六个月以上自由刑，又无前款必须判处自由刑情况的，法院可判处其罚金。本法规定的最低自由刑较高时，最低罚金以最低自由刑为准，三十单位日额金相当于一个月自由刑。"[2]这意味着6个月以下的短期自由刑在不是必须判处时能以罚金代之。英美法系国家大多以劳役替代短期自由刑，包括直接在宣判时的替代和替代执行方式，这同样是将监禁刑转变为非监禁刑的刑罚规定。在限制和变通方面，大陆法系国家往往以"最后手段条款"，[3]即对短期自由刑在特殊情况下的不得已和必须适用的限制。而变通则主要是设置多种半监禁域外处遇方式改变短期自由刑剥夺自由的弊端，具体包括周末监禁、业余监禁以及域外服刑等，这也

---

[1]《俄罗斯联邦刑事法典》第54条第1款规定："拘禁刑，是指将被判刑人监禁在与社会严加隔离的条件下，时间为一个月以上六个月以下期限的刑罚。在以拘禁刑替代义务性劳动刑或者是矫正性劳动刑的情况下，拘禁刑期限可以裁定在一个月以下。"引自《俄罗斯联邦刑事法典》，赵路译，中国人民公安大学出版社2009年版，第29页。

[2]《德国刑法典》（附德文），冯军译，中国政法大学出版社2000年版，第21页。

[3] [德]克劳斯·罗克辛：《德国刑法学总论》（第1卷：犯罪原理的基本构造），王世洲译，法律出版社2005年版，第32页。《德国刑法典》第47条第1款规定："对于六个月以下的自由刑，法院唯依犯罪行为与行为人性格的特别情况，堪认为科处自由刑对于行为人的作用或对于法律秩序的维护不可或缺时，始得科处之。"

是对短期自由刑的社会化变化。因此，域外国家关于短期自由刑的设置实质上是本着有效预防和矫治的目的而作出的刑罚规定，这在一定程度上反映出了短期自由刑由剥夺向限制自由的革新，并且逐渐转化为半监禁或非监禁的刑罚。

对于限制自由刑而言，丰富的非监禁刑的设置与我国当下的管制刑相关规定形成了较为鲜明的对比。具体到限制自由刑的刑种，包括直接以"限制自由刑"为名列入刑罚种类之中的和其他表述的限制自由刑。限制自由刑本身就以非监禁的方式区别于剥夺自由刑，有其与生俱来的社会性和轻缓性。英美法系的大多数国家都设置了各形式的限制自由刑，典型的有社区服务、保护观察等。社区服务主要是指："判令犯罪人在社区中从事一定时间无偿劳动的非监禁刑罚方法。"[1]这意味着犯罪人会被强制进行某种劳动或服务，可以是为指定医院进行看护工作又或者是为社会基础建设劳动等，保护观察则是"对犯罪人不予关押，但规定一系列必须遵守的义务的独立刑罚方法，如果违反条件或再犯新罪，则将易科其他刑罚"。[2]其与社区服务的区别在于是否强制劳动，这两类刑罚在美国一些州的刑法规范中通常被规定为轻罪或者违警罪的独立刑罚方法之一。《法国刑法典》没有规定限制自由刑名的刑种，而是规定了公共利益劳动刑作为对自然人轻罪处罚的刑罚。[3]俄罗斯既规定有限制自由

---

[1] 赵秉志主编：《英美刑法学》（第2版），科学出版社2010年版，第225页。
[2] 赵秉志主编：《英美刑法学》（第2版），科学出版社2010年版，第226页。
[3] 参见《最新法国刑法典》，朱琳译，法律出版社2016年版，第10~11页。《法国刑法典》第131-1条规定："自然人可处之重罪刑罚为：（1）无期徒刑或终身拘押；（2）最高30年徒刑或30年拘押；（3）最高20年徒刑或20年拘押；（4）最高15年徒刑或15年拘押。有期徒刑或有期拘押之刑期最短为10年。"第131-3条规定："自然人可处之轻罪刑罚为：（1）监禁；（2）刑事强制；（3）罚金；（4）日罚金；（5）公民素质培训；（6）公共利益劳动；（7）第131-6条规定的剥夺或限制权利之刑罚；（8）第131-10条规定的附加刑；（9）惩罚-赔偿。"

刑刑种还设置有义务性劳动刑和矫正性劳动刑两类刑种等。[1]大多数限制自由刑均以劳动为必要内容且重在运用社会化措施对犯罪人加以教育和矫治，整体上是重在将犯罪人置于社会大环境中予以刑罚处罚，旨在利于其较好地接受改造和复归社会。从域外不同于我国界定的犯罪概念这一角度来看，域外国家认定的犯罪本身并非是十分严重的行为，因此大量限制自由刑的非监禁性社会化处遇也无可厚非，但其是否能够作为我国现有刑种的完善内容是很值得考虑的。不过，域外限制自由刑的规定还是能对我国自由刑内容的调整产生一定的积极作用。

比较域内外刑罚体系中对自由刑的设置内容，域外国家对自由刑的设置表现出了特有的非监禁性刑罚内容，而且大力推进非监禁自由刑的立法和适用，最为明显的即是设置了较为细致的限制自由刑和对剥夺自由刑的严格限制，由此呈现出了自由刑的非监禁性偏向，抑或是整体自由刑中包含着大量的非监禁刑。尤其是在当下，随着刑罚自身的进化和整体刑罚体系的轻刑化发展趋势，域外国家逐渐形成自由刑的缩与扩两种局面。当然，自由刑的缩与扩并非是所有具体刑种的一致方向，而是涉及部分的限缩和部分的扩展，限缩主要针对剥夺自由刑的刑种；扩展则旨在以限制自由刑的刑种为对象。考虑到域外国家大部分已经废除死刑，剥夺自由刑成了主要替代死刑的刑种，其不可避免地以严重犯罪为规制对象，但刑事立法已经形成的严密犯罪圈和非严苛的刑罚将重罪重刑限定在了一定的范围之

---

[1]《俄罗斯联邦刑事法典》第44条规定："刑罚种类如下：1. 罚金刑；2. 剥夺担任一定职务或从事一定活动权利刑；3. 剥夺专门称号、荣誉称号、军衔、职衔和国家奖励刑；4. 义务性劳动刑；5. 矫正性劳动刑；6. 限制性军役刑；7. 没收财产刑；8. 限制自由刑；9. 拘禁刑；10. 军事惩戒营禁闭刑；11. 定期剥夺自由刑；12. 终身剥夺自由刑；13. 死刑。"引自《俄罗斯联邦刑事法典》，赵路译，中国人民公安大学出版社2009年版，第24页。

内，而且，随着法治社会的健全和诸多轻刑的现实设置，重刑自由刑的限缩在域外已成为必然之势。限制自由刑种之所以得到扩展，主要是基于其社会化处遇措施和符合刑罚轻缓化发展趋势而被国外立法所广泛设置，而且，与其所规定的犯罪相对应，在保证有效规制犯罪的同时较为恰当地处置犯罪人，进而达到犯罪的实际防控。况且，作为以非监禁刑为中心的将然刑罚体系是各国追求的科学刑罚体系，如今域外国家已经设置的丰富限制自由刑内容能够为其刑罚体系的不断发展奠定良好的基础。

因此，域外国家设置的自由刑类别已经显示出了其走向非监禁刑罚的道路，而且按照应然的刑罚目的观来实现对犯罪的恰当处置和对犯罪人的良性对待。不可否认的是，自由刑依然会作为刑罚体系的主导刑罚，不过其逐渐由剥夺自由刑转变为限制自由刑，大量限制自由刑的设置已占据各国刑罚体系的重要地位。因此，自由刑具有的非监禁性刑罚内容因限制自由刑的扩展而凸现出来，也正是如此才值得我国现行刑罚体系进行合理的吸收和借鉴。

（三）财产刑主刑化

财产刑主刑化是指财产刑被置于主刑当中，换言之即财产刑作为主刑的一种被纳入刑罚体系之内。大多数域外国家的刑法典均将财产刑列在主刑刑种之内，典型的为罚金刑的主刑化。基于前文在罚金刑的分析中已对没收财产刑的弊端、改进的难度和与罚金的可替换性做出了一定的阐述，因而此处更偏重于罚金刑这一财产刑刑种的研究，并且有些国家（如俄罗斯）的刑法典中也没有将没收财产规定为刑罚种类，抑或是以前曾作出规定但如今已失效，反观罚金刑则一直存在于刑法规范和已然形成的刑罚体系当中。

具体到域外刑罚体系中刑种规定的财产刑，主要是罚金刑或表述为不同名称的罚金性质刑种，无论是何种法系内各有差别的国家基本上都将其居于主位，并且在总则中均设置一般金钱数额的处罚内容。不过纵观各国的刑法规定我们还是可以发现一些区别，主要可将财产刑的设置分为单一刑种和多刑种两类。单一刑种是指主刑中只规定了唯一一种财产刑即罚金刑。例如《德国刑法典》在总则中关于刑罚种类明确作出了规定，即"刑种包括自由刑、罚金刑、从刑和附随效果"，[1]较为清晰地显示出了罚金刑的主刑地位。《俄罗斯联邦刑事法典》在设置的刑罚种类中也同样只有罚金刑一种，不过罚金刑既可作为基础刑也可作为附加刑，但一般以基础刑为主，只在分则罪名中明确附加时才适用附加刑，这里的基础刑本质上与主刑相一致，而且在该刑法典第46条[2]中作出了罚金数额的剥夺限度。事实上，这种单一罚金刑的财产刑主刑设置方式并不限于上述几个国家，还有许多国家也如此规定。除却财产刑的单一刑种规定以外，多刑种则是在主刑中规定着不止一种财产刑。例如，《意大利刑法典》在主刑种类中设置了适用于重罪的罚金刑与适用于违警罪的罚款，[3]这意味着其主刑包含两种财产刑，且二

---

〔1〕 马克昌、卢建平主编：《外国刑法学总论（大陆法系）》（第2版），中国人民大学出版社2016年版，第387页。

〔2〕《俄罗斯联邦刑事法典》第46条第2款规定："法律规定，罚金刑的数额应当在两千五百卢布以上一百五卢布以下或者被判刑人两周以上五年以下工资或其他收入。规定数额为五十卢布以上或被判刑人三年以上工资或其他收入的罚金刑，只在本法典分则以相应条文特别予以规定的情况下，才可以对重度犯罪或极其重度的犯罪判处。"引自《俄罗斯联邦刑事法典》，赵路译，中国人民公安大学出版社2009年版，第24~25页。

〔3〕《意大利刑法典》第17条规定主刑的种类："为重罪规定的主刑是：（1）死刑（已废）；（2）无期徒刑；（3）有期徒刑；（4）罚金。为违警罪规定的主刑是：（1）拘役；（2）罚款。"引自《最新意大利刑法典》，黄风译注，法律出版社2007年版，第11页。

者由于轻重罪的不同设置而存在差异的金额规定,罚金数额为5欧元以上5164欧元以下且特殊情况可增处5欧元到2065欧元区间的数额、罚款的数额则限定在2欧元以上1032欧元以下。[1]可见,其旨在罪刑均衡地处置严重程度不同的犯罪和惩罚具有不同危险性的犯罪人。《日本刑法典》规定有罚金和科料两种主刑,罚金数额一般情况最低为1万元而科料最高不足1万元。[2]《希腊刑法典》在主刑中设置以"金钱刑"[3]为名称的囊括罚金与科料在内的刑种,二者虽在性质上都属财产刑但却仍然不尽相同,基本上在设置多种财产刑主刑的国家中都存在类似情形。因而,我们由此可以总结出,在多财产刑种并存于主刑时,立法者往往会考虑到罪行的差别而规定不同数量金额的财产刑作为主刑予以处罚。所以,财产刑主刑化规定在域外国家刑罚体系设置中已经十分常见,而且直接在总则中规定财产刑的限额数量即限度,这种限额有些是以最低与最高的区间方式、有些是以规定最高限,典型的为《美国模范刑法典》总则中关于罚

---

[1] 《意大利刑法典》第24条规定:"罚金刑是向国家缴纳一笔不少于5欧元并且不超过5164欧元的款额。对于以营利为目的而实施的重罪,如果法律只规定处以有期徒刑,法官可以增处5欧元至2065欧元的罚金。"第26条规定:"罚款刑是向国家缴纳一笔不少于2欧元并且不超过1032欧元的款项。"引自《最新意大利刑法典》,黄风译注,法律出版社2007年版,第13~14页。

[2] 《日本刑法典》第9条规定:"死刑、惩役、监禁、罚金、拘留和科料为主刑;没收财产为附加刑。"第15条规定:"罚金为一万元以上,但减轻时,可以减至不满一万元。"第17条规定:"科料为一千元以上不满一万元。"引自《日本刑法典》(第2版),张明楷译,法律出版社2006年版,第10~11页。

[3] 《希腊刑法典》第57条Ⅰ主刑中"金钱刑"的规定:"除非法律在分则中另有不同的规定,罚金不少于150欧元并不超过15 000欧元,科料不少于29欧元并不超过590欧元。"引自《希腊刑法典》,陈志军译,中国人民公安大学出版社2010年版,第16页。

金数额的设置[1]等。实则为分则中特殊的金额配置提供一般性规则,由此也使得限额制在罪名设置中成为主要方式。

同时,域外国家的刑法典还对财产刑予以了广泛且有重点的设置。无论是单一罚金刑还是多种财产刑均具有较宽的适用范围。例如在英国"将罚金作为刑事案件最普遍适用的措施,除谋杀罪以外几乎对所有犯罪都可以适用罚金",[2]还有美国、德国等许多国家也一样将财产刑置于各大类罪名当中,既有危害国家安全和社会安全的犯罪,也有侵害个人权益的犯罪。其已然成为适用较多且不断升高的刑种,进而使得诸多国家从单纯的自由刑中心逐渐向以自由刑与财产刑共同作为主导的刑罚体系予以转变。尽管财产刑在各类罪的分布十分广泛,但其主要还是集中在轻罪或违警罪的法定刑内,虽也包括对一些重罪的设置,不过却是相对稍重的犯罪、所占比例也较小且"除对以贪财为目的的重罪外,其他重罪不得单处罚金"。[3]换言之即重点在于对贪利性犯罪设置财产刑而无论是轻重或故意与过失犯罪,并且域外大多数国家均将所有过失犯罪都设置有财产刑来进行规制,旨在充分发挥财产刑自身具有的积极效用。可见,在广泛设置财产刑的基础上重点偏向于与财产刑处罚最相适应的犯罪,宽而不散实为有益。

除此之外,域外许多国家(如英国、美国、德国、日本等)关于财产刑中的罚金刑还明确规定着其易科执行的详细内容。

---

[1] 《美国模范刑法典》第6.03条规定:"对于被认定有罪的人,可以判处下列数额的罚金:(1)构成一级或者二级重罪的,不超过10 000美元;(2)构成三级重罪的,不超过5000美元;(3)构成轻罪的,不超过1000美元;(4)构成微罪或者违警罪的,不超过500美元;(5)超过前述各项最高数额的,两倍于罪犯因犯罪所得的经济利益的数额;(6)制定法特别规定的更高数额。"引自《美国模范刑法典及其评注》,刘仁文、王祎等译,法律出版社2005年版,第90页。

[2] 赵秉志主编:《英美刑法学》(第2版),科学出版社2010年版,第230页。

[3] 储槐植、江溯:《美国刑法》(第4版),北京大学出版社2012年版,第258页。

罚金刑的易科执行方式本源自于刑罚易科制度。其指："在犯罪人拒不缴纳或不能缴纳罚金的情况下，法院裁定用其他刑罚或处罚措施代替罚金刑执行的制度。"[1]具体到罚金刑的转换，其一方面包括将不缴纳罚金则易科为自由刑或者说短期自由刑。例如《日本刑法典》就直接明示对于不缴清罚金或科料的人应在一定期间内处以扣留劳役场的刑罚。[2]另一方面则是将不缴纳罚金的易科为劳役。例如《俄罗斯联邦刑法典》第46条第5款规定："当被告人恶意逃避支付罚金，可用强制性工作、劳动改造代替或者扣押与所判处罚金数额相当的财产……"[3]此外，有些国家（如西班牙）则是在剥夺自由刑的刑种中列出未缴纳罚金的折抵刑，而且还规定罚金刑可易科为公共劳动刑。[4]这便意

---

[1] 马克昌、卢建平主编：《外国刑法学总论（大陆法系）》（第2版），中国人民大学出版社2016年版，第389页。

[2] 《日本刑法典》第18条规定："不能缴清罚金的人，应在一日以上二年以下的期间内，扣留于劳役场。不能缴清科料的人，应在一日以上三十日以下的期间内，扣留于劳役场。并科罚金或者罚金与科料并科时，拘留于劳役场的期间不得超过三年；并科科料时，扣留于劳役场的期间不得超过六十日。宣告罚金或者科料时，应同时确定并宣告不能缴清罚金或者科料时扣留于劳役场的期间。在罚金的判决确定后三十日以内，科料的判决确定后十日以内，非经本人同意，不得执行扣留。受罚金或者科料宣告的人已缴纳一部分罚金或者科料时，应当按照罚金或者科料的总额和扣留日数的比例，扣除与其缴纳金额相当的日数，执行扣留。在扣留执行期内缴纳一部分罚金或者科料时，按前项的折算比例，将所缴纳的金额折抵剩余日数。按照比例折算不满扣留一日的金额，不得缴纳。"引自《日本刑法典》（第2版），张明楷译，法律出版社2006年版，第12页。

[3] 赵薇：《俄罗斯联邦刑法》，法律出版社2003年版，第282页。

[4] 《西班牙刑法典》第35条规定："剥夺自由刑包括监禁、定点管制和未缴纳罚金的折抵刑。"第53条第1款规定："如发生罪犯不愿或无法缴纳罚金，可对其追究剥夺自由的从刑，每一天的剥夺自由折合两天的未交足罚金。剥夺自由刑的处罚将依照定点管制的相关规定。在后一种情形下，不受本法典第三十七条第一款的时限规定。考虑到刑罚的一致性，法院和法官同样可以对其追究公共劳动性质的从刑，每一天的公共劳动折合一天的未交足罚金。"引自《西班牙刑法典（截至2015年）》，潘灯译，中国检察出版社2015年版，第18、27页。

味着在罚金刑难以被执行时能够转为其他刑罚来保证对犯罪人的处罚,并且有些国家更是规定在判处罚金刑时就予以作出,这足以增强罚金刑的实际适用性和刑罚惩罚力度。这一点是我国关于罚金刑的规定中尚存空白的地方,也正因如此在很大程度上导致了罚金刑目前所形成的高适用、低执行的尴尬局面。因此,罚金刑易科制度应当作为填补我国罚金刑的内容加以考虑。

综上,域外关于财产刑的规定呈现出主刑化的特点,而且立足于刑罚属性而被大量设置于刑法规范当中,并着重设置在与财产刑相适应的犯罪范围之内,较好地凸现了财产刑的刑罚效用。同时,以财产刑的实际适用为前提设置了易科执行的规定,有利于更进一步地保证和推动财产刑刑罚的实现,这不仅稳固其主刑地位,还能够促进刑罚体系中刑种内容的恰当性和有效性发展,最终使得其立法规范与司法适用以及执行相互结合又相互依赖,进而形成统一的刑罚有机体。

(四) 资格刑多样化

资格刑多样化主要是以全面、多种方式的刑种共同形成资格刑整体,换言之即域外国家设置的资格刑是以对资格的剥夺为本质作出的规定。

在域外国家的资格刑或称为剥夺权利刑的规定中,我国最为典型的剥夺政治权利刑只不过是其中很小的一种,各国几乎都设置了较为详尽的资格刑。同时,与我国资格刑所处的附加刑地位一样,域外资格刑刑种也被规定于附加刑或从刑当中。《意大利刑法典》以主刑和附加刑共同构筑整体刑种内容,其中资格刑是附加刑设置被的唯一刑罚内容,换言之即其附加刑只有资格刑一类,其中对重罪得以适用的资格刑包括褫夺公职、禁止从事特定职业或技艺、禁治产、禁止担任特定领导职务、剥夺签订特定合约权利、消除特定关系以及剥夺或停止父母权，[1]对违警罪则规定有停止从事特定职业或技艺和停止担任特定领导职务两种，实际上从种类上来看是重罪规定中的七种，违警罪的资格刑不过是比重罪中的刑种程度较轻而已。德国则在其刑法典中规定了禁止驾驶的附随刑罚和丧失担任公职、选举与投票权利的附随后果，实质上也是对特定资格的剥夺。《法国刑法典》虽没有将具有资格刑性质的刑罚加以集中规定，但也在总则中分别规定有剥夺公权、剥夺包括公民权和民事权在内的特定权利、禁止从事特定行为、禁止居留以及禁止签发支票等适用于自然人的剥夺或限制资格权利的刑罚，还特别规定了将犯罪的法人处以解散、禁止从事特定活动等资格刑内容。

　　同时，其他国家也有诸如以上规定的类似资格刑刑罚，或许在名称表述和具体所指的内容有所差别，不过纵观各国的相关规定我们能够总结出以下性质相同的资格刑类别：一是剥夺公权，主要涉及选举权和被选举权以及担任公职的权利等；二是禁止从事特定职业或技能，所谓特定的职业则包括医疗、证券、保险或银行等需要具备相应执业资格的职业，技能则主要指驾驶等；三是剥夺或限制进行特定行为或活动的权利，具体包括禁止从商、营业以及使用信用卡付款的行为或参与其他社会活动，还包括支配财产或受信托以及管理财产的行为等；四是禁止担任特定领导职务，这里的领导职务主要是针对法人或企业的董事、监事、总经理或高级管理人员以及其他具有代表

---

〔1〕《意大利刑法典》第19条关于附加刑种类的规定："针对重罪的附加刑是：（1）褫夺公职；（2）禁止从事某一职业或技艺；（3）法定禁治产；（4）禁止担任法人和企业的领导职务；（5）剥夺与公共行政部门签约的只能；（5-2）消除职务或劳动关系；（6）剥夺或者停止行使父母权。针对违警罪的附加刑是：（1）停止从事某一职业或技艺；（2）停止担任法人和企业的领导职务。"引自《最新意大利刑法典》，黄风译注，法律出版社2007年版，第12页。

权的人员而设置的资格刑;五是剥夺或限制一定的民事权利,通常为与亲权相关联的教养权和监护权或父母权等;六是禁止或限制居留、驱逐等;七是其他剥夺资格的刑罚,如特定的签约权与荣誉性权利等。[1]以上足以显示域外国家刑法典中设置着多种多样的资格刑,近乎囊括了所有与资格或权利相关的内容,不仅种类丰富,而且每一种资格刑都以具体的法条详细地做出描述,可谓周全且细致,限于规定过长而不在书中一一列明。

另外,资格刑在域外国家刑罚体系内以置于附加刑的地位为主,也有少数国家规定其既可作为主刑又可作为附加刑,或者是作为附随后果,由此可以反映出各国对资格刑的一致认定,即其只有重在附属于主刑的适用方能充分发挥出其刑罚效果。也基于此,资格刑内容的多样和可选择性使其既能够附加于对触犯重罪的犯罪人的刑罚处罚上,也可以对实施轻罪的犯罪人加以处置,其适用范围同财产刑一样也得到很大的扩展。而且,域外一些国家也都在刑法典总则或总论中特别规定着对法人或企业的资格刑刑罚内容,既与自然人资格刑有所区别又相互关联。

实际上,域外国家在刑罚体系的设置中,除了与我国相类似的刑罚种类以外,还有一个特殊的保安处分规定。有些国家直接将保安处分同刑种并列起来共同规定。如希腊就规定着刑罚、保安处分与赔偿。有些国家则将其作为刑种下的内容予以规定。如俄罗斯将与保安处分相同性质的医疗性强制措施等置于其他形式处罚性措施之下。这些不同的设置最终形成了保安处分与刑罚种类的差异性内容。至于保安处分的具体措施,就各国在刑法典中规定的内容来看,可被分为对人予以剥夺和限制自由的措施与对物的处分措施。其中,剥夺自由的处分措施,

---

[1] 参见曲新久:《刑法的精神与范畴》(2003年修订版),中国政法大学出版社2003年版,第369~370页。

包括保安拘禁或保安监禁、收容矫正处分和监护治疗处分，保安拘禁以再犯、累犯、常习犯或其他具有危险性的犯罪人为处分对象，其可以说是保安处分中最为严厉的处罚内容。收容矫正处分是对有特殊隐僻的人予以强制改善的方式，典型的是染有毒瘾和酒瘾的人。监护治疗主要是对特殊行为人如精神病人和未成年人等作出的收容于特定场所进行监护或治疗的措施，其实质都是对人身自由的强制剥夺。限制自由的处分措施有保护观察、禁止执业或特定行为、限制居住或驱逐出境以及取消驾照等，[1]虽不剥夺行为人的人身自由，但却受到特定的限制或禁止。对物的处分措施则重在"没收、关闭事务所、法人解散、禁止或停止营业、禁止贩卖以及追缴等"，[2]其本质是针对物品和法人或企业。从我国刑罚设置的角度来看，各国规定的保安处分内容，既存在着与资格刑性质相符的措施，又涉及自由刑执行方式的措施，还有一些属于处置违法行为的行政措施，可谓是包罗万象。也正是基于此，针对保安处分的性质，学界产生了争论，保安处分实质并不以犯罪为必要，而是以违法为前提，即便建立在犯罪基础之上，域外国家的犯罪圈也是囊括了我国所认为的诸多违法行为的犯罪，因此无论其当属刑罚还是与刑罚并立都需依赖于本国的现实情况。考虑到我国对犯罪构成的界定以及刑罚与行政处罚的特殊并存模式等因素，结合域外保安处分的诸多错综的内容规定，暂时不将其全盘纳入我国刑罚体系之内当是较为理性的选择。这主要是源于我国现行刑法中已经设置有收容教养、强制医疗、没收财物和驱逐出境

---

〔1〕 参见［日］大谷实：《刑事政策学》（新版），黎宏译，中国人民大学出版社 2009 年版，第 160 页。

〔2〕 参见［日］藤本哲也：《刑事政策论要》（全订 6 版），东京青林书院 2008 年版，第 196 页。

的规定,同时除却这四种规定外在其他单行刑事法律中也作出了强制戒毒和收容教育的规定,尤其是在大量行政法规中存在着与保安处分性质相同的处罚措施。因此,有限地将域外国家关于保安处分规定的内容吸收到我国刑罚体系中,既能丰富刑罚体系在刑种设置上的内容又能较好地协调刑事法律与行政法规的规定。

综合以上域外国家刑法规范对刑种设置方面的规定,我们可以清晰地看到各刑种所呈现出的整体特征,其本质均是朝着科学刑罚种类的方向进行发展的,符合各刑种的自身进化趋势且与将然刑罚体系的刑种内容相一致,因而是较为恰当和成熟的设置。正因如此,其也为我国现行刑罚体系的完善在刑种设置上提供了较有价值的借鉴内容。除却刑种设置以外,域外刑罚配置的具体内容规定也是研究刑罚体系不可或缺的一部分。

二、刑罚配置方面的比较分析

域外国家在刑罚配置方面也存在其有利的内容,主要集中在刑法对刑罚力度的限制和刑法对刑罚配置的良性规制两大方面。先进的域外刑法对刑罚力度的轻重限制具体表现为整体趋轻、轻重相适,能较好地区别对待和处置不同的犯罪与犯罪人,并且符合刑罚体系在刑罚配置上的发展形势。同时,在具体法定刑中关于各刑罚种类的配置规则,一些具有先进经验的国家通过其刑法规范展示出了较为合理与恰当的方式和内容。

(一)域外刑法对刑罚力度的轻重限制

基于法治社会的发展成熟、刑罚轻缓化以及犯罪观和刑罚观的不断转变,一些国家逐渐清楚地认识到刑罚自身的局限和刑法规范设置的有效作用,尤其是对刑罚力度的看待更为理性且重在对基本权利的保障。基于此,刑罚力度的轻重相宜有度而整体趋轻是目前大多数国家的刑法通过刑罚配置在刑罚力度上所呈现的特点，换言之即对犯罪设置有针对性的轻与重的法定刑罚内容。

刑罚力度方面的整体趋轻主要是在刑罚配置中运用不同刑罚种类和刑罚量度规定在不同罪名所呈现出的总体特征。首先，就刑种配置范围而言，域外国家大都废除了死刑刑种，那么就不会在法定刑中出现适用死刑的具体刑罚，这在很大程度上削减了不恰当的重刑刑罚力的强度，即便是在保留有死刑的国家，死刑配置也在适用对象与具体适用罪名等规定了或多或少的严格限制条件，从而使得其适用范围窄且适用率低，有些国家甚至很多年都没有判处死刑而使死刑成为虚置。作为死刑替代的终身监禁刑或无期徒刑的设置在不同罪名法定刑中的配置也是具有特定选择和倾向性的。例如，《法国刑法典》将无期徒刑置于自然人适用刑罚之重罪规定之内，且在重罪的类别中也有选择性地设置在"反人类及人种之重罪"与严重侵害人身的犯罪内。这就意味着终身监禁刑或无期徒刑的适用需在一定范围和限度之内，实质上是对重刑的限制。在除终身监禁刑或无期徒刑以外的自由刑的法定刑配置中，剥夺自由刑的限缩和限制自由刑的扩张成了自由刑设置的特点，换言之即监禁刑的逐渐缩小和非监禁刑的继续扩大。其一方面表现在短期自由刑的高适用和长期自由刑刑期的缩短。如"德国新刑法中监禁刑缩短的幅度在17%到1/3，意大利刑法典中重罪分则中法定最高刑为5年有期徒刑的条款占罪刑条款总数的一半多等"。[1]另一方面则是诸多非监禁刑对自由刑的替代措施的设置，因而这在一定程度上体现了刑罚惩罚力度的趋轻。财产刑和资格刑的配置较为

---

〔1〕 储槐植："议论刑法现代化"，载赵秉志主编：《改革开放30年刑法学研究精品集锦》，中国法制出版社2008年版，第19页。

明显地表现为大范围的适用和广泛的分布,其本身就属轻刑性质,大量的财产刑和资格刑的详细规定使其得以被清晰、明确地适用于罪名,除了轻罪和违警罪之外,其还被规定在较为严重的犯罪法定刑中,典型的为美国在叛逆罪等严重的国事犯罪的法定刑内也规定有罚金刑的刑罚。[1]可以说,财产刑已逐渐在各国刑罚体系中占据主导地位。反观资格刑,其虽不及财产刑但也得到了充分的发展。基于其附加刑的地位,丰富的资格刑内容极大地补充着其他主刑在刑罚特殊预防上的刑罚力度,更为突出地展示出了轻刑种配置方式也拥有足够的刑罚惩罚力度。因而,刑罚配置无疑是在刑种偏轻发展的基础上进行了具体的设置,整体刑罚配置反映出的刑罚力的强度也就不会过重,而这种刑罚力度的趋轻化并不意味着刑罚惩罚的不够力,其反倒会由于刑罚有效性的提高而加强。

不过,学界依然存在对刑罚力度的整体趋轻会不会使得刑罚惩罚不够而难以发挥刑罚作用的质疑。正是考虑到这种情况,一些国家还对不同类罪作出了轻重不同的刑罚配置,其反映到刑罚力度上即为轻重相适。而刑罚力度的轻重相适在很大程度上与国外"轻轻重重"刑事政策的贯彻落实相关联。所谓"轻轻重重"就是指:"对罪行轻微或主观恶性较轻的犯罪,进行更为轻缓的政策性调整和处理;对罪行严重或主观恶性较深的犯罪进行更为严厉的政策性调整和处理。"[2]这实质上是要求针对轻重不同的犯罪作出"轻其所轻、重其所重"的两极化处罚,突出强调对严重犯罪或者是危害性较高犯罪人的重点刑罚惩罚。

---

〔1〕 参见赵秉志主编:《英美刑法学》(第 2 版),科学出版社 2010 年版,第 231 页。

〔2〕 参见储槐植:《刑事一体化与关系刑法论》,北京大学出版社 1997 年版,第 169 页,转引自张武举、牛克乾:"欧美轻轻重重的刑事政策概述及借鉴",载《法律适用》2012 年第 6 期,第 22 页。

由此,"轻轻重重"刑事政策指导下的刑罚结构呈现出了轻重程度不同的刑罚力度内容,在刑罚整体趋轻的前提下使得刑罚自身得以更为有力地应对极端犯罪。当下一些英美法系国家基本上都存在这种规定,典型的为美国对极为严重的人身犯罪与危害国家和社会的犯罪在规定最高终身监禁之上设置有死刑,并且限制假释和缓刑的适用。对较轻犯罪设置可以减轻的规定、扩大缓刑以及罚金刑的适用范围意味着非监禁的延伸。虽然"轻轻重重"被认为是较为极端的情况,但是也展现了刑罚配置的适当偏向。一味轻缓的法定刑配置在对待严重威胁整体国家和社会以及诸多个人安全时,刑罚力的强度显然是不足以应对的。因而,针对特定犯罪特殊情形时的特别对待是有必要的,也正是基于这一点,"轻轻重重"的刑罚规定有一定的积极价值。当然,这种偏向化配置在各国也属于较窄范围或仅是对待较少犯罪的规定,并非广泛分布。况且,轻重刑罚配置秉承应然的刑罚目的和贯彻刑法社会机能的理念,在恰当范围和量度上有针对性地予以规制。因此,具有先进经验的刑法对刑罚力度的限制从整体上依然保持在罪刑相当的限度内,既能达到惩罚和预防的综合刑罚目的又不以逾越罪行的过分刑罚惩罚来实现对犯罪人的处置,使得刑罚轻重有度。

同时,除了整体刑罚力度的特征外,各国刑法在刑罚配置中也采取了较为恰当、合理的设置方式或规则,换言之即刑罚配置的模式和构架相对贴切,对待不同的刑种置以有所差别的规制形式,旨在有效地发挥各刑种的积极作用,进而使得整体刑罚配置更为有效,最终结合刑种和刑罚配置以形成科学的刑罚体系内容。至于具体的刑罚配置内容笔者阐述如下。

(二)域外刑法对刑罚配置的良性规制

域外刑法对刑罚配置的良性规制是在各罪名的法定刑中将

刑罚种类和刑罚量度有机组合的优势设置方式，主要是相应刑种的特定配置规则或模式。这意味着不同刑罚种类需要做出差异化规制。一方面是源于各个刑种的性质或属性的区别直接决定着规定统一的配置方式是不可能或不现实的刑罚适用方式；另一方面则是考虑到法定刑内容中刑种之间的配置需满足刑罚有效处置犯罪的内在要求。由此，相差有别的刑罚配置形式就成了应然的选择。

首先，重刑绝对确定模式的弱化。绝对确定的刑罚配置在我国存在的绝对确定的死刑问题中已知其是完全不具有灵活性的刑罚设置模式，因其日益暴露的弊端而被大多数国家加以否定。对于死刑配置，基于大多数国家早已废除死刑也就不存在其配置问题了，因此绝对确定的死刑是针对保留有死刑刑种的国家而言的。目前，各国刑法典中几乎都采用相对确定的死刑配置方式在各罪的法定刑中规定死刑。如《俄罗斯联邦刑事法典》对杀人罪的规定中符合特定情形时或处一定量度刑期的剥夺自由刑或处终身监禁自由刑或处死刑。[1]其他国家也做出了

---

[1]《俄罗斯联邦刑事法典》第105条第2款规定："杀人，具有下列情形之一的：（1）对二人或多人实施的；（2）因他人从事职务活动或者履行社会责任而对其及其近亲属实施的；（3）对过错人明知处于孤立无助状态的人员实施的，且同时兼具绑架行为性质的；（4）对过错人明知为已有身孕的女性实施的；（5）使用极其残忍的手段实施的；（6）使用具有公共危险性的方法实施的；（6-1）出于血族复仇的动机实施的；（7）由犯罪团伙、事前通谋的犯罪团伙或有组织犯罪团伙实施的；（8）出于贪财动机或是受人雇佣实施的，且同时兼具抢劫、敲诈勒索或者黑帮（武装匪帮）行为性质的；（9）出于流氓动机实施的；（10）为掩盖其他罪行，或者为便于进行其他犯罪而实施的，且同时兼具强奸或性暴力行为性质的；（11）出于政治、思想观念、种族、民族或宗教仇恨或怨仇的动机，或出于对某类社会团体的仇恨或怨仇的动机而实施的；（12）以利用被害人的身体器官与身体组织为目的实施的；应当判处为期八年以上二十年以下的剥夺自由刑，或终身剥夺自由刑，或死刑。"引自《俄罗斯联邦刑事法典》，赵路译，中国人民公安大学出版社2009年版，第62~63页。

类似可选择性的死刑配置，不过依然存在采用绝对死刑设置的国家，但仅占较小的比例，因而整体上表现为死刑相对确定模式的主导和绝对确定模式的削弱。换言之即死刑的法定刑配置通常与无期徒刑或终身监禁刑相伴而设置，具有一定的选择空间。除却绝对确定的死刑设置以外，大多数废除死刑的国家往往在罪名中配以终身监禁刑或无期徒刑，其中就存在着以绝对的终身监禁刑或无期徒刑作为法定刑的规定。不过，此刑罚的配置范围较窄或仅限于极为严重的犯罪（如暴力恐怖犯罪等），且即便是绝对的方式也非完全的隔离。〔1〕因此，我们通过死刑和终身监禁刑或无期徒的刑罚配置可以看出，绝对确定的配置模式已基本被否定，纵然还有此种方式但却是极少并针对特定的人身与暴力以及国际性犯罪等。因此，在刑罚规范中，对待重刑的法定刑配置就应当采取相对确定的模式，这样既符合轻刑化趋势也满足刑罚个别化需求。

其次，终身监禁刑种化。终身监禁本身就是来源于域外国家的刑罚规定，其在英美法系国家尤为盛行，而且其以独立的刑罚种类置于刑罚体系之内。"在废除死刑的英美法系国家，如英国、加拿大，终身监禁是最为严厉的刑种；而在保留死刑的英美法系国家，如美国，终身监禁则是仅次于死刑的严厉的刑罚方法。"〔2〕无论域外刑罚体系是否设置死刑，终身监禁均作为单独的刑种处之。作为刑罚种类之一的终身监禁刑在刑罚配置

---

〔1〕 在意大利刑法典中规定着对于判处无期徒刑犯罪人依然可以在被批准的情况下参加室外的劳动，而不局限于监狱场所中的劳动。《最新意大利刑法典》第22条规定："无期徒刑是终身的，在为此而指定的监狱场所中执行，服刑期间必须劳动并且实行夜间隔离。被判处无期徒刑的人可以获准参加室外劳动。"引自《最新意大利刑法典》，黄风译注，法律出版社2007年版，第13页。

〔2〕 赵秉志主编：《英美刑法学》（第2版），科学出版社2010年版，第217页。

中存在多种设置方式：一种是上述绝对确定的强制性规定，即法定刑内仅有其一个刑种。另一种是相对确定的选择性规定，即法定刑内设置终身监禁和其他刑种可供自由裁量。还有就是可假释、减刑和不可假释、减刑的终身监禁刑，即假释或减刑决定着终身监禁刑的行刑方式和实际刑罚期限。通常情况下，可假释、减刑的终身监禁则存在着狱外执行与刑期缩短的可能，而不可假释、减刑的终身监禁则意味着永远被监禁。基于此其也作为死刑的替代被适用。可以说，一些国家已经形成了较为成熟和适宜其自身的终身监禁刑，能够使其独立于别的刑种而成为刑罚体系中不可或缺的刑罚内容。至于其在我国是否能以刑罚种类处之则需结合我国现行刑罚体系和刑罚内容的现实情况做出综合判断和考量，否则一味地照搬也无益于我国刑罚体系的恰当性发展。

再次，异种自由刑的并罚。异种自由刑并罚与我国界定的一样均是在数罪基础上的必然适用规则，不过在如何规制方面则有异有同。域外基本上采用相加原则或吸收原则以及限制加重来应对数罪并罚的情况。相加原则旨在对所处刑罚全部予以现实的执行。如《意大利刑法典》第74条规定："如果数项犯罪可能导致判处不同种类的监禁刑，各种监禁刑分别地和全部地予以适用。拘役刑最后执行。"[1]这意味着，若是存在有期徒刑和拘役刑两种刑罚便先执行有期徒刑再执行拘役刑，同时此规则也是一些不存在限制自由刑刑种的国家设置的异种自由刑并罚的规定。而吸收原则则较为通用于剥夺自由刑和限制自由

---

[1]《最新意大利刑法典》，黄风译注，法律出版社2007年版，第34页。同时，采用相加或并科的方式还有日本。《日本刑法典》第53条规定："拘留或者科料与其他刑罚，应当并科，但第四十六条的情形，不在此限。两个以上的拘留或者科料，应当并科。"引自《日本刑法典》（第2版），张明楷译，法律出版社2006年版，第24页。

刑的并罚，其主要建立在重刑吸收轻刑的基础之上且在并罚时有所改进。如《俄罗斯联邦刑事法典》就明确规定着重刑吸收较轻刑罚及部分或全部合并的内容，并且设置了最高刑期限制，相当于我国的限制加重原则，而这种限制不区分同种数罪还是异种数罪。同时，其第71条第1款规定："总和数罪与总和刑事案判决，在部分刑罚或全部刑罚应当合并裁决的时候，一日剥夺自由刑相当于：（1）一日拘禁刑或一日军事惩戒营禁闭刑；（2）两日限制自由刑；（3）三日矫正性劳动刑或限制性军役刑；（4）八小时义务性劳动刑。"[1]这意味着，即便是异种自由刑的并罚也能够采用合并折抵的方式确定刑罚和刑期。因此，一些国家在处置异种自由刑并罚的情形时也有着各自的规定，整体上协调一致，或者说不存在矛盾的规则。不过，绝对的相加或吸收在应对异种自由刑并罚时也难免存在缺失，相对的吸收和适当的折抵或合并反而较为合理。

此外，财产刑的独立化。各国在刑罚体系中直接将财产刑置于主刑之列或是规定可单独、可附加适用的内容，由此必然表现出刑罚配置财产刑的独立化特征。这种独立化体现在各罪法定刑中形成了以选科为主、辅以并科和单科财产刑的设置模式。尤其是罚金刑在分则中的配置方式更是成了其他刑种的选择性刑罚，且结合一定的并科与单科。选科的罚金刑配置方式在大多数国家占据主导地位。"比如德国刑法典规定的罚金刑均为选科配置、日本刑法典中除了少数单科罚金刑以外多数为选科配置、意大利刑法典以选科罚金刑为主要刑罚配置模式以及

---

[1]《俄罗斯联邦刑事法典》，赵路译，中国人民公安大学出版社2009年版，第38页。

其他国家也有类似的刑罚配置规定。"[1]而且，罚金刑还被置于选科刑罚种类的首位，即在个罪里罪状描述之后刑罚处罚中的最前面，立法形式表述为"……处罚金或拘役"等。同时，财产刑的选科方式往往与较短刑期的自由刑共同设置于法定刑内，既留有财产刑单独适用的空间也充分考虑到了其刑罚的现实效用。并科方式则大多集中在对贪利性犯罪的刑罚设置方面，其主要是规定财产刑与自由刑的并处，且采用必并科的模式对犯罪人处以刑罚。单科方式则主要集中在轻罪和违警罪的范围之内，其配置数量较少，而且，一些国家的刑法典还规定了其附带资格刑的并处内容，即在单科罚金刑时必须一并判处某一种资格刑的刑罚配置方式。尽管域外财产刑的配置同我国一样都包含这几类具体方式，但却存在相差有别的主导配置模式，域外财产刑中选科的主要地位直接反映出了其独立化的实然规定和发展趋势，如此更能看出财产刑不仅在刑种上以主刑居之，而且在刑罚配置中也依然保持着很大的独立空间。这也是我国现行财产刑配置尚未做出以及需要对其加以调整和改进的方向。

最后，资格刑的整合化。诚如一些国家刑罚体系中资格刑刑种的多样化规定，其也表现出刑法规范在配置资格刑的整合化特征。所谓资格刑的整合化，就是由刑法规范统一规定资格刑的内容，即只要是属于剥夺一定资格的处罚方式均被纳入资格刑范围之内。并且，有些国家将诸多资格刑刑罚分别列明，其细致程度在前文已有所涉及，故而在此不再赘述。这种整体聚合的资格刑设置方式在处置各种犯罪上具有天然的统一优势，不漏不缺地予以全面规制，有利于完整地展现资格刑自身具备的刑罚积极价值，还能充分发挥其在有效处遇犯罪人个体和预

---

[1] 参见邓文莉：《刑罚配置论纲》，中国人民公安大学出版社2009年版，第250页。

防犯罪方面的特定作用。同时，其也不只是纯粹地附加于其他刑种，有些国家（如俄罗斯）将其作为主刑和附加刑的两种方式配置在法定刑内，还有些国家（如法国）则规定着资格刑可替代财产刑的方式，这实际上也是将资格刑和其他刑种做整体化设置的反映，且其较为广泛地被配置在大多数罪名的法定刑当中。因此，适度的整合各类具有资格刑性质的处罚措施应当是我国在改进现行资格刑刑罚内容方面不可回避的选择。

总体而言，一些国家的刑法规范在刑罚配置方面的规定也存在着各自的特征。不过，在已然存在的刑罚体系规制中，较为合理与恰当的刑罚配置规定却呈现出了一致性的内容。正是如此，其也形成了与我国基本对应又差别较大的刑罚配置内容，因而在一定程度上能够给我国改进和调整现行刑罚配置提供更多的有益方式。至于如何借鉴，笔者将在具体完善建议中详述。

本章小结

本章并未全面地对域外刑罚体系的内容逐一进行叙述，而是只选择介绍与我国刑罚体系已经存在之问题相对应的刑种和刑罚配置内容。这一方面是考虑到域外各个国家已然形成的刑罚体系内容十分丰富，尽管在规定上有所类似，但毕竟不是一模一样，难免会存在许多不同之处，全部将其做出详细的分析势必会显得过于冗长和错综复杂。另一方面则是对域外刑罚设置内容的去粗取精，既然旨在对我国现有刑罚体系做出完善就当选择有利且适合的刑罚内容，否则，一律吸收和照搬域外刑罚体系的规定反倒易于走向极端。因而，本章没有对各国做单纯的体系性介绍，仅从各国规定中总结出共同特征或类型化的积极性规定，由此与我国规定形成较为鲜明的对比，有利于为最后的完善建议提供参照。本章具体分为刑种设置与刑罚配置

第六章　刑罚体系的域内外比较

两部分，刑种设置以域外各国刑罚体系内的具体刑罚种类的实然规定为基础，从刑种大类别的角度切入，分别阐述死刑的废止、自由刑的非监禁性、财产刑主刑化以及资格刑多样化的一致性设置内容，并以具体刑法典规定作为支撑，十分清晰地展现域外刑种设置的内容。刑罚配置则以刑种为依托，分为整体刑罚力度的轻重限制剖析与各刑罚种类的具体配置方式或模式的两个方面，较为突出地表现域外刑罚配置的特点。当然，域外已然构建而成的刑罚体系也非完全科学或绝对合理，但是，通过有选择性的域内外刑罚内容的比较分析，我们还是不得不肯定其在刑种设置和刑罚配置方面的诸多有益之处。因此，在应然理念根基的前提下，结合域外各国刑罚体系中的恰当刑罚内容能够为我国刑罚体系的完善奠定基础并提供参照。

第七章
我国刑罚体系的具体完善建议

诚如前文所述,我国现行刑罚体系存在一些刑罚种类和刑罚配置方面的问题,既包括单纯刑种不合理和不恰当的设置或排列,还包括具体配置中的方式或模式的不足。因此,为了更好地应对犯罪现象的复杂多变和解决现存的刑罚体系问题,我国需要在一定的理念根基之上,适当借鉴域外刑罚体系的积极性内容规定,构筑符合本土化刑罚发展且较为完善的新刑罚体系。基于刑罚配置以刑罚种类为依托,故而本章不做区分而是试图将刑种类别作为整体完善建议的支撑点,以此将刑种与具体配置相结合而形成有机的刑罚体系统一体。因此,本章将从死刑保留的必要和限制、自由刑的改进、财产刑的调整以及资格刑的扩充四个方面提出较为细致的完善措施,旨在促进刑罚体系不断向前发展。

一、死刑保留的必要和限制

诚知,死刑的废除是刑种进化、刑罚轻缓化发展与国际刑罚潮流的必然结果,而且,其也是不可逆转的刑罚立法趋势,因此,对于我国而言,在刑罚体系中废止死刑也自是理所当然的。不过,"死刑的存废由一个国家的历史传统、民族情感、物质条件、文明程度等多因素决定,而不是立法者的一时冲动或热情的选择",[1]因此,当下若是马上将死刑刑罚取消难免会给我国带来一些不安。一方面,考虑到我国重刑治重罪的传统,尤其是处置极其严重的犯罪,更是偏向于重刑的处置观念和长期的现实规制,且我国刑罚体系发展至今依然表现出一定程度的重刑化特征;另一方面,社会公众的刑罚感知,积淀深厚的报应观和对死刑严厉威慑的崇尚始终使他们对死刑这一刑种保持有或多或少的内在需要,尽管目前我国公众的死刑观已经得到转变,但对公平正义的追求却逐渐提升,因而立即废止死刑还是会与公众情感有所冲突。所以,保留死刑有其必要性,这种必要性实际上也源于死刑保留观的内容,前文关于死刑存之合理已有具体阐述而不再赘述。因此,对死刑刑种和配置加以限制才是我国将然刑罚体系内的重要部分。事实上,随着刑法的不断修正,我国对死刑的设置也在逐渐限缩或限制,只不过所做的规制仍然有所不当,因此还需做出进一步的限制。至于具体限制性内容,本书分为死刑的适用条件、适用范围和适用方式三部分,旨在针对现存问题进行更深入的完善。

(一) 适用条件

适用条件主要针对的是总则中关于死刑的规定,其中概括性条件"罪行极其严重"的模糊性是刑事立法中不可回避的问题,尤其是在死刑设置上,以此作为适用的条件难免会导致差异刑罚的出现,因此首先需要对其加以明确。基于理论上对"罪行极其严重"的阐释已有的各种观点而言,本书认为罪行是否严重的衡判标准应当既包括客观犯罪行为的社会危害性与所造成后果的严重程度,也包括犯罪人的主观恶性与人身危险性

---

[1] 房清侠:《刑罚变革探索》,法律出版社2013年版,第78页。

的大小，那么"罪行极其严重"的犯罪分子就应被明确表述为"实施了社会危害性特别高、危害结果特别严重的犯罪行为并且主观恶性和人身危险性特别大的犯罪人"。单一的"罪行极其严重"难免会形成以客观的行为来判断的非全面的适用条件，主客观相结合的考量才能充分恰当地作出死刑能否适用的刑罚处置。同时，这种"罪行极其严重"关联刑法分则死刑罪名适用的限制，即分则中规定着死刑的罪名也应当是该罪中最为严重的情节或加重情节与结果等，保持着主客观严重程度的一致性。因此，应当在总则中对"罪行极其严重"作出明确的表述。

除却死刑适用的概括性条件以外，在适用对象中对特殊的老年人主体的相关规定也需要做出更进一步的调整。矜老恤幼自古便是我国刑事立法的传统，延续至今自是理所当然。目前，我国《刑法》对老年人规定了特定年龄不适用死刑的内容，并且又以"特别残忍手段致人死亡"的双重否定方式来解除限制。换言之，在这种特殊情形下，即便是已满75周岁的人也能够适用死刑。这其中一方面是涉及年龄的恰当性问题，即75岁是否合适；另一方面则是双重限制的问题。关于年龄，"在外国的立法实践中，规定有60岁、65岁、70岁、80岁不等，但大多数国家是以70岁为宽宥的标准"，[1]因此若然将我国老年人也规定为70岁，能够在一定程度上与其他国家保持一致，进而减少国内外立法规定的差异带来的不便。而且，就国内其他关于老

---

[1] 卢勤忠、卢展："老年人犯罪死刑立法的理性思考"，载朱孝清、莫洪宪、黄京平主编：《社会管理创新与刑法变革》，中国人民公安大学出版社2011年版，第618页。

年人的处罚规定[1]而言,大多也以60岁或70岁为界。可见,降低年龄规定也是为了保持本国规定的内在协调性。加之,从人道主义的角度来看,相较于75岁的设置,70岁可以更加突显刑罚的人道性要求。因此,将老年人的限制性年龄调整为70岁较为适宜。另外,关于"特别残忍手段致人死亡"能对特定年龄的老年人适用死刑的规定,其中较为明显地包含着前段特别残忍手段与后段致人死亡的两部分内容。这就意味着,被害人的死亡是由犯罪人特别残忍的手段造成的,反之即非特别残忍的手段造成死亡后果或者非特别残忍的手段造成非死亡后果以及特别残忍手段造成非死亡后果则不能够适用死刑,其在一定程度上会将某些极其严重的犯罪排除在外。典型的为对老年人采用非特别残忍手段造成严重死亡后果的犯罪免于死刑的适用,或者说也不能适用死缓,如此从本质上而言易于宽纵犯罪人且不利于防控老年人的严重犯罪现象。之所以这么说主要是因为目前设置的老年人死刑适用的否定限制性规定重在强调行为手段和危害结果的程度,系基于特别严重的手段和导致特别严重的后果事实上可反映出犯罪人极大的主观恶性和人身危险性。不过,这种主观上的表现往往也存在于非特别残忍手段中,例如,投毒致多数人死亡和身体器官受损等,其手段远不如暴力伤害手段那般残忍但却导致惨重的结果。因而,单一否定"特别残忍手段致人死亡"的免死适用尚属不够恰当的规定。基于此,本书在建议调整老年人不予适用死刑的年龄为70岁的同

---

[1] 我国关于老年人的认定标准不一:1996年8月29日公布的《老年人权益保障法》规定的老年人是指60周岁以上的公民;2004年公安部印发的《公安机关适用继续盘问规定》规定中暗指已满70周岁的为老年人;最高人民检察院于2007年1月公布的《最高人民检察院关于依法快速办理轻微刑事案件的意见》第4条第2项规定表明,70周岁以上的人为老年人。房清侠:《刑罚变革探索》,法律出版社2013年版,第84页。

时，主张将"特别残忍手段致人死亡"完善为以特别残忍的手段致使他人死亡或者其他造成非常严重后果、导致特别恶劣影响的除外。这实际上是一面放宽一面紧缩的死刑适用条件的规制，在不恣意轻纵老年人犯罪的同时保持刑罚的力度，进而体现宽严有度的刑罚内容设置。

（二）适用范围

如前文对我国死刑规制的阐述可知，目前，死刑在我国刑法分则配置中占14.7%，其能够适用的范围广泛分布在所有十大类罪中的九类，并且，存在的死刑罪名中大多数并非是以暴力犯罪或侵害人身为主的犯罪，这显然是与死刑这一刑种的刑罚属性及其发展趋势不相符合的内容配置。因此，我国死刑的适用范围需要进行很大程度的限制或缩小。

考虑到我国已经通过刑法修正案在立法实践中逐渐减少了设置有死刑刑罚的罪名，当下应当沿着这一发展道路继续取消一些能够适用死刑的罪名。我国现行刑法中规定有46个死刑罪名，其中超过半数以上都是非暴力犯罪的罪名，因此，在立法上限缩死刑的适用就主要集中于非暴力或非人身犯罪的范围之内。至于具体取消死刑罪名的方式可分为全部和部分两种，全部意味着将某大类犯罪中的死刑罪名全部取消；部分则是取消类罪中某些不适宜将死刑作为法定刑的罪名。这种有所区别的取消方式实际上是结合各类罪的属性、本国理念和需求以及域外现实规定与趋势而进行的有选择性的死刑废止。

1. 全部取消死刑罪名

在全部取消类罪中设置死刑罪名方面，应当废除破坏社会主义市场经济秩序罪和贪污贿赂罪这两大涉及经济或财产类的犯罪以及危害国防利益罪的死刑罪名。就破坏社会主义市场经济秩序罪中是否应保有死刑罪名而言：首先，我国《刑法修正案(九)》已经取消的9个死刑罪名中就有5个属于本章之罪名,足见我国立法者在对待此类罪适用死刑上的否定态度,因此,在继续减少死刑罪名的形势下本章就成为首当其冲的目标。其次,本章以社会主义市场经济秩序为客体,主要对经济类犯罪予以刑罚处置,不过经济类犯罪在本质上与死刑适用条件或标准并不相符合。死刑适用的原则性条件以极其严重的罪刑为内容,其在行为方面直接与暴力相关联;在侵犯客体方面直接与人的生命或安全以及国家和公安安全相关联;在危害程度方面远大于或高于一般犯罪。如此反观经济类犯罪,无论是其通常出现的行为手段和侵犯的客体还是危害程度都与死刑条件的内涵大相径庭。换言之,死刑作为剥夺最高价值的生命的刑罚是不能用任何利益等同替代的。并且,死刑在刑罚处置力度方面远大于或强于其他刑罚种类,其不可弥补性是很大的缺陷,因此在经济类犯罪中的罪名内设置死刑有所不当。再次,死刑不是应对经济犯罪的有效刑罚处罚措施,换言之即死刑不可能从根本上减少和防范经济犯罪现象的出现。从犯罪多因论的角度出发,犯罪的产生是受多种因素共同作用的结果,经济类犯罪本身就是伴随社会发展而生的犯罪现象,其不仅受行为人的主观影响,还受国家大背景和社会大环境等综合作用影响。基于此,"要想在根源上预防和减少经济犯罪的发生,关键不在于是否适用死刑,而主要在于建立健全经济管理制度,完善社会整体监督机制,完善市场经济运行体制,采取社会综合治理的办法,把经济活动纳入法制化的轨道,积极地消除和减少产生经济犯罪的土壤和条件"。[1]刑罚自身对犯罪的效用大多只是治标不治本,因此死刑对经济类犯罪的效用非常之小,所以,在

---

[1] 参见孙利:《经济犯罪研究与刑法适用》,中国检察出版社2001年版,第93、94页。

破坏社会主义市场经济秩序罪中配置死刑意义不大。最后，在我国基本权利保障理念的逐渐发展和法治文明不断进步的基础之上，完全废止经济类犯罪的死刑设置是其内在要求。况且，在世界上的大多数国家已经废除死刑刑种的前提下，即便是设置有死刑的国家也没有对经济犯罪规定有死刑刑罚。"许多国家把对经济犯罪处罚的重点放在罚金、没收财产及短期监禁上，连终身监禁、长期监禁都很少适用，例如美国、日本刑法典就没有经济犯罪判处死刑的任何规定。"[1] 因此，全部取消破坏社会主义市场经济秩序罪中的死刑罪名十分必要。

除却取消经济类犯罪中的死刑罪名以外，就我国规定的贪污贿赂罪中是否应保有死刑罪名而言，本书主张全部取消其中能够适用于死刑的罪名。理由同在经济犯罪中取消死刑罪名相类似，即主要源自贪污受贿罪归属于贪利性的财产犯罪，其与死刑适用条件不相符合，或者说其所侵害的法益价值完全不足以和生命价值相比较。同时，贪污受贿罪的形成也受多因素影响，单一的死刑难以遏制此类犯罪以及域外法定刑配置中的空白规定等，因而废止现有的贪污贿赂罪的死刑罪名是进一步限制死刑罪名过程中必不可少的一步。尽管国家极力打击贪污腐败犯罪现象，但是，依然需要与此类犯罪的性质或属性相一致，而非盲目走入过于严苛的刑罚误区。无论是经济犯罪还是财产犯罪，均表现出了其与死刑配置的不均衡或不恰当性特征，因此需要从中全部取消死刑罪名进而形成合理、有效的死刑适用范围，否则易于陷入重刑和立法虚置的尴尬境地。

就危害国防利益罪这一章中规定的破坏武器装备、军事设施、军事通信罪和提供不合格的武器装备、军事设施罪两个能

---

[1] 王松丽：《我国废除死刑的立法研究》，合肥工业大学出版社 2012 年版，第 296 页。

够适用死刑的罪名而言，国防利益固然相对更为重要，但是此二者存在战时和非战时的不同严重程度，若在战时必然危险很大、影响恶劣、结果严重，但非战时则并不会直接致使国家安全和人身安全受到极大损害。因此，对实施此种犯罪的行为人处以死刑难免会导致罪刑的不均衡，而且在司法实践中也较少适用这两个罪，因此，在废除死刑的大趋势和立法限制死刑的大前提下，取消此章的死刑罪名也并非不可。

2. 部分取消死刑罪名

在部分取消类罪中设置的死刑罪名方面，除却全部取消的类罪范围之外，剩下的七大类罪中的部分罪名应当在立法上做出有选择性地废除现有死刑刑罚的法定刑配置。之所以采用部分取消的死刑配置方式，主要基于其他类犯罪中存在能够与死刑刑罚相当或相适的犯罪。换言之即需要死刑作为法定刑处置的刑罚内容以及符合罪刑相适应的要求，而且也考虑到现有死刑罪名的实际适用率，可以将某些罪名法定刑中的死刑废除。具体在危害国家安全罪中，其包括的一些罪事实上可归属在政治犯罪之内。而对政治犯的国际通例是不处以死刑刑罚，但其本身就是对国家安全带来较大危险的犯罪，且条文规定中也是以"可以"适用死刑的方式予以规定。那么暂时不对本章 7 个死刑罪名予以取消能维护整体国家的安全，不过在我国法治程度日益完善的进程中，可以先对其中不直接造成国家政权受侵或颠覆与严重人身伤亡，或者相对而言社会危害性较小的罪名进行排除，如为境外窃取、刺探、收买、非法提供国家秘密、情报罪和投敌叛变罪以及间谍罪先行取消死刑，而后再慢慢缩小。毕竟国家安全牵连甚大，尤其是背叛国家罪、分裂国家罪和武装叛乱、暴乱罪都与破坏国家和暴力性侵害直接相关，由此需要谨慎对待而加以保留其死刑配置。

在危害公共安全罪中,可取消非法制造、买卖、运输、邮寄、储存枪支、弹药、爆炸物罪,非法制造、买卖、运输、储存危险物质罪,盗窃、抢夺枪支、弹药、爆炸物、危险物质罪这三个罪名的死刑。原因在于:一方面,关于枪支、弹药、爆炸物和危险物质的犯罪直接侵害的是我国对特定对象的强制性管制规定,尽管由此易于导致人身或财产的不安全结果,但却是其间接结果或者说是潜在的危险,并且我国对特定对象具有严格的规定,实践中出现的此类犯罪现象相对其他犯罪来说较少。另一方面,依据我国针对犯罪予以处罚的规则,在实施这三个罪又引起其他关联罪时,数罪并罚的结果往往按照其他重罪的法定刑作出刑罚处罚,即便是适用死刑也非此类罪所致,因此取消这三个罪的死刑并无不可。至于本章内的其他9个罪名的死刑则需暂时保留,主要考虑到其均是严重危害公共安全的犯罪,所造成的损害后果也直接引起群体人身伤亡等,并且实施这9个犯罪中的任一个的行为人通常也具有较大的主观恶性和人身危险性,因此有必要对其留有死刑刑罚的可能和空间。

在侵犯公民人身权利、民主权利罪内设置有死刑的罪名为故意杀人罪、故意伤害罪、强奸罪、绑架罪和拐卖妇女、儿童罪五个,有学者基于生命价值的考量主张废除后四个死刑罪名。[1]本书认为除故意杀人罪外,其他四种犯罪都可能导致故意杀人罪的结果,而且均规定有此结果出现时的死刑适用情形,那么实际上可以在这四个罪名中作出统一按照故意杀人罪的内容规定。因此,保留故意杀人罪中的死刑法定刑配置的同时,对其余四

---

〔1〕 在侵犯公民人身权利、民主权利的犯罪中,故意伤害罪、强奸罪、拐卖妇女、儿童罪、绑架罪四个罪所侵犯的权益价值均低于人的生命价值,不符合死刑的适用标准,应予以废除。参见王松丽:《我国废除死刑的立法研究》,合肥工业大学出版社2012年版,第300页。

个罪名进行一定的调整,其中涉及造成或致人死亡或重伤或其他严重后果的、杀害被害人等规定的修改为以故意杀人罪定罪处罚。由此,从实际上就减少了故意伤害罪和绑架罪的死刑配置。至于强奸罪和拐卖妇女、儿童罪,能够适用死刑的罪状描述中还包括其他具体情形,其尚不足以用故意杀人罪全部囊括,且其对人身的侵害也是极为严重的,因而暂时对其保留死刑的配置。

在军人违反职责罪中,十个设置有死刑的罪名中有些仅为战时实施的犯罪,有些则不分战时和非战时。对于战时罪名,基本上可以说是防患于未然的备用规定,不可否认其在战时的危害性,但在我国当下长期稳定的和平年代却不具有现实意义且大多数为非暴力犯罪,因而可将非暴力的战时死刑罪名予以取消。对于侵犯财产罪和妨害社会管理秩序罪而言,如今只存在抢劫罪、暴动越狱罪、聚众持械劫狱罪和走私、贩卖、运输制造毒品罪四个,可以说,其是与我国死刑适用条件相符合的犯罪,在罪刑衡量上也较为适宜,因而现阶段对其设置死刑刑罚是恰当的立法规定,或者说,当下取消此死刑罪名还需更为成熟的条件方可,否则有害无益。

无论是全部还是部分取消死刑罪名,均是有限制的和多方面的慎重衡量。总体上来看,我国在限制死刑适用范围上应沿着全部废除经济犯罪和财产犯罪—其他非暴力或非人身犯罪—暴力或人身犯罪中的特殊犯罪—所有犯罪的路径逐渐实现死刑刑罚的全面废止。随着我国法治进步和刑罚理念的提升,死刑也将随之废除,不过并非一蹴而就,其依然是一个长期的刑罚变革过程。

(三) 适用方式

绝对确定的死刑配置方式弊端明显,因而,如何改变这种适用方式是在逐渐减少死刑罪名的过程中首先应当解决的问题。

无论是死刑还是其他刑种的法定刑绝对确定的配置方式均不可避免地具有机械性和适用的无差异性，而且，绝对确定的配置模式也几乎被所有国家摒弃，因此对于死刑的特殊严厉性刑罚处罚又配以绝对确定的适用方式必然不利于其应对复杂多样的犯罪，至少难以满足刑罚个别化的要求。因此，在我国废止绝对确定的死刑配置方式应当是科学刑罚体系设置的必然选择。

尤其是我国目前设置的拐卖妇女、儿童罪，暴动越狱罪，聚众持械劫狱罪和劫持航空器罪四个绝对死刑的适用方式，其中前三个罪的法定刑中规定以"情节特别严重"为绝对适用死刑的情形，过于抽象或概括的规定实际上给司法裁量留下了很大空间。特别是在只能处以死刑刑罚的设置上，绝对的严厉就需要配以细致详明的罪状，否则会使死刑适用不公。而劫持航空器罪则以"致人重伤、死亡或者使航空器遭受严重破坏"为绝对适用死刑的情形，不仅将人的生命价值与航空器的价值相等同，且毫无灵活性的设置更无益于对犯罪的刑罚处罚。因此，在罪刑相适和均衡以及报应与预防二元综合刑罚目的的内在要求和指导下，改绝对死刑配置方式为相对确定的方式，在法定刑中设置死刑的同时配以无期徒刑和长期有期徒刑作为并列的可选择性刑罚。如此，一是为了避免直接取消死刑的急于求成；二是有利于贯彻我国宽严相济刑事政策在保留死刑、严格限制死刑方面的具体刑事政策；三则是为全面废除死刑作先行铺垫。与此同时，我国也具备了较为成熟的废止绝对确定死刑方式的条件，已通过的《刑法修正案（九）》取消了绑架罪条款内绝对确定死刑的规定，这意味着立法者已开始逐渐取消此类条款且是综合理论与实践考量之后作出的决定，这说明绝对确定的死刑能够通过配置方式的调整予以改进，换言之即绝对确定的死刑配置已然不具其刑罚效用或者说其积极价值甚微。因此，取消剩余绝对确定死刑这一适用方式势在必行。

综上，本书主张我国在保留死刑刑种的基础之上，明确死刑的适用条件、缩小死刑的适用范围与修正死刑的适用方式，以此将死刑的适用进行充分且有效的限制。这样不仅保证了罪刑的均衡，也不至于使刑罚整体偏重，从而促进刑罚体系朝轻缓化发展的同时也能够表现出刑罚处置犯罪的恰当力度。因此，通过死刑刑罚的改革反映我国对死刑的理性认知、深化二元刑罚目的理论的指导、促进死刑的国际化发展、彰显刑法的基本权利保障机能、实现宽严相济的刑事政策以及促进法治社会的进步。不过，本书阐述的相关限制死刑的内容仍然需要在立法上一步一步地加以推进，这也是与我国实际情况相符合的具体完善建议。当然，死刑在我国最终会被完全地或彻底地排除在刑罚体系之外，如今看来只是其所经历的时间长短而已。

二、自由刑的完善

鉴于本书重在分析短期自由刑种与异种自由刑并罚配置的两方面内容规定，故而也是针对其提出相应的改进措施。虽然我国自由刑中无期徒刑和长期有期徒刑也存在着一些问题，但是，相较之下，短期自由刑的拘役刑和管制刑的现行设置所出现的问题和争议更多或更大，因而有需要重点对其予以研究和完善。况且，我国现行刑罚体系内关于有期徒刑和无期徒刑的刑种设置和具体刑罚配置有其一定的合理性和恰当性，暂不需要马上修正，加之其涉及内容较多和覆盖面较广，稍作变动难免造成内在的冲突或不协调，因此现阶段将其保持原状并不会给整体刑罚带来过于严重的影响。反观短期自由刑，对于有学者主张在我国废除短期自由刑的观点，本书不敢苟同，一方面是因为短期自由刑的益处是其他刑罚种类难以替代的且世界各国均设置有相应刑种;另一方面则是因为短期自由刑的刑罚不足完全可以通过立法、司法以及执法的综合调整予以弥补或完善,进而充分发挥其具有的刑罚效用。因此,在构建合理和恰当刑罚体系的前提下,深入改进短期自由刑的刑罚内容和配置十分必要。具体到我国的短期自由刑则主要是拘役刑和管制刑,前文已经明确指出了其出现的问题,在此,笔者将分别提出有效的完善建议以期改进现状。

(一)拘役刑的转变

拘役刑的弊端主要源自其刑期较短而导致的诸多问题,但是其却是刑罚体系中刑种轻重衔接的重要刑罚部分,贸然地将其废除至少在当下是具有一定风险和不可行的。因此,将拘役刑进行较大程度的转变是解决现有问题的良性选择,具体通过完善相关规定和缓刑的内容以及建立易科制度对其予以改进。

首先,在刑法中明确规定拘役刑的具体条件。考虑到拘役刑刑罚期限较短在处置犯罪和对待犯罪人方面的不足,我国应当从刑事立法上对其规定特定的适用条件。《德国刑法典》第47条第1款规定:"法院根据犯罪和犯罪人人格具有的特殊情况,认为只有判处自由刑才能影响行为人和维护法律秩序的,可判处六个月以下的自由刑。"[1]其实际上是给六个月以下的自由刑设定了特定适用的情形,即非此不可。因此,我国也可加以借鉴将拘役刑的适用控制在一定限度以内。同时,对现行规定中设置的执行内容加以明晰。其中,将"公安机关就近执行"的规定细致化,通过设立专门的拘役场所即拘役所作为立法的支撑,明确将拘役犯置于拘役所中执行。如此,有区别的关押能在很大程度上避免产生因拘役刑处罚而使犯罪人交叉感染等

---

[1] 江溯:"无需量刑指南:德国量刑制度的经验与启示",载《法律科学(西北政法大学学报)》2015年第4期,第158页。

消极影响，且能做出有针对性的教育改造措施，以促进刑罚特殊预防目的的实现。关于服刑人员的劳动报酬和宽容回家的权利也应当得到切实的保障，主要是制定细则详细规定发放机关、发放方式和发放的确定数额。具体可由执行机关即公安机关根据服刑人员实际参加劳动的量或天数参照一般同等工作的报酬标准进行结算；对允许回家探亲的条件进行综合考虑，回家的具体时间、天数以及报批程序都需要加以细化。并且在执行机关执行过程中加入检察机关对其监督考察的相关制度，形成执行机关与检察机关的报告和审查机制，进而严格掌控拘役刑的实际落实情况。"在重视机关监督的情况下，还要充分发挥人民群众的监督功能，使拘役犯的离监探亲制度和劳动报酬分发制度法定化、制度化、具体化，避免这些人性化的规定流于形式。"[1]鉴于刑法规范的简明性和立法指导性，涉及执行的内容集中在细则中予以阐释且重在刑事执行，故在此仅做大致建议性表述而不多语。

其次，在拘役刑的刑罚配置范围中，其遍布我国刑法分则十大类罪，所占比例也较高，实则是不恰当的刑罚分布，应考虑拘役刑的刑种性质重点将其配置在与其刑罚属性相对应的类罪当中，否则会造成罪刑不均、刑罚幅度过大以及刑罚效用难以发挥的后果。典型的为在危害国家安全罪中超过半数的拘役刑配置显然使得某些罪名的法定刑幅度从拘役刑到死刑的大跨度选择性刑罚规定等。因此，转变拘役刑的法定刑配置内容，变更拘役刑的大范围分布局面，仅将其置于社会危害性较低、情节较为轻微和结果不太严重的犯罪以及过失犯罪当中，减少或取消其在处置严重犯罪当中的法定刑刑罚内容，如此方才合

---

[1] 谭怡芳："刑罚轻缓化视野下拘役刑考察与完善"，湘潭大学2009年硕士学位论文，第23页。

理,并且更有利于发挥拘役刑的刑罚效用。

再次,推进拘役刑的缓刑适用。从立法角度出发,主要是完善缓刑的规定,制定缓刑适用细则来加强缓刑的实际操作性,单纯的抽象性原则规定只会使其成为立法形式而缺乏实践内容。因此,结合拘役刑自身属性确立清晰的缓刑适用内容和条件,既考虑到特殊预防的需要又兼顾犯罪人习性品德以及家庭和社区情况的考察。设立专门监督缓刑执行的机构,可由司法行政部门组织,纳入相关社会公众人员形成监督小组,并且附以缓刑保证人加大对其予以监督的积极效用。增加强制性义务规定,强化拘役刑的缓刑执行方式的刑罚力度。目前我国刑法关于缓刑期间应遵守的规定[1],仍存在一些问题,对此可以借鉴域外国家的社区刑罚内容,促使犯罪人在缓刑执行期间感知到刑罚对其的处罚且有利于防控犯罪的再发生。典型的为增加强制公益劳动或服务、赔偿或补偿经济损失等。同时,违反这种强制性义务的规定也应被视为撤销缓刑的内容之一,换言之即将此纳入撤销缓刑规定当中。因此,"扩大适用缓刑就是拘役刑扬长避短的有利选择,缓刑的前瞻性和预后性可以避免对深深悔悟的初犯、轻罪犯适用自由刑,它还有利于建立自我尊重的人格,使拘役犯相信命运真的掌握在自己的手中"。[2]况且,缓刑规定的强化也正是解决当下我国缓刑适用率较低的问题,尽管缓刑不仅仅只是适用于拘役刑的刑罚执行制度,但改进拘役刑的设置内容时仍需结合缓刑制度才能对其加以完善,进而综合、全面地处置犯罪和对待犯罪人。所以,除却对拘役刑本身所规

---

[1]《刑法》第 75 条规定:"被宣告缓刑的犯罪分子,应当遵守下列规定:(一)遵守法律、行政法规,服从监督;(二)按照考察机关的规定报告自己的活动情况;(三)遵守考察机关关于会客的规定;(四)离开所居住的市、县或者迁居,应当报经考察机关批准。"

[2] 房清侠:《刑罚变革探索》,法律出版社 2013 年版,第 115 页。

定的内容做出转变外,积极改进缓刑也是不可或缺的一部分。

最后,建立与拘役刑内容相适应的刑罚易科制度。"刑罚易科制度,也称为易刑制度或换刑处置,具体是指法院考虑到罪犯的刑罚适应能力和再社会化需要等因素,通过判决的形式实现不同刑种之间的对应转换,以此促进刑种资源的合理配置,保证行刑效益的最大化。"[1]在当下,域外一些国家已经具备较为成熟的刑罚易科制度,其旨在刑种与刑种之间的灵活转换或折抵,相对拘役刑或短期自由刑的转变已形成易科罚金刑、易科管制刑、易科社会服务或劳役刑以及易科资格刑等规定。诚然,罚金刑有其特定的刑罚价值,最为突出的即是其非监禁方式能够避免诸多监禁导致的消极影响,其在有效减少国家为处置犯罪而支出的费用同时还可增加收入。不过,相对于拘役刑而言,罚金刑本质上仍是非监禁刑,因此以非监禁刑替换监禁刑,这在刑罚惩罚的严厉程度方面明显难以对等,不免有失公正。因而,试图在我国刑法中设置拘役刑易科罚金刑的规定尚不合理也不恰当。易科社会服务或劳役刑是规定将拘役刑转变为强制性参加一定的社会公益服务或无偿劳动的刑罚。这类易科方式的决定又可被分为两种:"一是法院用强制劳动等工作罚直接代替短期自由刑的宣告;二是以强制劳动等工作罚作为已经宣判的短期自由刑的替代执行手段。"[2]无论哪一种均与易科罚金刑的实质相类似,即不受监禁的限制,但是易科社会服务或劳役刑相较之下需要犯罪人以身体力行执行其刑罚,能够起到一定的刑罚教育和改造的目的。只是我国目前不存在相应

---

[1] 参见冯卫国:《行刑社会化研究——开放社会中的刑罚趋向》,北京大学出版社2003年版,第201~202页。

[2] 赵秉志、陈志军:"短期自由刑改革方式比较研究",载《政法论坛》2003年第5期,第89页。

的刑种且完全的社区刑罚尚未成熟，贸然纳入此易科规定反而会使刑罚效用减弱。因而在全面构建和落实社区刑罚制度之前暂不吸收此内容较为妥当。易科资格刑则是以资格刑作为拘役刑的转换，其也是对监禁刑的非监禁化替换，难免也会存在刑罚惩罚力度的不足。并且，资格刑通常是居于附加刑地位和针对特定的犯罪，其尚未能有效地处置与拘役刑相对应的犯罪，会形成罪刑之间的不均衡，所以此也非拘役刑得以易科的恰当刑罚。易科管制刑即是用管制刑替代拘役刑，基于管制刑的特定义务内容和执行规定，其能在一定程度上对犯罪人产生教育改造作用并积极达到预防犯罪的目的，但是，完全的易科依然会导致刑不及罪的结果。综合各种易科制度的内容，本书主张在完善我国现行管制刑规定的基础上，构建拘役刑部分易科管制刑的制度，即设置特定拘役刑转换为管制刑的内容规定，具体为在判处拘役刑附以缓刑、实际执行拘役刑期限较短等情形时，规定可以部分易科为管制刑，易科后实际的刑罚规定也按照管制刑的内容予以执行，进而形成半监禁或间歇性监禁的行刑方式，如周末监禁、夜晚监禁等。不过，这种易科制度需要以合理、有效的管制刑为前提，而且，在我国还要经历小范围的适用积累经验方才展现其刑罚效用，不可操之过急。

因此，通过以上措施对现行拘役刑的规定进行修改和完善，能在一定程度上解决其已经出现的问题，但仍然需要在改进的同时结合实效加以调整。同时，拘役刑也非是完全独立、单一的刑罚内容，还要与其他刑种有效统一方能充分发挥其积极作用，尤其是与管制刑的相互协调。因此，在对拘役刑做出转变建议之后，管制刑也亟待采用对应的措施加以深入的改进。

（二）管制刑的改进

针对我国目前在管制刑规定中出现的刑罚期限恰当性、适用对象清晰性、执行内容针对性以及能否发挥其整体刑罚惩罚力度等问题，本章试图对其加以改进首先就需要将原则性规定做出具体内容的明晰，而后将其配于恰当的范围之内，同时吸收域外一些与我国本土相符的社会化刑罚措施和易科短期监禁刑的内容，最终形成完整有效的管制刑内容规定。

1. 原则性规定的改善

我国现行《刑法》对管制刑的刑罚期限、适用对象和相关执行内容的规定存在不够恰当的地方。因此，调整刑期、确定适用对象的标准以及细化执行内容成了首先要解决的问题。关于管制刑的刑罚期限，基于其与拘役刑刑期的不协调或冲突，本书主张可缩短管制刑的刑期为一个月以上一年以下，保持与拘役刑刑期的一致。之所以如此，一方面在于管制刑本身就是针对社会危害性较轻或不严重的犯罪和人身危险性或主观恶性较小的犯罪人而设置的刑罚种类，运用刑罚重在教育和矫正而非长时间的惩罚；另一方面，能够有效缓解管制刑和拘役刑之间的刑期矛盾，也使刑罚体系的整体合理排列而形成有机统一体，不至于导致刑期上的刑罚轻重不对称；另外，管制刑的刑罚惩罚力度也不只是通过较长刑期来体现的，在增加其刑罚强度的前提下缩短刑期是更为合理或必要的选择。关于管制刑适用对象的标准，综合社会危害性和人身危险性的考量是较为科学的依据，即主客观相结合地对整个犯罪和刑罚处罚过程中的犯罪行为与犯罪人的情况均予考虑，既包括犯罪行为的认定又包括犯罪人事前事中与事后的表现，进而清晰地区分管制刑和拘役刑或缓刑的具体适用。不可否认，运用立法手段给管制刑赋以绝对明确的适用对象也是不太现实的，因此也就只能够设置一个规范性标准作为参照，以防司法实践中的主观或随意裁量。关于执行管制刑规定中的概括性内容，应当由执行机关根据刑法已经设置的原则性规定制定相对更为详细的细则，主要包括对审批迁出与定期考核的具体内容，旨在将管制刑刑罚予以落实。迁出审批是对管制犯人身自由的重要限制，换言之即其能否迁居或外出除了自己意愿以外还需要经过执行机关的同一，因而需要执行机关建立完整的审批制度来保证管制刑的执行。同时，对管制犯的考核也需根据其具体情况做出评议，包括对服刑期间义务的遵守和表现进行定期查证，不仅要求管制犯主动报告，还需执行机关核实。至于执行机关的确定，应当统一在司法行政机关之内，主要基于公安机关在有效实现自身特定职能的同时难以兼顾管制刑的执行，而且，单独成立管制犯的执行机构尚属不易，应利用现有司法行政机关的合理资源，既与现行相关规定[1]紧密联系又能充分执行管制刑刑罚。事实上，涉及刑罚执行的规定是在刑法规范之外为保证刑罚的有效执行而设置的内容，虽不必置于刑法法条之中，但却是刑法和刑罚得以贯彻的内容。

2. 配置范围的变换

当下，管制刑已然覆盖于我国十大类犯罪中的七类，不过适用范围却不尽合理，需要对其进行一定的转变。首先，管制刑作为轻刑，大范围的分布在危害国家安全罪等严重类罪当中，造成跨度较大的法定刑显然是不适宜的，因而应减少其在严重

---

[1] 由司法行政机关作为管制刑的执行主体也有一定的法律依据。最高人民法院、最高人民检察院、公安部、司法部出台的《关于开展社区矫正试点工作的通知》中将被判处管制的罪犯作为社区矫正的适用对象之一，并规定："司法行政机关要牵头组织有关单位和社区基层组织开展社区矫正试点工作，会同公安机关搞好对社区服刑人员的监督考察，组织协调对社区服刑人员的教育改造和帮助工作。街道、乡镇司法所要具体承担社区矫正的日常管理工作……公安机关要配合司法行政机关依法加强对社区服刑人员的监督考察，……"当然司法行政机关作为管制刑的执行机关还在不断地摸索，尤其是与社区矫正或禁止令的结合尚未发展成熟，因而需要由司法行政机关和其他机关相配合，但以其为主导是确定无疑的。

犯罪罪名内的配置与降低其比例。其次,在减少重罪配置管制刑的同时增加其在较轻犯罪中的罪名分布和提高配置比例。一方面,对尚未设置有管制刑刑罚的类罪而言,适当地在罪名法定刑中配置管制刑,典型的为填补贪污受贿罪、渎职罪和军人违反职责罪的空白范围。另一方面,考虑到管制刑和拘役刑都是针对相对较轻的犯罪而设置的刑罚,因此加大管制刑的配置就可以与拘役刑的现有配置范围保持一致,换言之即罪名法定刑中有拘役刑的均可设置管制刑作为选择性刑种,此种方式在我国现行刑法条文的规定中已存在,因而继续拓展具有可行性,且在司法裁量时可根据具体情况选择适用。除以之外,对一些没有规定拘役刑刑罚的犯罪,在符合管制刑适用条件的前提下也可对相应罪名配置管制刑。这实际上是区别管制刑与拘役刑的刑罚配置,即管制刑并非只能同拘役刑一起作为法定刑的刑罚内容。再次,从故意犯罪和过失犯罪的角度来看,过失犯罪本身较轻,犯罪人的人身危险性和主观恶性较小,那么对其进行教育改造或实现刑罚目的更为容易和有效,因而重在对过失犯罪中规定管制刑是合理的刑罚配置,改变现有管制刑在故意犯罪中的绝对适用毋庸置疑,或者说,增加过失犯罪中管制刑的设置理所应当。最后,还应当从立法上扩大能够适用管制刑的特殊对象,主要是通过刑法总则规定对未成年人、特定年龄的老年人以及符合特殊条件的妇女和生病或残疾人处以管制刑的刑罚内容。在刑罚处置上,未成年人一直都受特别对待,无论是死刑的排除适用还是一贯的从轻或减轻规定,都体现着我国对未成年人的宽容。因此在改进管制刑适用范围的基础上,规定犯罪情节较轻、社会危害性和人身危险性以及主观恶性或再犯可能性不大的未成年人犯罪优先于拘役刑和罚金刑适用管制刑。同理,对 70 岁以上老年人、怀孕或在哺乳期的妇女、患有较重疾病或残疾人也应在上述考量因素下作为特别内容列于刑法总则规定管制刑的法条之中。当然，这种适用对象的扩大是建立在能够适用管制刑之犯罪的基础之上的，需要结合管制刑自身内容和保障措施的完善方才恰当，否则难以发挥管制刑的刑罚效用而反倒放纵犯罪人。因此，扩展管制刑的配置范围是我国对其加以改进的重要内容，这不仅符合国际发展趋势，也有利于我国刑罚体系在轻重刑罚均衡过程中的合理构建。

3. 社会化刑罚措施的纳入

管制刑在我国通常被认为是适用率低的刑种，主要原因是其自身空洞的内容难以体现出管制刑的特殊刑罚效用，并且现有规定又不具有明确的针对性和特殊的强制性内容，即便扩大管制刑的适用范围也不能改变管制刑的实际适用现状，那么就需要适当加大管制刑的刑罚惩罚力度，或者说增强管制刑的刑罚效力。国外刑罚体系中已设置有诸多同管制刑刑罚性质相同的行刑社会化刑罚措施，典型的为社会服务或类似刑种。不过，鉴于我国目前尚不适合直接将域外社会服务等社会化刑罚措施作为独立的刑罚种类纳入刑体系当中，而其确实也具有特定的积极刑罚意义，因此将其作为完善管制刑的内容实则是恰当的选择。诚如前文所述，我国现行刑法关于管制刑的执行规定较为粗糙，并且，执行细则的内容也不适宜列在刑法当中，因而将合理的行刑社会化刑罚措施作为管制刑的强制性义务规定十分必要。

社会化刑罚措施以强制性义务劳动或无偿公益劳动为主要内容，域外亦是通过强制劳动来增加限制自由刑的刑罚惩罚性内容的，即直接在管制刑中加入强制劳动的义务性规定。劳动本身是对犯罪人的一种体力性义务要求，通过特定的劳动让其感受到刑罚的惩罚以及切实体会到限制自由的痛苦，尤其是对非监禁刑罚种类而言更是需要让犯罪人在一定量的劳动中进行改造。况且"劳动具有较强的实践性、形象化、外在化的特征",[1]因此,将其纳入管制刑的具体规定之内更具操作性和现实性。而且,这种劳动是以强制或无偿为前提的,即犯罪人必须进行劳动而无对应报酬。其一方面与我国规定的同工同酬相区别,保障犯罪人基本权利的同时设置刑罚义务来保证管制刑的有效执行;另一方面作为管制刑的刑罚手段或方式又必须附以强制性或无偿性内容,以此体现刑罚对构成犯罪的行为予以否定,并对犯罪人个体施以惩罚。另外,强制劳动的纳入也能或多或少地弥补因犯罪造成的损害、形成管制刑在现实社会中的有罪当罚的积极效应以及平复受害人情绪和恢复社会关系等。[2]至于强制劳动的时间、方式则可根据不同犯罪的情形附以时长与方式各异的劳动内容,一般多为公益性劳动,典型的为在公益组织或公益事业中的义务劳动。这种详细规定可在执行细则中加以设置。当然,强制劳动的纳入是以不影响犯罪人的正常生活和工作为前提的限定内容的。因此,在现行刑法总则关于管制刑规定的义务性内容中加入强制劳动是十分必要的。

4. 易科短期监禁刑的增加

除了通过纳入行刑社会化措施的内容丰富管制刑以外,增加管制刑易科短期监禁刑的规定也能加大其刑罚惩罚力度,并且能在很大程度上保障管制刑的有效执行。笔者之所以提出管制刑易科监禁刑或直接易科为短期拘役刑这一建议,主要是因为我国并未在管制刑中规定不遵守其特定义务的处罚措施,仅就禁止令的违反设置了公安机关的行政处罚。暂不说此规定的

---

〔1〕 阎少华:《管制刑研究》,吉林人民出版社2005年版,第161页。

〔2〕 参见敦宁:《自由刑改革的中国路径》,人民出版社2014年版,第211页。

先刑罚后行政处罚的不对称惩罚,其至少体现出了违反禁止令的惩罚性法律后果。因此,作为管制刑整体,同样需要配以相应的违反其义务的法律后果规定。当下,理论界较为一致地主张在管制刑中增加易科短期监禁刑的规定,具体则是易科拘役刑。一方面,与拘役刑易科管制刑的制度相结合,有效发挥二者的刑罚作用,"对于在管制期间逃避服刑情节严重的,或者严重违反管制内容的,人民法院可以将剩余刑期易科为拘役或者短期有期徒刑来执行"。[1]反之,在执行拘役刑或较短有期徒刑后根据服刑人的实际表现也可将所剩的余刑易科为管制刑。另一方面,考虑到加大管制刑的刑罚强度和提升其刑罚威慑力,即透过刑罚惩罚程度的增强直接给予犯罪人以警示,倘若其在服刑期间违反管制刑的相关规定就要付出代价。不可否认,管制刑易科短期监禁刑的增加在一定程度上会使刑罚趋向重刑,因此,这种方式应作为不得已的最后惩罚手段。本书认为,在增加管制刑易科短期监禁刑的同时,还需设置警告作为适用易科的必要性前提处罚,换言之即规定执行机关对违反管制刑义务的两次警告并责令及时改正的内容,警告无效则易科为短期监禁刑。关于易科的刑期可按两日管制刑折抵为一日拘役刑或短期徒刑的比例进行转换,[2]同时,结合执行拘役刑的特定拘役所也能避免刑罚消极影响作用于管制犯身上。因此,在管制刑中设置易科短期监禁刑的内容既能惩罚违反管制刑义务的服刑人,又能产生较强的刑罚威慑力,并且,还促使其认真遵守管制刑规定和履行相关义务,进而达到教育改造的刑罚目的。

---

[1] 韩玉胜主编:《刑事执行制度研究》,中国人民大学出版社2007年版,第37~40页。

[2] 《刑法》第41条规定:"管制的刑期,从判决执行之日起计算;判决执行以前先行羁押的,羁押一日折抵刑期二日。"由此可以看出,一日的监禁折抵两日的非监禁刑罚,那么以此推出两日的管制刑刑期相当于一日拘役刑刑期。

除却对自由刑中拘役刑和管制刑的完善以外，还需对已然存在的并罚规则所出现的问题加以解决，否则在具体适用中难免会导致刑罚的不公正和不均衡等。在并罚规则中最为突出的是不同种类自由刑并罚的前后矛盾，因此，为保持具体自由刑刑种在适用上的协调一致就需对其进行合理的修正。

（三）并罚规则的修正

我国现行刑法设置的不同种类自由刑的并罚规则有吸收和并科处罚的两种方式，域外国家对此则规定有相加和折抵制吸收等规则。鉴于我国存在的有期徒刑和拘役的吸收同二者与管制的并科之间的冲突，本书认为，可分别采用折抵制和限制加重并用以及并科的规则来应对不同种类自由刑并罚时的情况。

折抵制和限制加重的并用旨在针对有期徒刑和拘役刑并罚时应当采用的适用规则。当下对此设置的有期徒刑吸收拘役刑的规定着实难以做到罪刑间的相适或均衡且易于导致对犯罪人的轻纵。因此，从罪刑相适应原则出发，将拘役刑折抵为有期徒刑之后再遵循限制加重的规则确定最终刑罚是更为恰当的选择。每一个犯罪行为都必然具有一定的社会危害性，且反映出犯罪人某种程度的主观恶性与人身危险性，那么就需要对数罪进行分别认定并作出相应的刑罚处断。这不仅意味着国家通过刑罚对犯罪予以否定，更重要的是对犯罪行为、责任与刑罚方面的综合认定，简言之即做到罪责刑的均衡。因此，只要是实施了犯罪行为，都要对犯罪人进行刑罚处罚。关于现行刑法规定的吸收规则，我们能够较为清晰地看到，但凡作出有期徒刑和拘役两种刑罚，最后都只能呈现单一的有期徒刑刑罚法律后果。这在形式上来看就只体现出对一个犯罪行为所作出的刑罚处罚，并忽视了其他犯罪的刑罚反应，因而不可能对犯罪人的罪责进行全面的评价和考量。基于此，将拘役刑按照1∶1的比例折抵为有期徒刑之后,再与有期徒刑依限制加重的规定确定犯罪人的刑罚,一方面能够对各犯罪行为分别加以评价,另一方面则能作出与犯罪行为相适应的刑罚处罚而不至于罪刑不对称。从刑罚目的论出发,吸收后有期徒刑的刑罚也将拘役本身的报应和预防效果加以抵消,完全体现不了应受拘役惩罚的刑罚报应目的,自然也就将拘役刑的预防作用排除在外。而折抵制和限制加重的并用,"将不同自由刑刑种予以折算,体现罪与罚外在形式的对等性和内在价值的统一性,是报应刑公正主义的追求;用限制加重原则确定刑期,而非将各罪刑期简单相加,是以最小成本力求效益最大化预防刑功利主义的希冀"。[1]因此,其较好地反映出了二元刑罚目的的综合。同时,按照数罪并罚的内在一致性要求,异种自由刑并罚后的法律结果需轻重相当或相互协调。这是在已然存在的吸收原则和并科原则自相矛盾的情形下提出并罚规则的修正。二者法律后果的前轻后重问题导致并罚规则的不一致,进而也会直接造成刑罚不公的处罚局面。一般就刑罚种类而言,有期徒刑和拘役刑数罪并罚的情形显然要比其和管制刑的数罪并罚所体现的犯罪更严重,那么刑罚处罚也自是前者需要重于后者,因此通过折抵和限制加重并用的规则而确定的刑罚就必然是重于单一罪的有期徒刑刑罚且与罪行相符合,如此相较于并科的刑罚方能达到轻轻重重相对称的法律后果。况且,"限制加重原则作为有期自由刑之间数罪并罚的原则,既体现了数罪数罚,使行为人受到应有的报应,实现刑法的正义;同时又避免了并科原则体现的刑罚过于

---

〔1〕 闵辉:"数罪并罚制度研究",华东政法大学2008年博士学位论文,第17页。

严厉"。[1]因此,将拘役折抵为有期徒刑后遵循限制加重规则还能发挥出数罪刑罚本身的积极效用。所以,本书主张将有期徒刑和拘役的吸收并罚规则修正为先折抵后限制加重的综合并罚规则。

至于现行刑法规定的异种自由刑并罚中的并科规则,其主要是在有期徒刑、拘役与管制刑并罚的情形下适用的规则,这实际上是对不同性质的自由刑做出的区别对待,即剥夺自由和限制自由的差异使得数罪并罚的规则有所不同。同样,基于罪刑相适的要求,即便是一罪处以管制刑也依然是对犯罪的否定和对犯罪人的惩罚,那么这种情形下的并科便是合适的并罚规则。本书不主张对其按照折抵和限制加重的规则予以适用,原因在于管制刑本身刑期较短,倘若将其折算为有期徒刑则所剩无几,其即使是在限制加重规则中也易于被忽视或者说对最终刑罚的确定影响不大,并且管制刑的刑罚效用重在社会化教育和改造的方式,这是监禁刑所无法替代的,因此有期徒刑或拘役刑不足以将管制刑纳入其中而仅以有期徒刑处之。因此,针对此类数罪并罚,继续按照并科的规则是合理和恰当的立法选择。

总体而言,通过转变拘役刑、改进管制刑和修正并罚规则能在很大程度上对我国现行自由刑的设置加以完善。不仅仅只是对具体刑种的内容规定做出或多或少的改善,还直接关联到刑罚体系这一整体,典型的为扩大轻刑刑种的适用而旨在改变我国偏重化的刑罚体系内容等。当然,自由刑在我国刑罚体系中依然处于主导地位,并将在一段时间内保持此地位,因此在推动刑罚体系不断向前发展的前提下,还需要加大对财产刑和

---

[1] 牛忠志、曾肖斐:"限制加重原则:拘役与有期徒刑并罚的折算规则选择",载《河南财经政法大学学报》2016年第4期,第116页。

资格刑刑罚内容的调整，从而逐渐形成自由刑与财产刑共同置于中心，辅以丰富的资格刑刑罚的科学刑罚体系。

三、财产刑的调整

在财产刑的刑种设置和具体刑罚配置方面，本书重在分析罚金刑，而未对没收财产刑的问题进行阐述，之所以如此主要是从二者的性质和可调整性两方面进行考虑后做出的侧重性研究。本书主张罚金刑替代没收财产刑而成为我国刑罚体系中唯一的财产刑。在性质方面，罚金刑和没收财产刑均是剥夺一定数量的金钱或财产的财产刑，相对于罚金刑的适用范围，我国将没收财产刑设置于较为严重犯罪的法定刑中。比如，危害国家安全罪中的所有罪名都配置了没收财产刑。不过，其在严重犯罪中也较难体现出自身的特殊价值，或者说即使采用我国对罚金刑的内容规定也能够起到类似作用，尤其是现行规定内的无限额罚金制适用方式无异于没收财产。而且，"如果从预防犯罪的功利性目的来看附加于死刑、无期徒刑之上的没收财产，可以说这样的功利性目的并不存在"。[1]对犯罪人处以死刑或无期徒刑本身就是直接剥夺其生命和长期的人身自由，其再犯的可能或重新犯罪的空间就很小，因此没收财产刑的特殊预防效用实则是难以甚至无法展现的。因此，在刑种的同性质前提下，没收财产刑的存在显得并非必要。在可调整性或补缺方面，没收财产刑的剥夺全部或一部分财产内容在对待不同犯罪和不同犯罪人时所产生的差异刑罚会引起处罚的不公，或者说，每个人的财产状况各有不同，比例或程度相同的没收财产刑也会形成不同的受刑感受，简言之即财产少的犯罪人不易于感受到此

---

〔1〕 李洁：《罪与刑立法规定模式》，北京大学出版社2008年版，第129页。

刑罚的惩罚力度。但是，若是采用类似于罚金刑的特定数额配置方式，就会导致没收财产刑和罚金刑只是刑种名称不同却实质相同的尴尬刑罚设置结果；若是在对待同一犯罪而财产不同的犯罪人时，以财产的多少决定不同的没收财产刑罚，势必会违反形式公正的要求而与实质公正不一致。"在没有形式公正的前提下，追求实质的公正是违反罪刑法定原则的，因为这种情况下司法的自由裁量必不可免，且无限扩大，法律的公正形式荡然无存。"〔1〕因此，对没收财产的弥补或多或少还会存在问题，对其做出的调整也会与罚金刑相类似，基于此何不以罚金刑代之直接对其进行完善，况且罚金刑本身利大于弊，针对其出现的问题进行补救的各种措施也易于操作。另外，借鉴域外国家刑罚体系中涉及的财产刑规定，其中以罚金刑为普遍性财产刑种，而没收财产刑则只占少数，因此，在罚金和没收财产刑中选择前者有一定的依据和现实可能性。因此，通过罚金刑的完善既能够解决已然问题，也能改进整体刑罚体系的内容，具体则是通过将罚金刑升格为主刑和转变其配置方式两方面内容提出建议。

（一）升格罚金刑为主刑

将罚金刑作为我国主刑的一种，即在地位上从附加刑上升为主刑。当下域外国家普遍将罚金刑或与罚金刑性质相同的财产刑列在主刑之内自是不用多说，同时罚金刑升为主刑有其特定的积极意义。这种积极意义一方面源于罚金刑作为刑罚的特定优势，其能有效地避免短期自由刑给犯罪人带来的不利影响且降低国家为长期自由刑所付出的现实代价，那么赋以其主刑的重要地位便有益于加强罚金刑的实际刑罚效力，进而可以更

---

〔1〕 李洁：《罪与刑立法规定模式》，北京大学出版社2008年版，第137页。

好地应对社会经济快速发展过程中不断变化的犯罪现象；另一方面在主刑刑种内纳入罚金刑，直接改变了刑罚体系的整体结构，即转向为由自由刑和财产刑共同占据主导地位的刑罚体系，"这有利于我国刑罚体系向轻缓化、人道化方向发展，有利于更好地体现和贯彻宽严相济的精神"。[1]因此，其能在整体上促使刑罚体系内容的合理构建。事实上，罚金刑升格是国家通过刑事立法对其刑种的高度肯定和加以重视的体现，而且，在法治社会与市场经济融合下，相关经济和财产类犯罪需要与之切合的刑罚予以规制。而运用罚金刑刑罚来处置此类犯罪则会更显益处，因而在刑种设置上提高我国的罚金刑也是一种必然的选择。基于此，罚金刑的升格既能展现刑罚积极作用并改善刑罚体系格局，又具有现实必要性，因此确立罚金刑的主刑地位是合理且恰当的完善措施。除此之外，将罚金刑作为主刑的一种也符合刑罚体系中刑种设置的发展趋势，体现刑种主次更新下刑罚自身的必要性调整，且其与域外大多数国家已经形成的刑罚体系中的罚金刑内容协调并进。

在肯定罚金刑被升为主刑时，就要面对主刑刑种之间是否能够并罚的问题。既然将罚金刑作为主刑的一种，其势必是要突破一罪一主刑的固定规则，而设置罚金刑可与其他主刑并科的内容。当然，这是基于罚金刑的特殊属性而作出的例外规定，此例外是以其他主刑刑种不可在一罪中并用为原则而提出的。传统主刑都以自由刑和死刑为主要刑罚种类，各主刑之间不具有绝对或完全的相容性。换言之即同一个罪若是与有期徒刑刑罚相适应或相对称，其他主刑就不存在适用的可能性，实质是依据罪刑法定原则而不能选择或重于或轻于具体犯罪的主刑，

---

[1] 高铭暄、孙晓："宽严相济刑事政策与罚金刑改革"，载《法学论坛》2009年第2期，第8页。

那么在确定除罚金刑以外的一种主刑后自然排除其他。反观罚金刑则有很大程度的相容性，其不影响自由刑或死刑的适用，而且对待特定犯罪还能发挥出其特有的刑罚效用，抑或是在选择一种具体的自由刑或死刑之后，尚不足以实现对犯罪的预防。尤其是经济类或财产类犯罪，单纯的剥夺、限制人身自由或剥夺生命所起的刑罚效用不具有针对性和预防性，那么就需要罚金刑刑罚处之。不过，在这里必须要明确罚金刑与自由刑并科时的刑罚关系，如果已根据罪刑相适原则决定自由刑处罚又再并处罚金刑，如此必然会形成一个行为双重刑罚的不当重罚结果，因而，为避免出现该结果就势必需要将罚金刑和自由刑结合起来，二者一并体现对犯罪人的均衡处罚。这意味着，罚金刑和自由刑都是各自独立的且能承担一定刑事责任的处罚方式，那么在对一罪判处此两种刑罚时，二者的综合方才恰当。换言之，罚金刑和自由刑分别承担一部分刑事责任，前者重后者轻或前者轻后者重，其中之一的刑罚量度的增大就必然使得另一刑罚量度的减小，任何一个都难以完全作为应对犯罪的刑罚，正可谓是二者并罚时此消彼长的共同刑罚与犯罪人应受的刑罚相一致。这实际上是在立法将罚金刑置于主刑之后对司法适用的要求，即便罚金刑作为附加刑在并处适用时也同样需要和主刑一起适度处置犯罪人，否则超过刑事责任限度的刑罚就必然是不公正的处罚。因此，如今将罚金刑升格就更应当保持其与自由刑并处的责任分担方式，严格遵循罪责刑的均衡适用而勿枉勿纵。

同时，与罚金刑主刑地位相配套的还需借鉴域外经验建立罚金刑易科制度，在我国罚金刑存在难以执行的时候可设置易科为短期自由刑的规定，这也是保障与其主刑地位相对应的刑罚惩罚力度的重要内容。罚金刑易科为短期自由刑，即在执行罚金刑过程中出现特定情形使其不能顺利执行时，可以一定刑期的自由刑代之。这种特定情形通常是犯罪人具有缴纳罚金的能力而不愿意或者做出转移财产等行为，其犯罪人具有明显的主观恶性且付之行动，那么就有必要进行补救性内容设置，因此在上述严重不执行罚金刑的情况下将其易科为短期自由刑较为恰当。况且，基于罚金刑与自由刑在刑罚性质上存在的很大差异，不加区分地易科会导致刑罚严苛的重刑结果，因而，本书主张易科短期自由刑仅在特定情形时适用。除此之外，根据罚金刑在实际执行中的其他情形，还可另外规定易科为强制性劳动作为一定程度的惩戒。这建立在犯罪人本身确实存在困难难以足额缴纳罚金或者出现灾祸等情况的基础上，其已不具备缴纳的能力，再执行未免是强人所难。因而将易科强制劳动的规定纳入罚金刑中，可使犯罪人用自身劳动作为其未能缴纳罚金的替代措施。相比易科短期自由刑和易科强制劳动，后者显然能够避免监禁的消极影响和降低易科刑罚失衡的可能性，并能促进犯罪人积极的改造和良好的复归。因此，易科强制劳动更显合理，故在现行刑法关于罚金刑减免规定中增加确实无法缴纳，可按应缴纳罚金数额易科为强制劳动。不过，考虑到犯罪人恶意不缴纳或阻碍罚金刑执行等情况，仍然要做易科短期自由刑的规定，以此发挥刑罚的威慑效果而防止特定情形的再出现，最终保证罚金刑的顺利执行。至于罚金刑的易科比例，强制劳动作为其所包含的内容可根据实际劳动的量和成果来衡量罚金数额，此二者的比例直接参照市场经济下劳动的价值即可；对于易科短期自由刑则可借鉴国外规定，一日的剥夺自由刑可与二日的未缴纳罚金相折抵，具体如何易科可由立法者结合本国实际情况进行设置，本书在此仅提供一定的建议作为参考。

除却罚金刑升格为主刑以外，我国财产刑的具体配置方式也需进行相应的调整，无论是适用范围、适用方式还是适用数额均已经出现了或多或少的问题，而且其也不足以支撑罚金刑的主刑地位。因此，转变财产刑配置方式是完善我国财产刑内容的重要部分。

(二) 转变财产刑配置方式

财产刑配置方式的改变包括适用范围、适用方式以及数额设定三方面。在适用范围分布方面，扩大能够适用罚金刑的罪名分布，主要集中在经济类和财产类等贪利性犯罪。具体是在尚无罚金刑配置的渎职罪内予以设置。虽然渎职罪是对国家机关正常活动的侵犯，但是由于渎职行为所导致的往往是国家、社会或个人财产与利益的受损，其实质上也包含着"以权谋私"的贪利性意图和行为，那么对其配以罚金刑无可厚非。同时，对于已经存在罚金刑刑罚的贪污贿赂罪，继续扩展配置，充分展现出了罚金刑在涉及金钱财产利益犯罪上的刑罚惩罚和预防作用。鉴于我国罚金刑大多设置在故意犯罪中的现实规制，相较之下过失犯罪无论是从犯罪人的主观恶性还是人身危险性上来看，均小于故意犯罪的人。这符合罚金刑刑罚的内在属性要求，故应当加大其对过失犯罪的适用。比如在军人违反职责罪中的过失犯罪就可在其法定刑内设置罚金刑。较轻的过失犯罪更应当配置罚金刑，因而本书建议对法定最高刑为短期自由刑的罪名均可添加罚金刑刑罚。由于我国在罚金刑适用范围的配置上只看罪名而不考虑特殊对象，这导致没有独立收入来源的未成年人在符合特定犯罪时也能适用罚金刑的情形，这样难免有罚不当其人的尴尬。因此，本书建议新设未成年人不适用罚金刑的规定。并且，在对待单位犯罪予以处罚时，除罚金刑单一地适用于单位外，还需对其主要责任人设置罚金刑，毕竟拟制的单位或法人均是由个人来操纵的，而对个人的自由刑处罚不足以遏制其再犯，因此，双罚制的罚金刑设置方才恰当。总的来说，罚金刑的适用范围应在我国刑法分则的罪名分布中再扩大。

在选择适用方式方面，即从目前以并科尤其是必并科为主的适用方式转变为以选科为主、可并科和单科为辅的方式。并科特别是必并科的罚金刑适用方式所呈现的弊端在前文已有详细论述，可见，改变这种方式成为立法的必然选择。借鉴域外罚金刑的规定，结合罚金刑主刑地位和适用范围的逐渐扩大，以选科为主、可并科和单科为辅的适用方式更为合理。罚金刑的选科方式既能体现其主刑的独立性，又给予司法裁量作出具有选择性刑罚处罚的可能，并且符合轻罪在刑罚上的反映。选科制实际上并非是绝对适用罚金刑的方式，其不像必并科和单科那样绝对适用，而是留有灵活的司法操作空间，在实际适用时综合犯罪情节和犯罪人等具体情况之后决定是否判处罚金刑或其他，如此降低了绝对处以罚金刑的概率，反倒或多或少地减少了罚金刑执行不能或执行难问题的出现。同时，伴随着罚金刑的适用范围得以不断扩大，其对轻罪的普遍配置也决定了选科制的必要。与轻罪相适应的刑罚并非只能是罚金刑，但罚金刑却也是处置其不可或缺的一种，因此选科自然是最为合适的适用方式。而且，从应对复杂多变的犯罪现象的角度出发，罚金刑的选科方式也是对不同程度的犯罪和相差有别的犯罪人的综合考虑，但凡与罚金刑刑罚不相均衡，还能选择其他刑种加以处置，进而不至于因固定的单科罚金刑而刑罚力度不足或因必并科而刑罚过度。因此，选科方式具有天然的优势或益处。以可并科和单科为辅，是作为选科的附属而适用的方式。可并科是罚金刑作为主刑的例外并处方式，也是针对经济类和财产类等特定犯罪的特殊适用方式,因而不能将其作为主要的适用方式,否则罚金刑易于陷入形式上高适用而实质上低效用的境地,还会使刑罚体系的设置走向重刑化道路。因此,适当的可并科配置方式在灵活选择的基础上,较为合理地处置犯罪人,不过仍然需要正确衡量和判断罚金刑并科自由刑的处罚量度。对于单科罚金刑的设置,考虑到罚金刑本身的刑罚强度和逐渐扩大适用等情形,过多的单科方式在给人造成"以钱赎刑"感官的同时固定的刑种适用较难实现其刑罚目的。因而我国罚金刑的单科适用方式仅能针对相对更为轻微的过失犯罪加以设置,即使是在扩大罚金刑适用范围时,单科也只能在轻微犯罪中进行展开且不宜盲目扩散。另外,我国还存在复合制的罚金刑适用方式。不过,有学者直接否定了此种方式:"将复合罚金刑的模式废除,将刑法条文中的各个适用复合罚金的罪名都改为适用选科罚金。"[1]本书则认为,应当继续保留复合制方式。一方面,由于现实犯罪的变化多样,即使是符合同一犯罪构成的行为也是类型化行为,罪名相同而犯罪程度不同是较为常见的。也正因如此,我国刑法对罪名法定刑内部的配置才会出现差异刑罚,因此对待不同情节或结果的同罪名犯罪就必然需要做出相差有别的罚金刑适用,因而复合制方式有其必要性。另一方面,复合制的灵活性也为司法适用提供了选择的余地,而不至于笼统地适用单一的罚金刑方式。当然,复合制也不宜随意扩大,毕竟在立法上给予过多的自由裁量也不够恰当,尤其是我国仍在不断优化司法实践尚未达到成熟的阶段,还需谨慎地对其加以限制。所以,就目前而言,在设置罚金刑的具体适用方式上,理应更新为以选科为主、可并科和单科为辅的方式,如

---

[1] 曹宪强:"罚金刑立法研究",载赵秉志主编:《2006年度中国刑法学年会论文集》,中国人民公安大学出版社2006年版,第843页。

此既能有效地发挥出其刑罚作用，也可在一定程度上与域外财产刑设置相符合，进而促使罚金刑的科学、有效适用。

在确定适用数额方面，即数额的设置应以限额制为主。纯粹概括性的"处以罚金"和无限额罚金制的刑罚适用实质是立法对数额的不确定规制，这种不确定或不明确作用下的刑罚不公显而易见，而且，此种刑罚配置方式也被大多数国家所一致摒弃。因此，大幅度地减少其在我国现行刑法各罪名的法定刑内的设置，改以限额制的方式较为恰当。限额制内含的数额下限和上限或者是以单设最高额的方式形成一个固定的适用范围，其具有的相对确定性能够在遵循罪刑法定和罪刑相适应原则下灵活地适用于各种犯罪。不过，我们也不可否认限额制存在着一定的弊端。典型的是与经济发展的适应问题，毕竟刑法的制定是建立在当下或之前的社会大环境之上的，经济因素等作用会致使罚金刑数额的不足或过高而难以展现其刑罚力度，因而适度地调整罚金数额的幅度就成了必要的立法选择。从实质上来看，刑法修正是改善成文法的重要措施，而罚金刑数额的变化也是其中的一部分。基于社会经济的状况不会在短时间内出现极高或极低的波动，由此引起的修正不会导致频繁的立法，且经历一定时间的调整也是符合刑罚进化和刑法发展的内在要求的。因此，限额制始终能较为全面地反映罚金刑的适用和应对不同程度的犯罪，在我国以限额制为主的数额设置是较为合适的罚金刑数额规定方式。同时，在对待特殊犯罪时则应合理运用倍比制方式并设置最高额度加以限制。一定倍数或比例的方式在经济类犯罪中具有一定的优势，由于经济类犯罪本身就与金钱数额或财产数额存在关联，因此以相关犯罪所得或犯罪造成的损失为标准能够确地罚金的数额。但是，现存的诸多参照标准仅对经济类犯罪可以有效适用，而不便置于其他类罪当中,因而将其保留在特定类罪的罪名之内较为合理。并且,倍比制的过高倍数或比例会引起罚金虚高的结果,不利于罚金刑刑罚效用的实现,对此主张设置最高限额以防止罚金刑普遍适用中低执行局面的形成。另外,具体采用哪一种标准是一个相对很难的立法技术问题,即使是同属经济类的各罪也在具体情节和结果上存在差异,设置完全统一的标准是不太现实的。因而现行刑法中的各种标准的规定尚不能够直接予以废止,至少其能针对不同犯罪作出对应的处置。所以,合理设置倍比制也是补充限额制的重要罚金刑数额配置方式。基于以上分析,包含二者在内的复合数额计算规则同罚金刑的复合科处一样也有存在的空间,但仍需综合考量之后予以适量的配置,而以限额制为主、辅以倍比制则是当前调整罚金刑数额确定的有效规制方式。

综上所述,我国财产刑的调整首先需要加大对罚金刑的重视而将其升格为主刑的一种,然后即是转变财产刑的配置方式以配合罚金刑。单纯地提升罚金刑的刑种地位而不随之做出对应的刑罚配置,只是形变质不变的刑种位置变化,毫无刑罚转变的积极意义。罚金刑具体配置的转变而不随之将其地位加以提升,难以充分体现出刑罚效用且产生地位与配置的冲突。这意味着二者之间存在必然的牵连,无论是改变罚金刑地位还是改进其具体内容配置,均需做出共同调整才是全面的完善措施。因此,本书建议提升附加刑为主刑的同时势必转变其在各罪中的法定刑配置,进而形成恰当、有效的罚金刑整体刑罚内容。

四、资格刑的扩充[1]

我国目前在资格刑设置上的欠缺,尽管已经通过新增的

---

[1] 参见向准、乌画:"我国财产刑扩张下的资格刑发展",载《华侨大学学报(哲学社会科学版)》2016年第1期,第95~97页。

"职业禁止"规定得到一定的改善，但其仍然未能从根本上改变我国现行刑法中已经形成的整体资格刑框架。只能说，"职业禁止"内容的加入给资格刑刑罚在我国的发展带来了较好的扩展路径，但依然不足以完整地展现资格刑的全部内容以及其所具有的刑罚效用。因此，在逐渐朝着轻缓化方向的发展趋势之下，扩充我国资格刑的内容势在必行。具体扩充包括整体资格刑种类的增加和现有剥夺政治权利刑的改进，而其置于附加刑的地位则保持不变，且能以附加的方式充分展现其刑罚价值。

(一) 资格刑的增设

1. 升格"职业禁止"为资格刑的一种

职业禁止作为资格刑中所涵盖的内容之一，将其升格为具体资格刑的一种（即禁止从事特定职业的权利）是必要的。如今，其以非资格刑种类的形式在我国现行《刑法》中予以规定，尤其是将职业禁止置于非刑罚处罚措施之后，明显不合适。而且，基于刑罚与犯罪的对称性，[1]自然需要运用职业禁止的刑罚对利用职业进行的犯罪加以处罚。因此，应将其列入资格刑的具体种类当中，与剥夺政治权利、驱逐出境相平衡。

同时，将职业禁止升格为资格刑的刑种，有利于资格刑本身的内容扩展以及产生更宽泛的预防效应。通过职业禁止刑凸显其对特定职业的限定和约束，一旦打破职业规范进行犯罪行为或者意图再犯罪，就将受到剥夺从事特定职业资格的刑罚，从而丧失再次利用该资格进行犯罪的机会。这对一般从业人员是一种警示和防范，对犯罪人则起到特殊预防作用，而且也是维护职业体制的秩序平稳、健康、向上的发展。

另外，针对我国刑法之外的法律法规当中存在着大量对特

---

〔1〕［意］贝卡里亚：《论犯罪与刑罚》，黄风译，中国大百科全书出版社1996年版，第65页。

殊职业禁止规定的兼具资格刑性质的行政处罚内容，应当将其予以整合。[1]尤其是存在二者不一致规定时，避免刑罚权对行政权的依赖和冲突，就更需要统一。因此，将涉及特定职业资格的处罚集中于刑法规定的资格刑之内，严格适用对象、适用条件以及适用期限等内容，保持对职业禁止刑的一致运用，罚当其罪、宽严相济。

剥夺特定职业资格符合刑罚经济性的内在要求，是非监禁刑的一种形式，防止监禁所引起的交叉感染与再社会化难等问题的出现。

2. 增设剥夺从事特定行为的资格刑

既然将职业禁止作为一种资格刑内容，那么剥夺从事特定行为也应是资格性的另一种重要内容。剥夺从事特定行为的权利意为对从事一定的营业或商业行为以及其他行为权利的剥夺。通过禁止犯罪人从事特定的行为，防止其再犯。"从大陆法系国家立法来看，剥夺从事特定行为的权利常见的有禁止驾驶，禁止从事某种商业、营业活动以及其他禁止从事的行为。"[2]相对我国，犯罪不仅仅限于一定职业的犯罪，还会出现特定行为的犯罪，典型的如危险驾驶。危险驾驶在我国《刑法修正案（八）》时已经以新罪名的方式列入刑法规制之内，其社会危害性显而易见。与此同时，一些利用交通工具进行犯罪的行为等也给社会带来危害，因此增加此类资格刑有其必然性。至少，通过禁止从事特定行为的资格刑可达到有利于预防与此相关的犯罪的目的。

---

〔1〕 参见尹晓闻："禁止从事职业处罚措施升格为资格刑的根据"，载《华南理工大学学报（社会科学版）》2015年第5期，第70~71页。

〔2〕 马克昌主编：《外国刑法学总论（大陆法系）》，中国人民大学出版社2009年版，第440~441页。

3. 增设单位犯罪的资格刑

我国现行《刑法》对单位犯罪的主要规定在第30条、[1]第31条[2]之内。不过，对单位犯罪的刑罚只有罚金刑，尽管罚金刑在适用上便捷有效，但相对于单位犯罪而言则作用有限，即不仅是缺乏对犯罪单位的对称性惩罚，更重要的是难以起到预防效用。财产刑在面对单位经济犯罪时难免显得无力。而且，当下单位犯罪现象愈加频繁、严重，其所牵涉的范围和侵害的权益也呈扩大之势。因此，有必要改变刑法对单位的刑罚处罚机制，增加适用于单位犯罪的新刑种。

实际上，我国现有的行政法规已经存在了对单位及内部人员进行非法经营活动等违法行为的规制，比如停业整顿、吊销营业执照甚至直接强制解散等行政性质的制裁措施。因此，在考虑增设单位犯罪的资格刑时可以将行政制裁措施刑罚化为资格刑的具体种类。站在刑法的高度，与单位行为的危害程度相匹配。同时，在我国增设单位犯罪的资格刑也是汲取国外对法人犯罪的资格刑设置[3]的丰富内容，以便更好地解决本国的问题。

在此，针对单位犯罪适用的资格刑可增设三种：第一种是停业整顿，即"对犯罪单位在一定的期限内，剥夺其从事工商活动的权利的一部或全部的刑罚"。[4]这既是对单位的惩罚也是

---

[1]《刑法》第30条规定："公司、企业、事业单位、机关、团体实施的危害社会的行为，法律规定为单位犯罪的，应当负刑事责任。"

[2]《刑法》第31条规定："单位犯罪的，对单位判处罚金，并对其直接负责的主管人员和其他直接责任人员判处刑罚。本法分则和其他法律另有规定的，依照规定。"

[3] 西方国家刑法典中大多数都规定有法人犯罪的资格刑，比如法国刑法典就规定了十多种法人犯罪的刑罚。《法国新刑法典》，罗结珍译，中国法制出版社2003年版，第139-39条。

[4] 参见李荣："我国刑罚体系外资格刑的整合"，载《法学论坛》2007年第2期，第66~68页。

对单位再犯的防范，责任与预防相结合。当然，通过限期整顿之后将重新获得营业的权利。第二种是限制从事业务活动，意为从业务经营范围、地域范围以及对象范围等方面限制单位从事业务活动。这类在司法实践的评判中很重要，需要考量具体限定的内容，即涉及可能利用该项业务资格进行犯罪的因素。第三种是强制撤销，实际上就是对犯罪单位的消除，相当于自然人的生命刑。通过撤销犯罪单位，消除其用来实施具有危害社会的行为所载的组织体，进而彻底防止犯罪发生。这一资格刑种类是对单位最为严厉的刑罚，意味着单位的"死刑"，那么就应当在适用上更加谨慎。在考量社会危害程度的同时，结合适用的必要性和有效性，比照对自然人处以刑罚的严格限制予以衡判，避免对单位过度或不当地适用刑罚。

（二）剥夺政治权利内容的更新

基于我国现行《刑法》中剥夺政治权利资格刑的政治性、模糊性及适用机械化问题，未能很好地体现其在现代刑罚意义上的价值和效应。在当下社会，倘若剥夺的权利依旧限定在政治否定内容中，则难免损害社会民主性发展。可见，剥夺政治权利刑名本身就有缺陷，再加之具体内容的针对性和适用的灵活性需求，应将剥夺政治权利内容作以下改进。

1. 审慎剥夺政治权利具体内容

在带有政治色彩的剥夺政治权利规定中，笔者认为应当将现有内容予以拆解。实际上就是作去政治化处理改为"剥夺特定权利"，然后具体列举权利。保留剥夺选举权和被选举权的同时，改涉及公权的为禁止担任特定职务的权利。对于"言论、出版、集会、结社、游行、示威自由的权利"这一规定，作为宪法所规定的公民所具有的基本自由权利，从保护公民最为基本的权利视角来说，且其存在具体操作上的难以实现性，取消更为合理。

2. 适用对象具体化

如前文所述，对于剥夺政治权利能够得以适用的规定均是较为模糊和抽象的，不利于其在司法过程中的具体适用。本书认为可将总则中的这一规定去除，直接在分则中对具体罪名中适用资格刑的条文加以细化。如同财产刑的规定一样，在分则个罪条文中直接附以法定刑内容，这也是资格刑与财产刑在刑法中保持一致的必要转变。

3. 实行分立制资格刑适用

我国在适用资格刑时，采取一经判处全部剥夺制的机械化适用，往往会造成全盘否定的不利效果。因而，借鉴外国分立制的设置，在我国刑法中将各种具体的权利或资格分列，在适用时进行有选择地剥夺所列的部分权利。分立制旨在加强资格刑的针对性和更为符合刑罚个别化的要求，改变我国适用资格刑的方式，使之更为灵活有效。

综合上述，通过对资格刑具体刑罚内容的增加和调整，我国资格刑改革后将能够适用于自然人和单位两大类主体，并且涵盖以下四类权力或资格：①剥夺选举权和被选举权；②剥夺从事特定职务的资格；③剥夺从事特定职业或行为的资格；④驱逐出境。这不仅能够丰富我国现有资格刑的内容，还能更好的发挥出资格刑地刑罚功效。

本章重在根据我国现行刑罚体系存在的具体问题，选择符合第五章理念的域外可借鉴经验或者根据理念原则之要求，意在对现有刑罚种类和具体配置的规定提出合理和恰当的完善建议。纵使此章未对所有刑罚种类进行逐一的剖析和研究，但却着重针对我国较为突出的刑种和配置问题做出对应性的详细阐释，从而尽可能地先行解决已然存在的重点刑罚体系问题，为我国科学刑罚体系的构建撑起整体良性框架的同时形成主要且丰富适宜的刑罚内容。毕竟在我国现行刑罚体系基础上的改进并非一蹴而就，因此采用先重后轻的选择性革新方法才是本书认为的有效路径。

结 语

　　刑罚体系作为与国家相伴而生的立法产物,一直是世界各国共同关注和探讨的理论难题。如今无论是从刑罚体系整体出发还是将其细分为各个具体刑种或配置的部分进行分析,都已存在大量的研究成果,而且域外大多数国家也将理论运用于实践操作当中,形成了较为成熟的刑罚体系内容。

　　反观我国刑罚体系内具体刑罚内容得以适用的现实情况,诸多司法裁量时的尴尬和刑罚结果的不公等均映射出刑罚立法规定之间的不协调或不一致,加之刑法立法本身存在不合理或不恰当之处,致使现行刑罚体系整体和部分均在应对犯罪现象时有所不适,那么如何将其进行改善成为我国当下应予以重视的问题。

　　尤其是随着社会的不断发展与法治的逐渐推进,刑罚理念更新的同时,刑罚自身也经历着与其相适应的"优胜劣汰"之进化过程,因而对具体刑罚内容的调整具有一定的内在必然性。并且,在轻刑化的刑罚趋势引领下,转变我国较为突出的重刑化刑罚体系内容成为当下与国际刑罚发展相符合的外在要求。基于此,本书旨在明晰我国现行刑罚体系存在的主要刑种及其配置问题,而后以对应的方式提出具体的完善建议,希冀通过刑法立法规定的改变或更换形成有效处置犯罪的刑罚体系并促进其自身内容的科学发展。

结 语

　　同时，在理论指导立法实践的前提下，本书对我国刑罚体系内容加以调整的措施或方法均建立在一定的理论基础之上，而后参考主流刑罚理论的观点将原有的单一刑罚目的论、偏严化刑事政策论以及以社会保护为主的刑法社会保护机能论，更新为以兼具报应与预防的二元刑罚目的论、宽严相济的刑事政策论与以人权保障为主的刑法社会保护机能论，以此共同作为新刑罚体系构建的基础理论支撑。相对于单独理论分析后的相应刑罚修订内容而言，集中地将三大理论结合运用于刑罚体系的研究进而形成的具体完善建议在一定程度上更具综合性或协调一致性，且更着眼于刑罚积极效应的整体发挥。那么，以应然刑罚理论为依据方能作出既有针对性又具全面性的刑罚体系内容，这也是本书较为注重和突出的地方。

　　基于全书的落脚点是对我国现行刑罚体系的完善，刑罚制度本身又随着社会的变化逐渐与其相符合，因而刑罚体系的内容也是不断改进并得以优化的。只不过，要想从整体刑罚体系的视角出发，全面细致地一一阐释所有具体刑罚种类和配置的内容是难以达到的，或者说作为单纯的理论分析与立法建议也是可选择性的重点研究。即使本书站在我国刑罚体系的高度，也仅就目前争议较多的问题加以剖析并予以解决，换言之即有针对性地调整刑罚体系的内容规定。当然，刑罚并不是从根源上解决犯罪问题的方法，但却是对犯罪做出及时应对的处罚手段，至少其能够直接产生惩戒与特殊预防效果而后间接发挥出一般预防作用，亦为迅速控制犯罪的有效措施。因此，继续调整刑罚体系的内容是旨在体现刑罚效应的主观目的与客观处置现实犯罪相结合的理性选择。

　　不可否认，本书在问题阐释和完善建议方面尚不周全，依然存在一些分析不够清晰的地方，尤其是涉及刑罚执行方面的规定，由于欠缺实践经验而难以明确地给出具体的解决方法。同时考虑到刑罚体系的科学发展趋势是不可逆转的，那么仍须更加深入地对我国刑罚体系进行理论研究，且在立法实践规制中做出相应的转变。因此，本书也仅是立于阶段性的较窄视阈而做出的研究，意在提供稍有价值的刑罚规定内容以解决现有问题。毕竟刑罚体系的调整是一个整体工程，不仅需要恰当地理论予以支撑，还需经历一个较长的变革过程。纵使如此，随着我国刑罚理论与规制的发展成熟，必然能够形成更为合理、有效及科学的刑罚体系。

参考文献

一、著作类

1. 王牧主编:《新犯罪学》(第 3 版),高等教育出版社 2016 年版。
2. 张明楷:《刑法学》(第 4 版),法律出版社 2011 年版。
3. 马克昌、卢建平主编:《外国刑法学总论(大陆法系)》(第 2 版),中国人民大学出版社 2016 年版。
4. 曲新久等:《刑法学》(第 6 版),中国政法大学出版社 2016 年版。
5. 曲新久主编:《刑法学》(第 4 版),中国政法大学出版社 2011 年版。
6. 高铭暄、马克昌主编:《刑法学》(第 5 版),北京大学出版社、高等教育出版社 2011 年版。
7. 王作富主编:《刑法》(第 4 版),中国人民大学出版社 2009 年版。
8. 司法部法学教材编辑部编辑,高铭暄、马克昌主编:《刑法学》(上编),中国法制出版社 1999 年版。
9. 陈兴良:《本体刑法学》,商务印书馆 2001 年版。
10. 储槐植:《刑事一体化论要》,北京大学出版社 2007 年版。
11. 宋伟卫、丁玉玲:《刑罚结构的设置与调整》,河北大学出版社 2014 年版。
12. 曲新久:《刑法的精神与范畴》(2003 年修订版),中国政法大学出版社 2003 年版。
13. 王志亮:《刑罚学研究》,中国法制出版社 2012 年版。
14. [德] 弗兰茨·冯·李斯特:《德国刑法教科书》,[德] 埃贝哈德·施密特修订,徐久生译,何秉松校订,法律出版社2000年版。
15. 高铭暄、赵秉志主编:《刑罚总论比较研究》,北京大学出版社2008年版。
16. 马克昌主编:《外国刑法学总论(大陆法系)》,中国人民大学出版社2009年版。
17. 邓文莉:《刑罚配置论纲》,中国人民公安大学出版社2009年版。
18. [英]吉米·边沁:《立法理论》,李贵方等译,中国人民公安大学出版社2004年版。
19. 蔡一军:《刑罚配置的基础理论研究》,中国法制出版社2011年版。
20. [意]贝卡里亚:《论犯罪与刑罚》,黄风译,中国大百科全书出版社1993年版。
21. [德]威廉·冯·洪堡:《论国家的作用》,林荣远、冯兴元译,中国社会科学出版社1998年版。
22. 张小虎:《刑罚论的比较与建构》(上卷),群众出版社2010年版。
23. 樊凤林主编:《刑罚通论》,中国政法大学出版社1994年版。
24. 侯国云主编:《中国刑法学》,中国检察出版社2003年版。
25. 徐久生:《刑罚目的及其实现》,中国方正出版社2011年版。
26. 李川:《刑罚目的理论的反思与重构》,法律出版社2010年版。
27. [美]约翰·列维斯·齐林:《犯罪学及刑罚学》,查良鉴译,木子勘校,中国政法大学出版社2003年版。
28. [德]汉斯·海因里希·耶赛克、托马斯·魏根特:《德国刑法教科书》,徐久生译,中国法制出版社2001年版。
29. [英]边沁:《道德与立法原理导论》,时殷弘译,商务印书馆2000年版。
30. 马克昌主编:《近代西方刑法学说史略》,中国检察出版社1996年版。
31. [德]克劳斯·罗克辛:《德国刑法学总论》(第1卷:犯罪原理的基础构造),王世洲译,法律出版社2005年版。
32. [日]大谷实:《刑法总论》,黎宏译,法律出版社2003年版。
33. 马克昌主编:《刑罚通论》,武汉大学出版社1999年版。
34. 陈兴良:《刑法适用总论》(第2版·下卷),中国人民大学出版社

2006年版。

35. 韩轶：《刑罚目的的建构与实现》，中国人民公安大学出版社2005年版。

36. 谢望原：《刑罚价值论》，中国检察出版社1999年版。

37. 张明楷：《刑法学》（第5版·上），法律出版社2016年版。

38. 曲新久：《刑事政策的权力分析》，中国政法大学出版社2002年版。

39. [法]米海依尔·戴尔玛斯-马蒂：《刑事政策的主要体系》，卢建平译，法律出版社2000年版。

40. 魏东：《刑事政策原理》，中国社会科学出版社2015年版。

41. 卢建平：《刑事政策与刑法》，中国人民公安大学出版社2004年版。

42. 赵秉志主编：《刑事政策专题探讨》，中国人民公安大学出版社2005年版。

43. 卢建平主编：《刑事政策学》，中国人民大学出版社2007年版。

44. [日]大谷实：《刑事政策学》，黎宏译，法律出版社2000年版。

45. 蒋熙辉等：《刑事政策之反思与改进》，中国社会科学出版社2008年版。

46. 谢望原等：《中国刑事政策研究》，中国人民大学出版社2006年版。

47. 魏东主编：《刑事政策学》，四川大学出版社2011年版。

48. 曲新久：《刑法学原理》，高等教育出版社2009年版。

49. [日]木村龟二主编：《刑法学词典》，顾肖荣、郑树周译校，上海翻译出版公司1991年版。

50. 柳忠卫：《刑事政策与刑法关系论》，法律出版社2015年版。

51. 陈家林：《外国刑法通论》，中国人民公安大学出版社2009年版。

52. 张明楷：《外国刑法纲要》（第2版），清华大学出版社2007年版。

53. 邱兴隆、许章润：《刑罚学》，中国政法大学出版社1999年版。

54. [德]康德：《法的形而上学原理——权利的科学》，沈叔平译，林荣远校，商务印书馆1991年版。

55. [德]黑格尔：《法哲学原理》，范扬、张企泰译，商务印书馆1961年版。

56. 邱兴隆：《关于惩罚的哲学——刑罚根据论》，法律出版社2000年版。

57. 韩忠谟：《刑法原理》，中国政法大学出版社 2002 年版。
58. ［意］切萨雷·贝卡里亚：《论犯罪与刑罚》，黄风译，北京大学出版社 2008 年版。
59. 陈兴良：《刑事法治论》，中国人民大学出版社 2007 年版。
60. 邱兴隆：《刑罚理性导论——刑罚的正当性原论》，中国政法大学出版社 1998 年版。
61. 张文等：《十问死刑——以中国死刑文化为背景》，北京大学出版社 2006 年版。
62. 胡云腾：《存与废——死刑基本理论研究》，中国检察出版社 2000 年版。
63. 黄华生、舒洪水：《死刑适用的原理与实务》，中国人民公安大学出版社 2012 年版。
64. Robert M. Baird & Stuart E. Rosenbaum, Punishment and The Death Penalty: The Current Debate, Prometheus Books 1995.
65. 康均心：《理想与现实——中国死刑制度报告》，中国人民公安大学出版社 2005 年版。
66. 贾宇主编：《死刑研究》，法律出版社 2006 年版。
67. 邱兴隆主编：《比较刑法》（第 1 卷：死刑专号），中国检察出版社 2001 年版。
68. 曾赛刚：《死刑比较研究》，吉林大学出版社 2012 年版。
69. 张明楷：《刑法分则的解释原理》，中国人民大学出版社 2004 年版。
70. ［日］曾根威彦：《刑法学基础》，黎宏译，法律出版社 2005 年版。
71. 樊凤林主编：《刑种通论》，中国政法大学出版社 1994 年版。
72. 陈志军：《短期自由刑的困境与出路》，中国政法大学出版社 2015 年版。
73. 张德军：《中国自由刑制度改革研究》，中国政法大学出版社 2014 年版。
74. 陈兴良主编：《刑种通论》（第 2 版），中国人民大学出版社 2007 年版。
75. 马登民、徐安住：《财产刑研究》，中国检察出版社 2004 年版。
76. 李洁：《论罪刑法定的实现》，清华大学出版社 2006 年版。

77. 劳东燕:《刑法基础的理论展开》,北京大学出版社 2008 年版。
78. 《法国新刑法典》,罗结珍译,中国法制出版社 2003 年版。
79. 时延安、王烁、刘传稿:《〈中华人民共和国刑法修正案(九)〉解释与适用》,人民法院出版社 2015 年版。
80. 赵秉志主编:《〈中华人民共和国刑法修正案(九)〉理解与适用》,中国法制出版社 2016 年版。
81. 李洁:《罪与刑立法规定模式》,北京大学出版社 2008 年版。
82. [挪威] 约翰尼斯·安德聂斯:《刑罚与预防犯罪》,钟大能译,曹智安校,法律出版社 1983 年版。
83. [日] 川出敏裕、金光旭:《刑事政策》,钱叶六等译,中国政法大学出版社 2016 年版。
84. [日] 大谷实:《刑事政策学》(新版),黎宏译,中国人民大学出版社 2009 年版。
85. 龙腾云:《刑罚进化研究》,法律出版社 2014 年版。
86. 赵秉志等编著:《穿越迷雾:死刑问题新观察》,中国法制出版社 2009 年版。
87. 王松丽:《我国废除死刑的立法研究》,合肥工业大学出版社 2012 年版。
88. 赵秉志主编:《英美刑法学》(第 2 版),科学出版社 2010 年版。
89. 《西班牙刑法典(截至 2015 年)》,潘灯译,中国检察出版社 2015 年版。
90. 房清侠:《刑罚变革探索》,法律出版社 2013 年版。
91. [日] 牧野英一:《日本刑法通义》,陈承泽译,李克非点校,中国政法大学出版社 2003 年版。
92. 《最新意大利刑法典》,黄风译注,法律出版社 2007 年版。
93. 《俄罗斯联邦刑事法典》,赵路译,中国人民公安大学出版社 2009 年版。
94. 《德国刑法典》(附德文),冯军译,中国政法大学出版社 2000 年版。
95. 《日本刑法典》(第 2 版),张明楷译,法律出版社 2006 年版。
96. 《希腊刑法典》,陈志军译,中国人民公安大学出版社 2010 年版。

97. 《美国模范刑法典及其评注》，刘仁文、王祎等译，法律出版社 2005 年版。
98. 储槐植、江溯：《美国刑法》（第 4 版），北京大学出版社 2012 年版。
99. 孙利：《经济犯罪研究与刑法适用》，中国检察出版社 2001 年版。
100. 冯卫国：《行刑社会化研究——开放社会中的刑罚趋向》，北京大学出版社 2003 年版。
101. 阎少华：《管制刑研究》，吉林人民出版社 2005 年版。
102. 敦宁：《自由刑改革的中国路径》，人民出版社 2014 年版。
103. 韩玉胜主编：《刑事执行制度研究》，中国人民大学出版社 2007 年版。

二、期刊论文集类

1. 梁根林："解读刑事政策"，载陈兴良主编：《刑事法评论》（第 11 卷），中国政法大学出版社 2002 年版。
2. 周少华："刑罚目的观之理论清理"，载《东方法学》2012 年第 1 期。
3. 张小虎："刑法机能探究"，载《社会科学》2004 年第 4 期。
4. 陈兴良："刑法的社会保护机能及其理论基础"，载《检察理论研究》1997 年第 5 期。
5. 陈兴良："刑法机能二元论"，载《法制与社会发展》1997 年第 4 期。
6. 董邦俊、王振："宽严相济的刑事政策初论"，载赵秉志主编：《和谐社会的刑事法治》，中国人民公安大学出版社 2006 年版。
7. 向准、乌画："我国财产刑扩张下的资格刑发展"，载《华侨大学学报（哲学社会科学版）》2016 年第 1 期。
8. 向准："论'严打'及其对暴恐犯罪的回应"，载《河南警察学院学报》2016 年第 4 期。
9. 赖早兴："刑罚力度论纲"，载《刑法论丛》2011 年第 1 期。
10. 游伟："重刑化的弊端与我国刑罚模式的选择"，载《华东政法学院学报》2003 年第 2 期。
11. 李晓欧："中国重刑化弊端及其限制路径——以〈中华人民共和国刑法修正案（八）〉为观照"，载《当代法学》2010 年第 6 期。
12. 高艳东："从契约论到强迫论：废除死刑坎坷中的突破"，载陈兴良主编:《刑事法评论》(第 16 卷),中国政法大学出版社 2005 年版。
13. 谭明星:"死刑存废问题研究",河南师范大学 2015 年硕士学位论文。
14. 黄京平、石磊:"简析我国非暴力犯罪及其死刑立法",载赵秉志主编:《中国废止死刑之路探索——以现阶段非暴力犯罪废止死刑为视角》(中英文对照本),中国人民公安大学出版社 2004 年版。
15. 陈志军:"短期自由刑若干问题比较研究",载高铭暄、赵秉志主编:《刑法论丛》(第 6 卷),法律出版社 2002 年版。
16. 王利荣:"也谈管制刑适用的法律调整",载《中国刑事法杂志》2000 年第 4 期。
17. 李荣:"试论我国资格刑的缺陷与完善",载《河北法学》2007 年第 7 期。
18. 胡学相:"我国资格刑的不足与完善",载《华南理工大学学报(社会科学版)》2015 年第 5 期。
19. 张建军:"论我国法定刑立法的改进与完善——以明确性原则为视角",载《武汉大学学报(哲学社会科学版)》2014 年第 2 期。
20. 马晓霞:"浅析刑法修正案(九)之'终身监禁'",载《法制与社会》2015 年第 36 期。
21. 黄京平:"终身监禁的法律定位与司法适用",《北京联合大学学报(人文社会科学版)》2015 年第 4 期。
22. 高铭暄、楼伯坤:"死刑替代位阶上无期徒刑的改良",载《现代法学》2010 年第 6 期。
23. 张明楷:"数罪并罚的新问题——〈刑法修正案(九)〉第 4 条的适用",载《法学评论》2016 年第 2 期。
24. 余芳:"考量我国刑法中的数罪并罚原则",载《云南大学学报(法学版)》2006 年第 1 期。
25. 李荣:"我国刑罚体系外资格刑的整合",载《法学论坛》2007 年第 2 期。
26. 向准:"刑法学之外的犯罪学属性界分",载《华北电力大学学报(社会科学版)》2016 年第 2 期。
27. 张明楷:"论刑法的谦抑性",载《法商研究(中南政法学院学报)》

1995 年第 4 期。

28. 储槐植、何群:"刑法谦抑性实践理性辨析",载《苏州大学学报(哲学社会科学版)》2016 年第 3 期。
29. 孙世彦:"从联合国报告和决议看废除死刑的国际现状和趋势",载《环球法律评论》2015 年第 5 期。
30. 储槐植:"议论刑法现代化",载赵秉志主编:《改革开放 30 年刑法学研究精品集锦》,中国法制出版社 2008 年版。
31. 张武举、牛克乾:"欧美轻轻重重的刑事政策概述及借鉴",载《法律适用》2012 年第 6 期。
32. 卢勤忠、卢展:"老年人犯罪死刑立法的理性思考",载朱孝清、莫洪宪、黄京平主编:《社会管理创新与刑法变革》,中国人民公安大学出版社 2011 年版。
33. 江溯:"无需量刑指南:德国量刑制度的经验与启示",载《法律科学(西北政法大学学报)》2015 年第 4 期。
34. 谭怡芳:《刑罚轻缓化视野下拘役刑考察与完善》,湘潭大学 2009 年硕士学位论文。
35. 赵秉志、陈志军:"短期自由刑改革方式比较研究",载《政法论坛》2003 年第 5 期。
36. 闵辉:《数罪并罚制度研究》,华东政法大学 2008 年博士学位论文。
37. 牛忠志、曾肖斐:"限制加重原则:拘役与有期徒刑并罚的折算规则选择",载《河南财经政法大学学报》2016 年第 4 期。
38. 高铭暄、孙晓:"宽严相济刑事政策与罚金刑改革",载《法学论坛》2009 年第 2 期。
39. 曹宪强:"罚金刑立法研究",载赵秉志主编:《2006 年度中国刑法学年会论文集》,中国人民公安大学出版社 2006 年版。
40. 尹晓闻:"禁止从事职业处罚措施升格为资格刑的根据",载《华南理工大学学报(社会科学版)》2015 年第 5 期。